Piensa rápido, habla mejor

IMPULSA

Matt Abrahams

Piensa rápido, habla mejor

Cómo comunicarte con éxito cuando no sabes qué decir

Traducción de Pilar de la Peña Minguell

IMPULSA

Título original: *Think Faster, Talk Smarter. How to Speak Successfully When You're Put on the Spot*

Primera edición: abril de 2026

Ediciones Península,
Diagonal 662-664
08034 Barcelona
edicionespeninsula@planeta.es
www.edicionespeninsula.com

REALIZACIÓN PLANETA - fotocomposición
Depósito legal: B. 24.837-2026
ISBN: 978-84-1100-492-3

Printed in Spain - Impreso en España

No hay mayor agonía que la de llevar dentro una historia por contar.

Maya Angelou

Suelo tardar más de tres semanas en prepararme un buen discurso improvisado.

Mark Twain

Índice

Introducción

«¿Qué te parece?»

Todos nos hemos visto en un aprieto alguna vez con esta pregunta sencilla y aparentemente inocua. Mientras el resto de los presentes espera nuestra respuesta, nos sentimos incómodos, inquietos, incluso aterrados.

Piensa en cómo te sentirías si ese «¿Qué te parece?»...

- te lo plantea tu jefe en un Zoom superconcurrido, cuando estás más pendiente de los tacos que te estás comiendo que del tema en cuestión;
- te lo suelta un compañero en un ascensor atestado de gente nada más salir de una presentación que ha ido fatal;
- te lo dice un alto cargo que te entrevista para un puesto atractivo mientras cenas con él y otra media docena de miembros del equipo;
- te lo dice un profesor universitario al que aprecias y que te ha elegido al azar de entre un aula repleta de alumnos.

Ese tipo de preguntas, súbitas e inesperadas, nos colocan en una tesitura difícil y nos intimidan. Nos vemos obligados a responder rápido, con claridad y con una dosis mínima de encanto. Sobre todo, procuramos no caer de bruces y ponernos en ridículo.

Seamos sinceros: lo que pensamos de verdad cuando alguien nos suelta una pregunta así de repente es «¡Menudo marrón!».

¿Comunicación o «combustión» espontánea?

La necesidad de improvisar se nos presenta en multitud de ocasiones de nuestra vida cotidiana, a menudo sin que nadie nos pregunte expresamente nuestro parecer. En el convite de una boda, un amigo nos pide que propongamos un brindis. Nos logueamos para una reunión de trabajo y de pronto nos encontramos a solas, cara a cara, con el CEO de la compañía, al que le apetece charlar un rato. Estamos en un cóctel elegante y un compañero de trabajo nos presenta a un posible cliente muy importante. Estamos dando una charla seria y el moderador nos pregunta si podríamos quedarnos quince minutos más para una ronda informal de preguntas.

Otras veces nos metemos solitos en jardines de los que debemos escapar improvisando. Metemos la pata y hay que salir de ahí como sea. Falla la tecnología de la que dependemos en una presentación importante y tenemos que arreglarlo de alguna manera. En un momento de frustración, decimos algo de lo que luego nos arrepentimos y hay que pedir disculpas. Sufrimos un ataque de «flatulencia mental» y se nos olvida por completo el nombre de alguien o el argumento que estábamos a punto de exponer.

A muchísimos de nosotros la perspectiva de la comunicación espontánea nos aterra. Los estudios realizados demuestran que a los estadounidenses les da más miedo hablar en público que los bichos, las alturas, las agujas, los zombis, los fantasmas, la oscuridad y los payasos.[1] Y eso cuando se trata de hablar en público de forma seria y previamente organizada. Según esos estudios, la improvisación nos puede acobardar aún más, porque no hemos tenido ocasión de prepararnos ni disponemos de un guion o un esquema en el que apoyarnos.[2]

Incluso a los que no experimentamos demasiada ansiedad por hablar en público es muy probable que, en ocasiones, nos atormente la posibilidad de equivocarnos, de atascarnos en una respuesta o de no lograr impresionar cuando tenemos que hablar de repente. La frustración que produce la posible falta de aptitudes en estas circunstancias es tan corriente como la ansiedad que genera una futura improvisación. Ambas pueden echar a perder nuestro gran plan de presentarnos como los comunicadores exquisitos, apasionados y receptivos que esperamos ser.

Cegados por el foco

Te voy a pedir que pruebes una cosa. Cruza los brazos como lo harías normalmente. Ahora descrúzalos y vuelve a cruzarlos, esta vez al revés, poniendo por encima el brazo que antes iba por debajo. ¿A que se te hace rarísimo? Hay una décima de segundo en la que no sabes muy bien qué hacer con los brazos. Se te desconecta la cabeza del cuerpo y experimentas confusión, incertidumbre y hasta puede que algo de pánico.

Verse de pronto obligado a hablar puede tener ese efecto. Normalmente sabes lo que piensas y lo que quieres decir, igual que sabes cruzar los brazos, pero, cuando cambia la situación, cuando te encuentras en una tesitura social y hay presión, eso puede confundirte, superarte y angustiarte. La reacción lógica es la de «sálvese quien pueda»: se te acelera el corazón, te tiemblan las piernas y te asalta lo que yo llamo «la fontanería inversa»: lo que suele estar seco (las palmas de las manos) se te humedece por el sudor y lo que por lo general está húmedo (la boca) se te seca. En tu empeño por recuperarte, tartamudeas, divagas, titubeas. Te vas por la tangente. Te miras los pies o te encoges en el asiento. Te revuelves. Acribillas a tu público con tus «eeeh» y tus «estooo».

Puede que hasta te bloquees por completo. En la Feria de la Electrónica de Consumo (Consumer Electronics Show) de 2014, Michael Bay, director de *Armageddon* y de la franquicia de *Transformers*, entre otras películas, tuvo problemas con un *teleprompter* mientras daba una charla para una empresa patrocinadora. Al verse obligado a improvisar, Bay se quedó sin palabras, a pesar de que hablaba de un tema que conocía bien: sus propias películas. Tras farfullar unos segundos, no pudo hacer otra cosa que disculparse y abandonar la tarima. Un comentarista graciosillo dijo que no lo había pasado tan mal desde *Transformers 2*.[3]

«Improvisar no es lo mío»

Bay se justificó ese mismo día diciendo que «supongo que el directo no es lo mío». Muy a menudo damos por sentado que la capacidad de improvisar es cuestión de personalidad o un talento innato, que hay personas a las que se les da de maravilla y otras a las que no. Nos convencemos de que no tenemos el don de pensar y hablar con espontaneidad. «Soy tímido/a», decimos, o «Soy de ciencias». O, peor aún, algunos llegamos a la conclusión de que no somos lo bastante inteligentes.

A veces, un solo episodio desastroso nos puede convencer de por vida de que somos malos comunicadores. Irma, una bibliotecaria de sesenta y muchos años, habría querido improvisar algo en la boda inminente de su queridísima nieta, pero, por desgracia, la idea de plantarse allí a hablar le producía escalofríos. Cuando le pregunté por sus miedos, me dijo que le habían empezado hacía muchos años, estando en el instituto. Había contestado a una pregunta del profesor y él la había dejado en ridículo exclamando delante de todos: «En mi vida me habían dado una respuesta más tonta en una clase».

Aquella mala experiencia no solo había impedido a Irma participar activamente en reuniones y otros actos sociales, sino que se había convertido en un punto de inflexión en su vida. Había optado por hacerse bibliotecaria de investigación precisamente porque sabía que en su trabajo rara vez, o quizá nunca, tendría que mantener una comunicación no prevista y estresante. Piensa en eso un instante: Irma puso unas limitaciones inmensas a su existencia solo por temor a que se repitiera aquella debacle de improvisación.

Por extremo que parezca, muchos de nosotros hacemos cosas parecidas. Los fracasos pasados nos hacen muy conscientes de nuestra incapacidad para reaccionar bien, y nos aterra tener que volver a hablar de manera espontánea. Se produce un círculo vicioso y, en futuras ocasiones, los nervios nos llevan a hacerlo aún peor, lo que, a su vez, nos pone más nerviosos, algo que frena todavía más nuestra capacidad de reacción. Llega un momento en que nos supera la ansiedad y, mientras nos resuena en la cabeza ese «Yo esto no lo puedo hacer», nos refugiamos en las sombras y nos guardamos para nosotros esas ideas y aportaciones que podrían ser estupendas. Nos buscamos un sitio al fondo de la sala de juntas o en el extremo más apartado de la mesa de conferencias. Desaparecemos en la llamada por Zoom apagando la cámara y silenciando el micro.

Esa imposibilidad de improvisar, tan supuesta como real, puede llegar a destrozarnos la profesión y la vida. Hace años, cuando trabajaba para una pequeña *start-up* de software, un compañero, al que voy a llamar Chris, tuvo una idea genial para posicionar el «producto estrella» de la empresa. Como la idea era bastante radical y requería un cambio de estrategia, se vio sometida a un escrutinio considerable. Cuando otros le pidieron más detalles y le plantearon preguntas difíciles, aunque oportunas, Chris se bloqueó. Parecía nervioso y respondía generalidades, divagaba y se iba del tema. Su jefe y sus compañeros, nada impactados, hicieron caso omiso de su opinión y restaron importancia a su experiencia. Al final, lo despidieron. Seis meses después, con la llegada de nuevos talentos, la empresa adoptó las ideas de Chris, precisamente, con la diferencia de que el nuevo equipo supo defenderlas con claridad y persuasión cuando se vio en el brete.

Pensar rápido y hablar bien

Escribo este libro porque aún hay esperanza para Irma, para Chris y para cualquiera a quien le cueste hablar en público de forma espontánea. Piensa en el caso de Archana, otra alumna mía a la que no se le daba bien interactuar con los demás. Como se había mudado a Estados Unidos recientemente y había cambiado de profesión, se sentía insegura y evitaba hablar en alto. «Era muy dura conmigo misma —recuerda—. Me agobiaba y evitaba participar en las reuniones de trabajo.» Pero cayó en la cuenta de que su reticencia le generaba desventajas y le hacía perder oportunidades profesionales importantes.

Tras esforzarse por aprender una serie de herramientas y técnicas de probada eficacia, Archana vio que se relajaba y era más ella misma. Ignoró la autocrítica y empezó a sentirse más segura, lo que le permitió hablar más y que las siguientes intervenciones espontáneas fueran más fáciles. No tardó en liderar las reuniones del equipo sin agobiarse demasiado. Cuando falleció un compañero suyo, Archana se sorprendió ofreciéndose a compartir en público recuerdos de aquel compañero y decir unas palabras afectuosas sobre él.

Hay personas que son, por naturaleza, más extrovertidas, desinhibidas, ingeniosas, o que tienen mayor facilidad de palabra que otras, pero las carencias que tengamos en esas áreas no tienen por qué definirnos ni decidir nuestro destino. Lo que determina principalmente nuestra comunicación espontánea no es algo innato ni superarraigado en nosotros, sino más bien la forma en que abordamos esa complicada tarea.

Casi todos concebimos la interacción social de formas que nos encajonan y nos frustran. Al imaginar esas interacciones nos angustiamos y nos impedimos funcionar bien en el momento. En otras palabras, nos convertimos en un obstáculo para nosotros mismos. Reduciendo la presión a la que nos sometemos y poniendo en práctica técnicas esenciales, podemos convertirnos en comunicadores mejores y más competentes en cualquier tipo de conversación importante imprevista. Hasta puede que lleguemos a estar cómodos en esas situaciones y las disfrutemos. Todos podemos aprender, como suelo decir, a pensar más rápido y hablar mejor.

Por muy simpáticos, sociables y elocuentes que nos consideremos, todos podemos sentirnos más cómodos y seguros en ese instante si seguimos el método «Piensa rápido, habla mejor» que encontrarás descrito en este libro, así como las fórmulas que propongo para contextos concretos.

El método tiene seis pasos:

Primero, debemos reconocer lo que ya sabemos todos: que la comunicación en general y la improvisada en particular resultan estresantes. Hay que crear un plan personalizado de gestión de la ansiedad para poder abordar el nerviosismo.

Segundo, debemos reflexionar sobre nuestro planteamiento de la comunicación y sobre el modo en que nos juzgamos y juzgamos a los demás, y ver estas situaciones como oportunidades de conectar y colaborar.

Tercero, debemos darnos permiso para adoptar nuevas actitudes, asumir riesgos y replantearnos los errores como tomas falsas.

Cuarto, debemos escuchar atentamente lo que nos dicen los demás (y hasta lo que no nos dicen) a la vez que conectamos con nuestra voz interior y nuestra intuición.

Quinto, debemos estructurar nuestro discurso para que nuestras ideas resulten más comprensibles, más claras y atractivas de lo que eran antes.

Y sexto, debemos lograr que nuestro público se centre todo lo posible en la esencia de lo que decimos, cultivando la precisión, la relevancia, la accesibilidad y la concisión.

Parte del trabajo que precisan estos seis pasos puede hacerse en el momento, mientras hablamos, si adoptamos una serie de tácticas útiles. Pero, sobre todo, estos seis pasos representan aptitudes que debemos fomentar a lo largo del tiempo, mientras nos preparamos para los encuentros espontáneos que sospechemos que van a surgir. Muchas personas dan por supuesto que para hablar bien en circunstancias difíciles hay que tener un talento natural, ingenio o facilidad de palabra. Aunque algunos de nosotros tengamos ese don, el verdadero secreto de la improvisación oral es la práctica y la preparación. Todos podemos convertirnos en grandes oradores si le dedicamos tiempo, aprendemos a deshacernos de viejos hábitos y tomamos más decisiones conscientes. Paradójicamente, para que se nos dé bien improvisar, debemos prepararnos con antelación, trabajar mucho algunas aptitudes que sabemos que nos van a liberar y a permitirnos expresar al máximo nuestras ideas y nuestra personalidad.

Como en el aprendizaje de cualquier nueva destreza, siempre viene bien reducir nuestro nivel de exigencia. Recuerda que convertirse en un gran comunicador en circunstancias difíciles lleva su tiempo. No hace falta que te estreses queriendo hacerlo todo de golpe. Además, el solo hecho de que te estés centrando en mejorar de ese modo ya es algo digno de celebración. La mayoría de la gente ni siquiera se plantea la improvisación o, si lo hace, no tiene el valor suficiente para tomar medidas al respecto. Tú lo tienes claro y eres valiente, como demuestra, para empezar, el que hayas cogido este libro.

Para ser un maestro de la comunicación espontánea hace falta tiempo, dedicación y buena voluntad, pero, como ya han descubierto las personas a las que asesoro y doy clase, las repercusiones te pueden cambiar la vida.

La vida no es una TED Talk

Uno de los mitos más dañinos y persistentes que alimentamos sobre la comunicación espontánea es la idea de que los comunicadores más hábiles y convincentes se expresan perfectamente. Fíjate en lo cultos que parecen los exitosos presentadores de las TED Talks, aun hablando con naturalidad y sin chuleta. O en líderes como Steve Jobs, de Apple, o la ex primera dama Michelle Obama, que siempre resultaban, o resultan, de lo más carismático e interesante ante un público numeroso.

Lo cierto es que las TED Talks siguen un guion exhaustivo y, en ocasiones, incluso supercorregido. Los líderes como Jobs u Obama dedicaban meses a ensayar y pulir sus presentaciones. A menudo confundimos esas comunicaciones pulidas y bien estructuradas con lo que nos encontramos frecuentemente en la vida: observaciones espontáneas e improvisadas. Evaluamos nuestro rendimiento en esas situaciones cotidianas sirviéndonos de estándares que aplicamos a charlas muy ensayadas. Craso error. Más que aspirar a la perfección, como haríamos en nuestras presentaciones, deberíamos abrazar la imperfección y centrarnos en la mejor forma de abordar el momento. Si aprendemos a acallar la autocrítica, disminuirá nuestro nivel de estrés y nos resultará más fácil lograr nuestros objetivos de comunicación.

En realidad, ese empeño en lograr comunicarnos «correctamente» no hace más que aumentar las probabilidades de que lo hagamos mal. Si nos emperramos en memorizar nuestro camino al éxito o nos obsesionamos con una forma de hablar, nos centraremos tanto en procurar recordar aquello en lo que hemos trabajado que muy probablemente nos quedaremos bloqueados cuando llegue el momento y no lograremos sintonizar con lo que sucede a nuestro alrededor. Perderemos la ocasión de adaptarnos y reaccionar con autenticidad. Nos apartaremos de lo que verdaderamente debemos hacer para pensar más rápido y hablar mejor: ser nosotros mismos, estar presentes y conectar con nuestro público.

Un intérprete de música clásica que toca una pieza de Chopin en público memoriza con antelación hasta la última nota con la esperanza de alcanzar la perfección. Pero la espontaneidad verbal es más como el jazz. Se trata de improvisar, de procurar sintonizar con los que nos rodean y sostener esa sintonía. Para ser un buen improvisador y comunicador espontáneo, hay que dejar de lado buena parte de lo que creemos saber sobre comunicación, y dominar una serie de aptitudes nuevas. Hay que captar rápido y con precisión el entorno, saber valorar las necesidades del público. Debemos adaptar lo que decimos a esas necesidades y gestionar nuestros miedos para que no nos limiten.

Eso no significa que la planificación y el ensayo no tengan cabida en la comunicación cotidiana, porque no es así, pero muchos de nosotros ya hemos desarrollado y pulido esas habilidades, demasiado quizá. Ahora toca buscar el equilibrio trabajando también nuestra capacidad de improvisación. Debemos aprender nuevos planteamientos y herramientas que nos permitan convertir nuestros hábitos y prácticas de comunicación ya probados y validados en decisiones que ir tomando según sea necesario.

Ventajas de la A

¿Te acuerdas de Irma, la que se hizo bibliotecaria por un comentario desagradable que le hicieron? De niño, yo tuve una experiencia muy distinta. Habrás observado al curiosear en la cubierta de este libro que mi apellido empieza por «Ab». Esa insignificancia me ha condicionado la vida de formas que explican el libro que ahora mismo tienes entre manos. Como los profesores y otras figuras de autoridad tienen por costumbre llamar a las personas por orden alfabético, por el apellido, casi siempre me llamaban el primero. De hecho, solo recuerdo dos veces en toda mi infancia y madurez en que me libré (los otros apellidos eran Abbott y Abbey, por si te lo preguntas).

Como siempre me tocaba el primero, nunca tenía en quién fijarme para formular mis respuestas y casi nunca me daba tiempo a preparármelas. Aun en primaria, era el que siempre tenía que improvisar. Al principio se me hacía raro, pero luego empecé a acostumbrarme. Decidí abrirme un poco, jugármela, experimentar, hacer bromas. A mis compañeros, por lo visto, les gustaba oírme exponer mis ideas antes de que el profesor les preguntara a ellos.

Ese refuerzo positivo me instó a arriesgarme más, a estar menos nervioso, a abrazar las oportunidades que se me presentaban. Ya en el instituto, la gente me conocía como el extrovertido que siempre estaba dispuesto a hablar el primero. Algunos hasta me consideraban ingenioso, o encantador. Pero ¿soy ingenioso, divertido o encantador de nacimiento? ¡Ni hablar! Que se lo pregunten a mis hijos. Simplemente tenía mucha experiencia improvisando en situaciones cotidianas y la práctica constante hizo que la comunicación espontánea me resultara natural.

Quiero que tú llegues a sentirte cómodo y seguro como yo a la hora de improvisar una intervención oral. Y para eso no hace falta que te cambies el apellido.

Desde Stanford con amor

A principios de la década de 2010, los profesores de la escuela de empresa de Stanford, la Graduate School of Business, en la que trabajo, observaron una tendencia interesante. Muchos de mis homólogos hacían examen oral a sus alumnos, delante de decenas o centenares de compañeros. Les pedíamos que se prepararan los casos en casa y luego elegíamos a uno o más alumnos en clase, y los acribillábamos a preguntas.

Nuestros alumnos eran brillantes, se expresaban bien y estaban motivados. Podían preparar y pronunciar un discurso formal como nadie. Unos cuantos habían pronunciado discursos en graduaciones o como parte de su experiencia laboral previa. Aun así, les costaba examinarse en voz alta. Muchos llegaban al aula nerviosísimos o faltaban a clase el día que sospechaban que les iba a tocar. Solían quedarse en blanco cuando era su turno. Aunque supieran contestar, les costaba pensar una respuesta aguda e incisiva.

Como yo era «el tío de comunicación» del campus, que asistía en clases del programa de posgrado de la escuela de empresa de Stanford, me pidieron que diseñara una nueva experiencia lectiva con la que favorecer la interacción social espontánea en las aulas, una que complementase la oferta de cursos de comunicación formal ya existente. Me puse manos a la obra, y leí todo lo que pude sobre comunicación espontánea. Consulté revistas académicas de comunicación, psicología, biología evolutiva, sociología y pedagogía. También eché un vistazo a libros de texto sobre improvisación cómica y estudié ejemplos de comunicación espontánea en política, negocios, medicina y otros ámbitos. Y lo más importante de todo, recurrí a lo que había aprendido de compañeros de claustro, a muchos de los cuales vas a conocer en este libro.

Integré todo este material, así como las experiencias que tuve mientras impartía la clase de comunicación espontánea para alumnos de posgrado junto con el profesor Adam Tobin, y creé un taller con el título provocador de «Piensa rápido, habla bien: cómo expresarse con eficacia en situaciones imprevistas y estresantes». Para sorpresa y deleite míos, el taller se convirtió en una especie de tradición en nuestra escuela. La mayoría de los alumnos de posgrado de Stanford aprenden a pensar rápido y hablar bien antes de graduarse. He presentado este material en internet (con vídeos y un pódcast) y en empresas, oenegés y organismos gubernamentales para que haya más personas que puedan pensar rápido y hablar bien.

La respuesta ha sido alucinante. Algunos alumnos han comentado que les gustaban más las clases porque ya no temían que los sacaran al estrado. Otros me han buscado en internet para comentarme que mis técnicas les han ayudado a bordar una entrevista, a conseguir una financiación, a aprobar un examen oral, a agenciarse nuevos clientes, a impresionar a sus jefes e incluso a declararse a su pareja. Las empresas me dicen que las herramientas que facilito permiten una comunicación mejor, unas relaciones más sólidas, unas experiencias más agradables en el ámbito laboral y, en última instancia, mejores resultados de negocio.

¿Y si también tú lograras estar más a gusto y más confiado con la comunicación espontánea? ¿Y si el hecho de hablar en público no te supusiera una prueba ni una tribulación, sino la oportunidad de socializar, aprender, conectar y quizá incluso divertirte? ¿Y si pudieras librarte de toda esa desconfianza, esas manos sudorosas, esas pausas tan poco naturales, y comunicarte de una forma más lógica, concisa y convincente? ¿Y si pudieras estar a la altura de la ocasión, pensando rápido y hablando bien cuando te conviertes en el centro de atención?

Ahora puedes. «Piensa rápido, habla mejor» es un método práctico y conciso que puede ayudarte a sentirte bien por fin cuando improvises unas palabras. En la primera parte, expongo un poderoso método en seis pasos que te ayudará a entender los elementos que suelen obstaculizar la improvisación oral. Te enseño a identificar los principales desafíos que incrementan la presión en situaciones en las que se precisa una comunicación espontánea. Aunque nunca hayas pensado en todos esos retos, surgen constantemente en mi trabajo con académicos, empresarios y otros líderes intelectuales. Vas a aprender a gestionar la ansiedad (capítulo 1: Cálmate), a conseguir que el afán de perfeccionismo no te limite (capítulo 2: Desbloquéate), a evitar una actitud cerrada o restrictiva (capítulo 3: Redefínete). Luego te voy a enseñar herramientas y tácticas específicas con las que dominar la técnica. Vas a aprender a escuchar activamente a tus interlocutores para saber lo que exige realmente la situación (capítulo 4: Escucha), a estructurar contenidos sobre la marcha (capítulo 5: Organízate) y a optimizar tus ideas para que estén centradas y resulten interesantes (capítulo 6: Céntrate).

En la segunda parte abordo algunos de los contextos más corrientes en los que se nos pide que improvisemos. Exploro técnicas concretas con las que afrontar desafíos de comunicación habituales, como manifestar tu opinión de forma eficaz o lucirte en una entrevista. Expongo estrategias que he usado para ayudar a empresarios a presentar ideas y oportunidades de forma eficaz; para saber hablar de cosas intrascendentes; para improvisar brindis, homenajes y presentaciones que encanten a la gente; e incluso para disculparse de forma impactante. Incluyo un resumen de estos recursos en el primer apéndice.

Por último, en el segundo apéndice, hay un código QR que lleva a la página web en inglés de «Piensa rápido, habla mejor», sitio que iré actualizando a menudo con nuevos materiales y vídeos en los que planteo o demuestro conceptos del libro y ofrezco otros nuevos.

Si has comprado este libro a fin de prepararte para una ocasión concreta, a lo mejor prefieres saltar a la segunda parte o a los apéndices, y no pasa nada, pero que sepas que, cuando lo veas claro, en la primera parte, te aguardan estrategias más básicas para transformar tus aptitudes comunicativas.

A lo largo de todo el libro iré desafiando el saber convencional, y ofreciendo técnicas inesperadas con las que abordar todo tipo de tareas complejas de la comunicación espontánea. Para que el material sea más fácil de recordar, destacaré tácticas concretas que puedes probar (las llamo «Prueba esto») y ejercicios con los que poner en práctica las técnicas fundamentales más en profundidad («Practica»). Como iré indicando, esas técnicas podemos usarlas para recuperarnos de una metedura de pata, quitar hierro a situaciones incómodas, dar y recibir malas noticias con mayor elegancia, coquetear más fácilmente con alguien que nos gusta, lucirnos en cócteles y, en general, reaccionar de forma más agradable, encantadora y eficaz.

Participar sin remilgos

Como es lógico, no puedo prometerte que lo vayas a hacer perfecto en ninguna situación concreta solo por aprender esas técnicas, pero, la verdad, tampoco quiero que lo hagas siempre perfecto. La espontaneidad es, por definición, espontánea. Quienes mejor lo hacen son personas flexibles, ágiles y creativas que aplican las herramientas y las técnicas que propongo. Saben ajustar la comunicación a su público y al ambiente. Aun así, contar con un método al que recurrir en la vida puede suponer una gran diferencia. Te da tranquilidad y seguridad a la hora de abordar cualquier improvisación oral, y te proporciona una base para hacer frente a situaciones que, en otras circunstancias, te abrumarían.

El dominio de la comunicación espontánea es como el aprendizaje de un deporte. Primero asimilas los principios esenciales y luego los pones en práctica en situaciones concretas. Puede que no metas gol en el partido más importante ni consigas la victoria de tu equipo, pero al menos darás pasos fundamentales hacia tu objetivo y tus logros te harán sentir mejor.

La clave está en confiar en tu entrenamiento, atreverte a correr riesgos, prescindir de lo que ya controlas y experimentar. No abandones todo lo que ya sabes; explora e incorpora algún planteamiento alternativo, familiarízate con esa zona de comunicación que sueles pasar por alto. Usa este libro como guía para seguir practicando. Recurre a él antes de tu próxima gran charla, reunión, boda, escapada, aparición en los medios..., cualquier situación en la que preveas una necesidad de comunicación espontánea y quieras lucirte. Añadiendo herramientas y técnicas a tu repertorio de comunicación, serás más capaz de hablar en público eficazmente, pase lo que pase.

Es curioso que los seres humanos no venimos debidamente equipados para hacer frente a los momentos más trascendentales de nuestra existencia. Esos momentos nos pillan por sorpresa, nos hacen cortocircuitar y nos obligan a proyectar solo una fracción de nuestra verdadera personalidad. Podemos hacer algo al respecto. Podemos entrenarnos para pensar e improvisar, y reaccionar de formas que resulten coherentes, convincentes e indudablemente auténticas. Podemos aprender a ser más quienes somos de verdad en el momento y transmitir más lo que pensamos de verdad. Así que empecemos. Entendiendo y poniendo en práctica los siguientes seis pasos, también tú podrás pensar más rápido y hablar mejor.

Primera parte

EL MÉTODO «PIENSA RÁPIDO, HABLA MEJOR»: SEIS PASOS PARA IMPROVISAR CON SOLTURA

CÁLMATE
DESBLOQUÉATE
REDEFÍNETE
ESCUCHA
ORGANÍZATE
CÉNTRATE

1

Cálmate

DOMINA A LA FIERA DE LA ANSIEDAD

Con un poco de esfuerzo podemos controlar la ansiedad que nos produce hablar espontáneamente, y que esa angustia no se apodere de nosotros

Pelar cebollas casi siempre me hace llorar, pero hubo una ocasión, hace mucho, en que la cebolla me provocó una reacción muy distinta: ¡un pánico absoluto! Había ido a una entrevista de trabajo, como empleado noventa y nueve de una compañía de software emergente. Superé varias rondas y el último paso era un encuentro con el CEO, al que le gustaba conocer personalmente a todos los empleados antes de contratarlos.

Cuando llegué, a la hora que me habían citado, vi que el jefazo ya me estaba esperando. Me descolocó un poco, porque sabía por experiencia que los altos cargos andaban tan ocupados que normalmente llegaban tarde. Pero estaba a punto de enfrentarme a algo aún más chocante. Al minuto o así de empezar la conversación, el CEO me planteó una pregunta que jamás me habría imaginado (resulta que era conocido por hacer preguntas abiertas para ver cómo reaccionaba su interlocutor bajo presión). «Si fueras una cebolla —me dijo— y yo te quitara las tres primeras capas, ¿qué me encontraría?»

Eeeh..., vale. Me esperaba hablar de cosas como mis credenciales académicas, mi experiencia previa, mis objetivos y las razones por las que me consideraba un buen fichaje para la empresa. ¿A qué venía lo de la cebolla?

Pese a lo mucho que había practicado de niño la improvisación, de pronto me asaltó la típica reacción de «sálvese quien pueda» que nos sobreviene a todos en situaciones de ese calado. Se me tensaron los hombros. Se me secó la garganta.

Hablar en voz alta sin acobardarse

Para mejorar la comunicación espontánea o, la verdad, cualquier clase de comunicación, debemos aprender a controlar la fuerte ansiedad que nos produce. Como ya he dicho, un ataque de nervios puede llegar a dominarnos, a consumir nuestra atención, nuestra energía y nuestra capacidad de reacción.[1] Puede que incluso nos veamos atrapados en lo que podríamos llamar una «espiral de ansiedad». La ansiedad nos lleva a la autocrítica y a la pérdida de confianza: nos sentimos solos, impotentes, marginados. Eso nos genera aún más ansiedad.[2] En casos extremos, esa espiral puede producirnos sensación de ahogo si alguien nos pone en un brete. La ansiedad que experimentamos desborda nuestra capacidad para lidiar con ella.[3]

Lo bueno es que hay técnicas que nos permiten reducirla, sentirnos más cómodos comunicando ideas en cualquier situación sin que nos bloquee la angustia. Incluso podemos llegar a resultar más convincentes a los demás.

El objetivo no es erradicar la ansiedad, sino impedir que nos anule. Siempre habrá situaciones que nos alteren. Y no pasa nada: un poco de ansiedad tampoco viene mal. Un exceso de estrés nos impide realizar tareas satisfactoriamente, pero los estudios efectuados parecen indicar que una pequeña dosis contribuye a motivarnos.[4] Cuando experimentamos una ansiedad o un temor moderados, nuestro organismo se energiza y se prepara para la acción, la mente está más alerta y centrada, y estamos más en sintonía con los que nos rodean. Las pruebas hechas con ratas indican que un estrés agudo puede mejorar la memoria porque hace que se formen nuevas células nerviosas en el cerebro.[5]

Según mi experiencia, la mejor forma de dominar a la fiera de la ansiedad es un doble asalto: aborda primero los síntomas que surgen en el momento, y luego haz frente a las fuentes subyacentes de ansiedad. En este capítulo, nos vamos a centrar sobre todo en los síntomas; más adelante, hablaremos de las fuentes. En lo que respecta a los síntomas, hay técnicas sencillas que pueden resultar útiles. Si ponemos en marcha estas técnicas en el momento o cuando preveamos situaciones en las que vayamos a tener que improvisar una intervención oral, podemos sentirnos más cómodos y seguros, y reaccionar con mayor eficacia. De ese modo, la próxima vez que estemos en una entrevista de trabajo o nos veamos en alguna otra situación donde tengamos que hablar y nos sorprendan con la preguntita de las capas de la cebolla, estaremos mejor preparados para manejarla.

El abecé del miedo escénico

He mencionado de pasada muchos de los síntomas que solemos experimentar cuando estamos angustiados. Pues resulta que estos pueden agruparse en unas cuantas categorías sencillas, lo que se conoce como el abecé del miedo escénico.[6]

Cuando nos convertimos de pronto en el centro de atención, experimentamos síntomas afectivos, los relativos a nuestro estado de ánimo o al modo en que nos sentimos. Quienes se ven en una situación apurada suelen mostrarse estresados, presionados o faltos de autocontrol. Se ven vulnerables, sobrepasados y aterrados.

También experimentamos síntomas conductuales o de naturaleza psicológica. Sudamos, temblamos, tartamudeamos. Se nos acelera el corazón. Nos vibra la voz. Respiramos con dificultad. Nos aceleramos, hablamos a trompicones. Nos ponemos colorados. Se nos seca la boca.

La tercera y última categoría es la de los síntomas cognitivos. Nos aturullamos, nos quedamos en blanco u olvidamos lo que queríamos o íbamos a decir. Nos obsesionamos con que otros nos observan y no logramos centrarnos en nuestro público y en sus necesidades. Caemos en el pensamiento negativo y el monólogo interno: una vocecita interior nos dice que no estamos preparados, que lo vamos a hacer mal, que los demás son mejores que nosotros, y cosas así.

La conciencia plena importa

Veamos cómo podríamos abordar esos síntomas, empezando por los afectivos. Una forma extraordinaria de enfrentarnos a los sentimientos negativos o inútiles que nos surgen en esos momentos es la conciencia plena.[7] Observa y reconoce las sensaciones desagradables, no las ignores ni las niegues, ni te reprendas por experimentarlas. Cuando tengas esas sensaciones, convéncete de que no te definen como persona. Como bien dice el profesor de Stanford S. Christian Wheeler: «Estoy yo y luego está esa sensación de angustia que llevo dentro. Esa distancia psicológica te permite observarla sin asociarte a ella».[8]

PRUEBA ESTO

La próxima vez que experimentes una emoción negativa como la ansiedad, recuérdate que esa emoción y tú no sois lo mismo. Imagina que eres otra persona que te está viendo sentir esa ansiedad.

Haz frente a tus emociones, y recuérdate que es normal y natural angustiarse, y que le pasa a casi todo el mundo en semejantes situaciones. Puedes decirte: «Ahora mismo me comen los nervios porque esto es importante para mí. Está en juego mi reputación. Mi reacción es lógica y normal». Pararte a valorar el estado de tu cabeza y de tu cuerpo puede servirte para recuperar la voluntad o el control en circunstancias en las que, de otro modo, te sentirías perdido o distraído. Convenciéndote de que tus sentimientos negativos son normales y naturales, evitas que la emoción te supere. Te concedes un poco de espacio para liberarte y ayudarte, inspirando hondo, quizá, o imaginando cómo reaccionar a lo que acaba de decir la persona que tienes al lado.

Cuando ya seas consciente de tus sensaciones, puedes ir más allá y darles un enfoque más positivo que te dinamice en vez de bloquearte. Las personas que se angustian antes de hablar suelen pensar que tienen que calmarse. Algunas tiran de alcohol o sustancias similares; otras se centran en imaginar cosas, como en la conocida escena de *La tribu de los Brady* donde se aconsejaba visualizar al público en ropa interior.[9] Esas medidas suelen presentar más inconvenientes que ventajas, porque te aturden o distraen. Como indica mi amiga la profesora Alison Wood Brooks, sería mejor estrategia reformular la ansiedad como ilusión. En una serie de experimentos, demostró que las personas que antes de hablar en público se decían (en voz alta) que estaban ilusionadas lo hacían mejor. Además, conseguían ilusionarse de verdad y ver su intervención como una oportunidad, más que una amenaza (de esto hablaremos más adelante).[10]

Resulta que la ansiedad afecta al organismo de forma muy similar a la ilusión. Ambas nos ponen en un estado de «alerta máxima». Al igual que la conciencia plena, reformular la ansiedad como algo que nos ilusiona nos proporciona cierta sensación de autocontrol. No podemos evitar la reacción psicológica básica a la amenaza que nos supone hablar en público, pero sí decidir cómo la entendemos y la etiquetamos. Esa sensación de autocontrol altera nuestra experiencia de hablar en público y nos permite hacerlo mejor.

Para el carro, serénate y baja el ritmo

Para afrontar los síntomas conductuales, un método infalible es centrarte en tu respiración. Realiza varias inspiraciones hondas y largas, desde el abdomen, como las que harías si estuvieras en yoga o taichí. Infla de verdad la parte inferior del abdomen. Verás que respirar así te ayuda a calmarte y te baja el ritmo cardiaco, así como la velocidad del discurso.

Mientras respiras, céntrate en la duración relativa de las inhalaciones y exhalaciones. Tuve el privilegio de contar con la presencia del neurocientífico Andrew Huberman en mi pódcast *Think Fast, Talk Smart*. Como él decía, la magia de la respiración honda en el alivio de la ansiedad está en la exhalación. Al exhalar, reduces el dióxido de carbono de los pulmones, algo que, a su vez, calma el sistema nervioso. Por regla general (o igual debería decir, «por regla pulmonar»), conviene hacer las exhalaciones el doble de largas que las inhalaciones. Cuenta hasta tres mientras inhalas y hasta seis mientras exhalas. Los estudios realizados en este campo demuestran que este tipo de respiración honda te empieza a calmar el sistema nervioso en cuestión de segundos.[11] Si repites las respiraciones dos o tres veces, te bajará el ritmo cardiaco.

Verás que, además, hablas más despacio. La expresión oral tiene mucho que ver con la respiración y con el control de esta. Cuanto más rápido respiras, más rápido hablas. Al hacerlo más despacio, tu discurso se ralentizará de forma natural.

Si eres de esas personas que siempre hablan rápido, puede que no te baste con unas respiraciones hondas. En ese caso, intenta ralentizar también tus movimientos: los de las manos, el cabeceo, el giro de la cintura, etc. Tendemos a sincronizar el habla con los gestos. Quienes hablan rápido gesticulan rápido, con movimientos veloces y bruscos. Cuando nos movemos más despacio, también hablamos más despacio.

Como parte de esa reacción de «sálvese quien pueda», nuestro organismo libera adrenalina, una hormona que nos insta a apartarnos de una amenaza y buscar refugio. La adrenalina nos acelera el corazón, nos tensa los músculos y nos hace temblar. Girar el cuerpo para dirigirnos a una parte distinta de la sala o hacer pequeños gestos con la mano nos puede ayudar a combatir los temblores, al satisfacer la necesidad de movernos.[12] Si estás improvisando un brindis en una boda, prueba a pasearte despacio de un lado a otro mientras hablas (¿te has fijado alguna vez en que los abogados de las series de televisión lo hacen siempre cuando responden a las preguntas del juez o se dirigen al jurado?). No conviene que distraigas a la gente moviéndote demasiado, pero dar unos pasos en una dirección mientras pasas de un punto a otro te aliviará los temblores.

¿Y qué puede hacerse con el rubor y la sudoración que se desatan al verse en una situación apurada? Mucho. Cuando estás sometido a estrés, te sube la temperatura del tronco, el corazón te late más rápido, se te tensan los músculos, se te contraen los vasos sanguíneos y te suben la tensión y la temperatura del resto del cuerpo. Todo eso hace que sudes y te sofoques, igual que cuando haces ejercicio.

Puedes contrarrestar esos efectos enfriando el cuerpo. Céntrate en las manos. Al igual que la frente y la nuca, las manos sirven para regular la temperatura corporal. ¿No has entrado nunca en calor una mañana fría sosteniendo con las manos una taza de café o de té calentita? Eso es porque entra en acción el termostato que llevamos de serie. Cuando tengas que improvisar, o pienses que vas a tener que hacerlo, procura llevar algo frío en la mano, como una botella o un vaso de agua. Yo lo hago a menudo cuando me toca hablar en público y me pongo nervioso (sí, a mí también me pasa a veces). Ayuda mucho.

Por último, vamos a hacer algo con esa molesta sequedad de boca que puede aparecer cuando intentamos comunicarnos. Al ponerte nervioso se te cierran las glándulas salivares. Reactívalas bebiendo agua a sorbitos, chupando un caramelo o mascando chicle. Es preferible que no lo hagas en el momento justo, porque llenarte la boca puede dificultarte el habla, pero si te ves en una situación en la que sospechas que podrías tener que hablar, no está de más dedicar un segundo a prepararte reactivando las glándulas salivares.

Somete a tu cerebro

Pongamos que organizo un Zoom importante con una veintena de compañeros y clientes, y falla la tecnología y la persona que iba a hacer la presentación durante los siguientes quince minutos se queda desconectada. Alguien tiene que llenar el hueco, y ese sería yo, el jefe de equipo. Pero entro en modo «sálvese quien pueda» y empiezo a oír en mi interior esa vocecita que me dice: «No sé qué decir. Está todo el mundo pendiente de mí. Me van a despedir por esto».

Puedo desterrar de mi interior esa vocecilla asquerosa, recuperar el control y repetirme mentalmente un mantra más positivo. Los golfistas profesionales acostumbran a hacerlo: se repiten cosas como «calma» o «aplomo» para acabar con el monólogo interior negativo. También podemos adoptar mantras que nos recuerden nuestro verdadero propósito. Si nos vemos obligados a hablar de repente, podemos decirnos cosas como:

- «Tengo algo que aportar.»
- «No es la primera vez que salgo airoso de una improvisación; esto es pan comido.»
- «Esto no va de mí: lo que cuento es interesante.»

Repetirnos un mantra nos puede ayudar a redirigir nuestros pensamientos y a sacarnos del bucle de negatividad en el que estamos atrapados.[13]

Si te quedas en blanco, prueba a retroceder para seguir. Piensa en lo que acabas de decir y repítelo. Así te da tiempo a recuperar el hilo. Muchas personas usan una táctica muy similar cuando pierden las llaves: repasan mentalmente lo último que han hecho y, de ese modo, quizá recuerden dónde las han dejado.

A lo mejor no te entusiasma la idea de repetir lo que acabas de decir porque no quieres aburrir ni distraer a tu público. Si lo haces cincuenta veces en tres minutos, igual sí, pero, en general, la repetición va bien. Cuando repites algo varias veces, lo resaltas y contribuyes a que tu público lo recuerde. Decir lo mismo de varias formas distintas hace que las ideas resulten más comprensibles y llamen más la atención. La repetición no es mala. ¿Ves? Lo acabo de hacer: he repetido la misma idea tres veces. Tampoco es para tanto, ¿no?

También puedes ganar tiempo planteando preguntas genéricas que tengan sentido en ese contexto. Te voy a confesar un secreto: cuando doy clase, a veces pierdo el hilo. Doy tantas clases que en ocasiones no recuerdo si he expuesto un argumento en una o en la otra. Esa confusión momentánea me puede alterar, y me veo obligado a reaccionar de inmediato si no quiero parecer imbécil. Normalmente, hago una pausa y digo: «Antes de continuar, quiero que dediquéis un momento a pensar en cómo podríais aplicar a vuestra vida lo que acabo de explicaros».

Yo tengo suerte, porque, como enseño comunicación, en realidad, los alumnos pueden aplicar de forma inmediata muchas de las cosas que les cuento, pero seguro que a ti se te ocurre enseguida alguna pregunta genérica que puedes hacer y que te permita inspirar hondo y pensar en lo que quieres decir a continuación.

En una videollamada por Zoom, por ejemplo, podrías preguntar algo del estilo de «¿Se os ocurre alguna forma de compartir esta información con vuestros compañeros de equipo?». O si presides una reunión, podrías decir: «Vamos a hacer una pequeña pausa para pensar en cómo encaja lo que acabamos de hablar en nuestros objetivos generales».

Con una simple pregunta, haces que la gente se ponga a pensar y dejas de ser el centro de atención un momento, lo que te permite recobrar la compostura. Si sabes que vas a asistir a un evento (una comida del equipo, una conferencia o una boda) en el que es posible que te toque decir unas palabras, puedes prepararte una de esas preguntas y tenerla a mano por si acaso.

PRUEBA ESTO

La próxima vez que creas que vas a tener que improvisar unas palabras, ten preparada una pregunta que puedas hacer a tu público si te aturullas.

Si la sola idea de quedarte en blanco te aterra en el momento, tener a mano esas herramientas te proporcionará una comodidad y una seguridad adicionales. También puedes intentar racionalizar antes de verte en una situación así. Piensa en qué medida es posible que te quedes en blanco. Cualquiera que lo valore fríamente te dirá que hay entre un 20 y un 25 por ciento de probabilidades de que algo salga mal, o sea, que hay entre un 75 y un 80 de que no. Yo me quedaría con lo último.

Pregúntate también: si me quedo en blanco, ¿qué es lo peor que puede pasar? Muchos contestaríamos: «Me muero de vergüenza» o «Sería muy violento» o «A lo mejor no consigo la mejora profesional que busco» o «Igual ya nadie quiere hablar conmigo». La lista de terribles consecuencias podría ser larguísima, pero hay que poner en perspectiva los miedos y entender que es muy probable que no ocurra nada de eso. El ser humano se encuentra a menudo tan absorto en sus propios agobios y tan preocupado por la impresión que produce en los demás que no presta atención a su prójimo. Este fenómeno es tan bien conocido que los psicólogos le han puesto nombre: el «efecto foco».[14] Es muy probable que estemos exagerando la impresión negativa que otros tienen de nuestras aptitudes oratorias.

El proceso de racionalización nos libera de la ansiedad y nos proporciona cierto autocontrol. También puedes reducir la probabilidad de quedarte en blanco estructurando lo que vas a decir en el momento. La estructura te sirve de guía, y es más difícil que te pierdas o te quedes en blanco. Quizá des por supuesto que solo puedes estructurar bien tus observaciones planificándolas con antelación, pero eso no es cierto. Como veremos en el capítulo 5, lo puedes hacer perfectamente en el momento.

Eeeh... Bueeeno... Estooo... Pueees...

Al abordar los síntomas cognitivos, debemos hacer algo con esas molestas muletillas que se nos escapan cuando estamos pensando qué decir. No digo que las destierres por completo: es normal y natural usarlas de vez en cuando, tanto que los guionistas las escriben en los diálogos de las películas, las series y las obras de teatro. Lo malo es que el abuso de esas muletillas, como los típicos «eh», «esto» o «pues», puede distraer y funcionar como una especie de grafiti verbal. Por suerte, existe una técnica con la que puedes conseguir que este tipo de palabras ya no se te escapen. Una vez más está relacionada con la respiración.

Inspira hondo. Al exhalar, quiero que digas «Eeeh». ¿Te sale? Genial. Ahora dilo mientras inhalas. No puedes, ¿a que no? Es casi imposible decir nada mientras inhalas. El habla es un suceso solo de salida. Para hablar hay que expulsar el aire. Y esa es la clave para librarnos de las muletillas que soltamos entre frases.

El truco es el siguiente: cuando hables, procura articular las frases de forma que te quedes completamente sin aire al final. Inténtalo unas cuantas veces: no es difícil y tampoco hace falta que uses frases largas. Basta con que sincronices la exhalación con el final de la frase. Yo me lo imagino como cuando un gimnasta hace un aterrizaje perfecto. Si sincronizas el habla con la respiración de ese modo, tendrás que coger aire al terminar la frase y te resultará imposible soltar una muletilla.

La técnica también funciona creando una pequeña pausa en el discurso. Como comunicadores, a menudo damos por supuesto que debemos llenar todos los huecos y que, si queda alguno, resulta raro. ¡Ni mucho menos! Si haces pausas, a tu público le da tiempo a procesar lo que acabas de decir y reflexionar sobre ello.

PRUEBA ESTO

Para practicar la sincronización de las frases con la respiración, recomiendo decir una serie de enunciados. Al final de cada uno, tendrás que «aterrizar» con un tono descendente y sin aliento. Piensa en los pasos necesarios para llevar a cabo una actividad cotidiana y corriente. Si vas explicando mientras la haces una actividad que conoces bien, no tendrás que pensar mucho en lo que dices y podrás centrarte en el final de las frases. A mí me gusta contar cómo me hago el sándwich de crema de cacahuete con mermelada: «Primero coges dos rebanadas de pan. Luego untas la mantequilla de cacahuete en una, pero no te pases. Después le pones mermelada a la otra, pero tampoco te pases. A continuación juntas las dos rebanadas. Haz coincidir la parte untada de mermelada de una con la que lleva mantequilla de cacahuete de la otra. Corta el sándwich por la mitad y a disfrutar». Cuando llegues al final de las palabras subrayadas, procura cerrar la frase y terminar sin aliento. Si quieres llevar el ejercicio al siguiente nivel, prueba a trabajar con herramientas de preparación del discurso como Poised.com, Orai y LikeSo, que te proporcionan información valiosa sobre tu uso de las muletillas.

En la tabla que viene a continuación se resumen diversas técnicas que te pueden venir bien para gestionar la ansiedad que te genera hablar en público.

Técnicas para controlar los síntomas básicos de la ansiedad

Técnica	Descripción	Observaciones
Practica la conciencia plena	Reconoce tus sentimientos y examínalos.	Esos sentimientos son completamente lógicos y normales.
Respira	Inspira hondo, infla el abdomen inferior mientras respiras despacio.	Las respiraciones hondas, tipo yoga, disipan la ansiedad. Haz exhalaciones el doble de largas que las inhalaciones.
Ralentiza tus movimientos	Haz más lentos tus gestos y otros movimientos corporales.	El habla a menudo se sincroniza con los movimientos del cuerpo. Si los ralentizas, verás como tu discurso también es más pausado.
Refréscate el cuerpo	Lleva en la mano una botella de agua u otro objeto frío.	Si te refrescas, te sofocas menos y no sudas tanto.
Saliva	Masca chicle o chupa un caramelo.	El movimiento mandibular reactiva las glándulas salivares.
Mantén un monólogo interior positivo	Repítete mentalmente un mantra positivo.	Eso acallará tu autocrítica interna y dará un rumbo positivo a tus pensamientos.
Rebobina y pregunta para avanzar	Repítete y haz preguntas.	Procura no repetir mucho, pero, para reactivar la memoria, repite lo que acabas de decir o pregunta algo a tu público.

Técnica	Descripción	Observaciones
Usa la cabeza	Piensa en qué es lo peor que podría pasar si metes la pata (pista: ni lo peor de lo peor es para tanto).	La gente suele estar centrada en sí misma y no en ti. Si lo tienes presente, prevalecerá la sensatez.
Inspira para emplear menos muletillas	Clava las frases para que te haga falta inspirar.	Verás como desaparecen todas las muletillas («pues», «esto»...).

PRUEBA ESTO

Crea un juego de herramientas para la improvisación oral que te permita gestionar la ansiedad en el momento. Incluye, por ejemplo, una botella de agua fría, un caramelo y una tarjetita en la que escribas una frase motivadora. Teniendo en cuenta los consejos de este capítulo, ¿qué más añadirías a este juego de herramientas para que se ajuste mejor a tus circunstancias? Ten a mano el listado en el móvil, la cartera o el bolso, de forma que puedas consultarlo justo antes del siguiente evento en el que preveas que tendrás que hablar en público.

Hazte un PGA

Para abordar con éxito los síntomas de la ansiedad, hay que conseguir también que esas intervenciones perduren. Dedica unos segundos a valorar las técnicas que te he propuesto.

¿Cuáles te parecen más interesantes, más naturales o útiles? ¿Has probado alguna ya? ¿Has usado otras técnicas para el control de la ansiedad en otras facetas de tu vida (por ejemplo, cuando haces algún deporte o sales a ligar) que te puedan ayudar a combatir ese miedo escénico?

Una vez revisadas las técnicas, reúne tus favoritas y conviértelas en lo que yo llamo un «Plan de Gestión de la Ansiedad» personalizado, o PGA. Como favorece el autocontrol y el enfoque, el PGA te anima y te ayuda a la hora de hablar en público. Escoge un puñado de técnicas (de tres a cinco) que creas que te van a funcionar y que aborden síntomas de ansiedad concretos que te atormenten más que otros. (También conviene que incorpores técnicas para abordar las causas subyacentes a ese miedo a hablar en público. De ellas hablaré más adelante.) Luego piensa en una sigla o un acrónimo que te permita recordarlas en el momento crítico. Aquí tienes un par de ejemplos:

Modelos de Plan de Gestión de la Ansiedad

BOOM

Busca el presente: Céntrate en lo que está pasando en el momento en vez de angustiarte con posibles consecuencias negativas.
Observa tus movimientos: Ralentiza los gestos para moderar el ritmo de tu discurso.
Oxigénate: Haz tus exhalaciones el doble de largas que tus inhalaciones.
Mantra: Repite para tus adentros una palabra o frase que te ayude a serenarte y centrarte.

ARR

Admite que la ansiedad es normal: Reconoce que no eres la única persona que la sufre.

Razona: Recuérdate que, aunque metas la pata hasta el fondo, no es el fin del mundo.

Refréscate: Ten algo frío en la mano para controlar tu temperatura corporal.

Les pido a todos mis alumnos y a los clientes a los que asesoro que se hagan su propio PGA. Por lo general, me lo agradecen, me escriben años después para comunicarme que siguen haciendo uso de esas técnicas. Según ellos, encontrar y utilizar el PGA adecuado les recarga a tope la confianza en sí mismos cuando tienen que hablar de pronto en alguna situación importante. Los pequeños cambios sostenidos en el tiempo ciertamente suponen una diferencia notable.

Una mujer con la que trabajo, Stephanie, se hizo cargo de la presidencia del negocio familiar a los veintimuchos. En ese papel, debía conectar con sus setenta y cinco empleados de diversos estratos y proyectar una imagen de autoridad. La tarea se le complicó aún más cuando llegó la covid y puso patas arriba el negocio. Los empleados, que, en algunos casos, eran bastante mayores que ella, empezaron a agobiarse y recurrieron a Stephanie en busca de liderazgo. Mientras ella tomaba decisiones controvertidas para estabilizar el negocio, ellos la acribillaban a preguntas sobre los cambios que supondrían.

A Stephanie, la comunicación diaria con su plantilla la estresaba muchísimo, más aún porque no era hablante nativa de inglés. Se acomplejaba y la ansiedad se manifestaba en su tartamudeo y en una actitud seria y reservada. La angustia se hizo tan grande que le costaba dormir y centrarse en tareas cotidianas. Hasta se planteó abandonar la presidencia de la empresa.

Para ayudarla, desarrollamos un PGA con el que evitar que la obsesionaran los objetivos futuros. Con el tiempo, terminó ahondando en ese PGA y modificándolo, llevándolo en una dirección completamente propia. Cuando volví a hablar con ella en la primavera de 2022, su PGA había empezado a girar en torno a tres palabras esenciales para ella: *Corazón*, *Discurso* y *Mente*, o CDM. El «corazón» se refería a la razón por la que hablaba: descubrió que se angustiaba menos si se recordaba que su intención era servir a su público y centrarse en ellos y en sus necesidades, no en las propias. El «discurso» le permitía focalizarse en lo que debía hacer desde el punto de vista técnico para conectar con su público. Consciente de que tendía a acelerarse y atropellarse cuando se ponía nerviosa, se propuso gesticular más despacio y formular preguntas para obligarse a hacer pausas. La «mente» era la pista con la que recordarse que la verdadera probabilidad de quedarse en blanco y meter la pata era bastante inferior a lo que ella temía.

Stephanie sigue trabajando en su ansiedad, pero gracias a sus esfuerzos constantes con el PGA y las técnicas descritas en este capítulo, su ansiedad ya es más manejable. Dirige a otros de forma más eficaz y disfruta más de su trabajo. De hecho, ha empezado a orientar a otros para que confíen más en su comunicación.

Un PGA no es un apaño rápido, sino más bien un experimento de continuidad cuyas técnicas son solo hipótesis. Cuando ya hayas generado tu PGA, ponlo a prueba en situaciones de la vida real. Ensaya el PGA antes de ir a tu próxima reunión de trabajo o cena de amigos. Prueba las técnicas en el momento. ¿Te sirven? Si no, cámbialas por otras (y no te olvides de actualizar el acrónimo o la sigla).

No hay una solución rápida y fácil para el miedo escénico. Lo que sí podemos hacer es iniciar un proceso más gradual de control de esas emociones, de forma que no interfieran en nuestros objetivos de comunicación.

Descubre tu verdadero YO

Sentirse cómodo improvisando es esencial en los discursos y las presentaciones formales, pero adquiere una relevancia especial cuando de pronto te piden que digas unas palabras. Como veremos en el próximo capítulo, el control de la ansiedad termina liberándote y haciendo que te conduzcas con mayor naturalidad y autenticidad cuando hay que improvisar. Te vuelves más atrevido, más ágil, más fresco y osado. Te cuesta menos sintonizar con las necesidades de tu público y reaccionar de forma adecuada. Disfrutas más de la comunicación. Todo eso te concede mayor atractivo como orador, y puedes hablar sin acobardarte.

Cuando aquel CEO me preguntó qué encontraría si yo fuera una cebolla y me quitara las tres primeras capas, entré en modo «sálvese quien pueda». Pero no me dejé dominar por los nervios. En su lugar, puse en marcha parte de mi PGA, inspiré hondo y me repetí mi mantra mentalmente: «Tengo mucho que ofrecer». Casi de inmediato, me recompuse y pude improvisar.

Terminé centrándome en la cebolla y extrayendo de ella inspiración para el resto de mi respuesta. «Las cebollas me hacen llorar —le dije—. Siempre que pelo una termino lagrimeando. No sé, igual es que soy un sentimental. De hecho, procuro rodearme de personas dispuestas a llorar y a mostrar sus sentimientos.»

Luego seguí contándole que, en mi puesto anterior, había contratado a personas apasionadas y dadas a compartir sus emociones porque esa franqueza y esa energía hacían que mi equipo fuera coherente y solidario. Aunque no siempre estábamos todos de acuerdo, sabíamos qué pensaba cada uno y respetábamos a nuestros compañeros y sus puntos de vista. Cuando le comenté esto al CEO, empezamos a ahondar en el tema de la empatía, la confianza y la seguridad psicológica, la importancia de esas cosas en mi vida, y mi deseo de aportarlas al puesto para el que me estaban entrevistando.

Mi empeño en centrarme en la cebolla y ver adónde me llevaba fue una decisión importante que tomé en el momento, una que no habría tenido el valor ni la claridad para tomar de haberme consumido la angustia. Cuando contesté, vi que el CEO sonreía: no se esperaba una respuesta así. La mayoría de los candidatos seguramente habrían dicho algo del estilo de «Si pela la cebolla, verá que soy diligente» o «Verá que soy sincero». En mi caso, obtuvo una respuesta creativa, inusual y emotiva que le transmitió algo único sobre mí. Al final conseguí el puesto y lo pasé genial en aquella empresa. Entonces ni lo sospechaba, pero aquel trabajo cambiaría por completo mi trayectoria profesional.

Aunque estoy convencido de que hubo muchos factores que contribuyeron a que la empresa tomase la decisión de contratarme, no vino mal que fuera capaz de reaccionar bien cuando el CEO me puso en aquel aprieto. En situaciones así, también te puedes lucir. Controlar la ansiedad para que ella no te controle a ti es un primer paso esencial.

PRACTICA ESTO

1. Coge el PGA que has creado y úsalo la próxima vez que tengas que improvisar una intervención oral. Valora cómo ha ido, qué ha funcionado y qué no. ¿Qué cambiarías para mejorarlo en futuras ocasiones?
2. La próxima vez que experimentes una emoción fuerte, positiva o negativa, dedica un instante a reconocerla y aceptarla. ¿Qué tal te sienta? Piensa en qué ha podido provocarte esa emoción. ¿Tiene sentido en las circunstancias en las que te encontrabas? Si otra persona te dijera que está experimentando esa emoción, ¿podrías ayudarla a entender por qué era oportuna y razonable?
3. Proponte hacer cinco minutos de respiraciones hondas al día durante una semana. En ese tiempo, ve a un sitio tranquilo y céntrate en tu respiración. Asegúrate de que las exhalaciones son el doble de largas que las inhalaciones. Observa cómo te sientes al final de cada sesión.

2

Desbloquéate

MAXIMIZA LA MEDIOCRIDAD

Cuando toca improvisar, un «no está mal» es más que suficiente

La ansiedad es un asunto complicado, así que vamos a relajarnos un poco y a jugar un rato a «llámalo como quieras».[1] ¿No te suena? Pues te va a encantar.

Me enamoré de este juego cuando vi a Adam Tobin, amigo y mentor de improvisación, hacer una demostración y explicarlo en la clase de improvisación oral (*Improvisationally Speaking*) que impartimos juntos. El juego es sencillo. Si estás sentado al escritorio o en un sillón cómodo, levántate, por favor, y deambula por la habitación. Ve adonde sea, cambiando de dirección cada cierto tiempo. También lo puedes hacer en exteriores, que un poco de aire fresco no hace daño a nadie.

Mientras caminas, señala un objeto al azar y nómbralo, pero llámalo como quieras. Si señalas un tiesto, llámalo «caballo», «rosado», «aunque», «hamburguesa» o «recórcholis»..., ¡cualquier cosa menos «tiesto»! Luego señala otra cosa y llámala como te apetezca, lo primero que se te ocurra, aunque repitas, no pasa nada.

Sigue señalando cosas lo más rápido que puedas y llamándolas lo que sea, cualquier cosa que te venga a la cabeza. Hazlo durante unos quince o veinte segundos y luego para.

¿Qué tal? ¿Te ha costado cambiarles el nombre? El juego parece fácil, pero, si te pasa como a casi todo el mundo, te habrá supuesto un desafío.

Cuando mis alumnos y otras personas a las que me dirijo en mis charlas juegan a esto, tienden a moverse despacio y con cautela por la estancia, señalando pero sin hablar. Se quedan pensativos, como si estuvieran resolviendo un polinomio. Evitan mirarme a los ojos o mirar a quienes tienen alrededor. Después comentan lo difícil que les ha parecido la tarea. «Parecía idiota», dicen. «Esto se me da fatal.» Algunos incluso me reprochan: «¡Qué malo eres! Me has puesto en ridículo».

Como documentan los psicólogos, nuestro cerebro procesa más fácilmente estímulos que se ajustan a los patrones esperados que estímulos inesperados. Por ejemplo, si le pides a alguien que lea los nombres de los colores (morado, azul, naranja...), le cuesta menos si están escritos en tinta del color de la palabra. Cuando ves «morado» escrito en naranja, el cerebro cortocircuita y te cuesta más leerlo.[2] Este fenómeno, captado en un célebre experimento conocido como «el test de Stroop», se produce también en el juego de llamar a las cosas de otra forma.

Te juro que no uso este juego con mala intención. Al intentar hacer algo mal, pones en práctica una técnica que es esencial para lograr el éxito en la comunicación espontánea: maximizar la mediocridad.

La mediocridad suele tener mala fama, y merecida. Nadie quiere maximizar su mediocridad. Pero, en la comunicación espontánea, eso es precisamente lo que hay que hacer. Por una paradoja maravillosa, cuanto más mediocre te permitas ser, mejor orador y más convincente resultarás.

Cuando nos enfrentamos a las tareas de la vida cotidiana, solemos esforzarnos por hacerlas bien, pero con la comunicación espontánea no hay forma «correcta», ni «adecuada», ni «preferible», solo formas mejores y peores. El solo hecho de intentar «hacerlo bien» ya nos limita. Nos bloquea y nos sobrecarga el pensamiento, y nos impide responder a nuestros oyentes y proyectar nuestra personalidad en el momento.

Para hacerlo lo mejor posible cuando nos vemos obligados a improvisar, hay que dejar de querer hacerlo perfecto y, en su lugar, sentirse más cómodo haciendo las cosas mal. Hay que aspirar a la mediocridad. En este capítulo procuraré convencerte de que abrazar la imperfección es la clave del éxito en la comunicación espontánea. Empecemos por ver más detenidamente cómo nuestro empeño en alcanzar la perfección debilita nuestra capacidad de comunicación.

Los atajos que cogemos por «hacerlo bien»

Dos procesos mentales bien diferenciados nos boicotean cuando nos proponemos «hacerlo bien» en la comunicación espontánea. Para entender el primero de ellos, retomemos el juego de llamar a las cosas como nos salga. Te invito a que pruebes otra vez, otros quince o veinte segundos señalando cosas y llamándolas en voz alta por lo primero que te venga a la cabeza.

¿Ya? Vale. Esta vez piensa en las palabras que has dicho en voz alta. Aunque lo que tenías que hacer era soltar palabras al azar, ¿te has fijado en que tu cerebro, de forma consciente o inconsciente, ha desarrollado una estrategia para ejecutar esa tarea? ¿Las palabras que has elegido seguían un patrón?

Cuando mis alumnos juegan a esto, me suelen decir que usan palabras de un mismo campo semántico. En una sucesión rápida, señalan cosas y sueltan nombres de frutas, animales, colores, etc. Otros alumnos confiesan que les roban las palabras a los de alrededor o que usan el nombre verdadero de lo que han señalado justo antes. También hay quienes piensan rápidamente varias palabras con la intención de usarlas una detrás de otra para las siguientes cosas que señalen.

Como destaca Adam Tobin cuando explica el juego, esas estrategias son completamente normales, porque así es como reacciona el cerebro humano cuando nos proponemos controlar una situación difícil. Los psicólogos lo explican por medio de la teoría de la carga cognitiva, que sostiene que a menudo no disponemos más que de una cantidad finita de memoria operativa que dedicar a las tareas que tenemos por delante.[3] Cuando un exceso de información nos inunda de golpe el cerebro, como ocurre a menudo en este mundo moderno y tecnológico, la llamada memoria de trabajo se sobrecarga y nos cuesta aprender. Para evitarlo, el cerebro intenta echarnos una mano. Nos propone, de forma rápida y sin esfuerzo, atajos mentales, también conocidos como sesgos cognitivos, que nos ayudan a resolver problemas o ejecutar las tareas a las que nos enfrentamos. Los sesgos cognitivos son una herramienta básica a la que recurrimos en nuestro empeño de «hacerlo bien» y conseguir la perfección.[4]

Solemos recurrir a los sesgos cuando hablamos de forma espontánea. Cuando un cliente iracundo nos plantea un problema, el cerebro entra en acción y le soltamos una respuesta estándar, quizá algo del estilo de «Lamento que no le funcione. ¿Lo ha configurado bien?». Cuando nos enteramos de que a un amigo se le ha muerto alguien, decimos: «Te acompaño en el sentimiento». Cuando un pariente nos comunica una mala noticia, le ofrecemos una respuesta estándar, tipo «Ya verás como todo se arregla». Cuando un amigo nos pregunta qué opinamos de un desencuentro que ha tenido con un compañero de trabajo, sin pensarlo respondemos: «Es lo que hay».

Los sesgos son esenciales porque nos ayudan a reaccionar con decisión y eficiencia en situaciones complejas, aliviando la carga cognitiva que soportamos. Cuando nos enfrentamos a una tarea, no tenemos que pensar en ella, la hacemos sin más. Si no contáramos con esos sesgos cognitivos, nos bloquearíamos a todas horas. Imagina lo complicado que sería ir al súper. Habría que valorar los pros y los contras de todas las marcas y variedades de salsa para espaguetis para poder elegir una y comprarla. Sin embargo, aplicamos una regla sencilla, algo así como «Quiero una salsa que sea orgánica y no demasiado cara».

El asombroso poder de «es que»

No obstante, esa eficiencia tiene su coste en dos aspectos fundamentales. Primero, los sesgos limitan nuestra espontaneidad, y eso interfiere en nuestra capacidad de estar presentes. En un célebre experimento, la psicóloga Ellen Langer propuso a los participantes que se acercaran a la gente que hacía cola para usar una fotocopiadora y preguntaran si los colaban. El que supuestamente quería colarse planteaba la petición de formas distintas, en algunos casos recurriendo a «es que» y esgrimiendo una explicación. Se descubrió que los que hacían cola estaban más dispuestos a acceder a que alguien se colara si usaba «es que» seguido de algún argumento, independientemente de que el argumento fuera creíble («Tengo prisa») o no («Perdona, tengo que hacer unas fotocopias. ¿Puedo usar la fotocopiadora? Es que necesito hacer unas copias». Por lo visto, ese «es que» hacía que la gente entrase en piloto automático y disparaba un sesgo cognitivo en su cabeza, algo así como «Voy a colar a quien sea si me da una explicación». En vez de estar presente en el momento y escuchar atentamente, una simple expresión que justificaba una pequeña petición desencadenaba la tendencia a comportarse de forma mecánica y distraída.[5]

En estos casos, no nos detenemos a observar los matices de nuestro entorno y nos perdemos elementos sutiles y quizá no tan sutiles. Si estás en el súper escudriñando las salsas para espaguetis según el precio y si son orgánicas, igual no te das cuenta de que algunas son algo distintas (tienen trozos, o sabor a vodka), ni si contienen ingredientes que no te gustan, como azúcares añadidos. Al final, puede que termines tomando una decisión de la que luego te arrepientas.

Cuando hacemos uso de los sesgos cognitivos en situaciones interpersonales, nos perdemos matices, como pistas sobre las necesidades de nuestros interlocutores. Pongamos que tu compañero de trabajo entra de pronto en tu despacho y te pide opinión sobre una reunión a la que acabáis de asistir los dos. Entra en juego tu sesgo de «opinar sobre la reunión» y empiezas a comentar de inmediato los pasos que siguen a esa reunión, el ajuste de los planes, y otras medidas que se han hablado. Pero a lo mejor tu compañero quiere otra cosa: que valides su capacidad de liderazgo, por ejemplo, o incluso una manifestación de afecto o de amistad por tu parte. Estás tan encerrado en la idea de que «ahora tengo que decir lo que me ha parecido la reunión» que pierdes la ocasión de conectar de una forma más significativa.

Una comunicación espontánea efectiva requiere que abandonemos los clichés y los patrones de conducta habituales. En vez de apresurarnos a reaccionar a una situación, hay que poner freno a los sesgos, dedicar un instante a valorar de verdad esa situación y quizá hacer algunas preguntas esclarecedoras. En el ejemplo anterior, una reacción no guiada por el sesgo cognitivo podría llevarnos a preguntar algo así como «¿Quieres que te comente algo concreto de la reunión o que te dé mis impresiones generales?». También podríamos preguntar a nuestro compañero qué piensa él de la reunión antes de darle nuestra opinión. Esas preguntas bien podrían generar información que nos venga bien para responder de forma más eficaz.

¡Con queso están más ricos!

El uso de los sesgos cognitivos nos plantea un segundo problema: que limitan nuestra creatividad. Como nuestro cerebro funciona de acuerdo con unas normas, tendemos a llegar a respuestas esperadas, conocidas o lógicas. Es menos probable que generemos espontáneamente reacciones más creativas, novedosas o poco convencionales. Uno de mis ejemplos favoritos en este sentido viene de una clase que mi compañera Tina Seelig daba hace años a estudiantes de diseño en Stanford.[6] Tina dividía a sus alumnos en equipos y los enfrentaba para ver cuál de ellos conseguía la idea de negocio mejor y más innovadora. Cada equipo disponía de dos horas y cinco dólares. Con esos recursos, debían ganar todo el dinero posible (sin delinquir, claro). Después, cada equipo pasaba tres minutos presentando su proyecto al resto de la clase. El equipo que conseguía más dinero ganaba el concurso.

La mayoría de los grupos generaban ideas interesantes, pero tampoco espectaculares. Una vez uno consiguió bastante dinero haciendo reservas anticipadas en restaurantes populares y vendiéndoselas a comensales hambrientos (antes de que se pusieran de moda las reservas por internet). Otro ganó un par de cientos de dólares montando un puesto en el campus de Stanford y ofreciéndose a medir a los alumnos la presión de los neumáticos de sus vehículos. Al principio, cobraban por hincharlos, pero no tardaron en descubrir que ganaban más cuando se limitaban a pedir la voluntad a los alumnos agradecidos.

Otro equipo adoptó un planteamiento completamente distinto. Esos alumnos llegaron a la conclusión de que el recurso más valioso que podían vender no era su capacidad de prestar un servicio a un cliente, sino más bien el de conseguir un público atento para las empresas que querían reclutar a estudiantes. Para generar ingresos, vendieron sus tres minutos de presentación a una empresa de diseño. Terminaron ganando 650 dólares, más que ningún otro equipo.

Los otros habían seguido un sesgo cognitivo: «Para ganar dinero, tengo que idear algún servicio que resulte atractivo a los clientes». Pero ese sesgo los limitaba y restringía el tipo de ideas que se les podían ocurrir. El equipo ganador no se atuvo a ese sesgo, sino que se abrió a preguntas distintas: «¿Cuál de los recursos de que dispongo posee mayor valor? ¿Y cuál es la mejor forma de comercializarlo?».

Apoyarnos en los sesgos cognitivos nos permite reaccionar rápidamente cuando tenemos que improvisar, pero, en general, nos estamos cerrando a muchas otras vías que podrían sorprender o cautivar a nuestro público. Solo cuando logramos liberarnos y aventurarnos más allá de nuestras reglas mentales corrientes se produce la magia.

Hace un tiempo, tuve el privilegio de dar clase de Inglés en un instituto durante dos años. Si hay un sitio donde la capacidad de improvisación oral sea verdaderamente útil es ese. Todos los días me enfrentaba a algún reto de comunicación nuevo e inesperado, debía estar siempre alerta.

En una de mis clases tenía un niño listísimo que, no sé por qué, disfrutaba armando jaleo en el aula. Su táctica: soltar palabras y frases al azar durante las explicaciones y de forma impredecible. Igual yo estaba hablando de *El gran Gatsby* y, de pronto, oía a alguien gritar al fondo: «Llevo la camiseta sucia» o «Me dan miedo las palomas». A sus compañeros, aquellas interrupciones tan raras les hacían gracia. A mí, no tanto.

Sabía que ese niño quería llamar la atención, así que procuraba no reaccionar a sus arrebatos. Un día, no me pude contener más. Había estado comiendo en el aula antes de clase y casualmente tenía un paquetito de queso parmesano en la mesa. En plena clase, el crío soltó un «Me encantan los espaguetis». Rieron todos. Como ya no sabía qué hacer para que el chaval se callara y se portara bien, al ver el sobrecito de parmesano, le contesté: «¡Toma!», y se lo tiré. «¡Con queso están más ricos!», añadí.

Fue un acto espontáneo de comunicación por mi parte, y me funcionó. Rieron todos, les pareció graciosísimo. Seguimos con la clase y el chaval no dijo ni mu. Hasta ese momento, me había estado ateniendo a los sesgos docentes convencionales: «Ignóralo y sigue con lo tuyo» o «Interrumpe la clase, castiga al niño por portarse mal y amenázalo con represalias si no rectifica». Pero, en aquel momento, se me ocurrió una forma muy distinta e inesperada de abordar la situación, una con la que ponía de manifiesto mi propia personalidad y mi sentido del humor. A la clase le encantó y los alumnos empezaron a verme de otro modo, como un profesor con el que podían sentirse identificados y relacionarse de forma más auténtica.

Pasa de los sesgos

Para potenciar nuestras aptitudes comunicativas, no hace falta que desterremos por completo el uso de los sesgos cognitivos, basta con que seamos más conscientes de los atajos mentales que solemos tomar, que aprendamos a dejarlos de lado o desconectarlos de vez en cuando para poder ser más ágiles y adaptarnos mejor. Lo que pretendemos es aumentar nuestra capacidad de tomar decisiones conscientes cuando nos comunicamos, en vez de invocar sin más una reacción aprendida de memoria.

Una forma de conseguirlo es estar pendientes de las situaciones en las que solemos tirar de sesgos. Por lo general, recurrimos a ellos cuando experimentamos algún tipo de estresor.

Puede que debamos tomar una decisión y nos abrume el número de opciones disponibles. A lo mejor estamos cansados, tenemos hambre o el tiempo apremia. Quizá nos encontremos en una situación incierta o ambigua. Para evitar el uso de sesgos cognitivos, lo primero que hay que hacer es no estresarse. Se puede controlar el estrés cuando ya ha aparecido, cuidando de uno mismo en el momento, bajando el ritmo o racionalizando (véase el capítulo 1). Reducir la ansiedad que sentimos puede facilitarnos una intervención más abierta y sensata.

También podemos aprender más cosas sobre los sesgos viendo cómo los usan otras personas, y procurar evitar dichos patrones. Como padres, por ejemplo, quizá veamos que otros progenitores levantan la voz cuando sus hijos no paran de pedirles cosas. Podemos centrarnos en modificar conscientemente nuestra conducta cuando los críos nos están dando la lata, por ejemplo, tranquilizándonos, bajando la voz y escuchando lo que nos piden.

Además, podemos dedicar tiempo a meditar nuestros propios actos. Si dirigimos un equipo y queremos comunicarnos de forma más productiva cuando surgen problemas, podemos adquirir la costumbre de examinar la forma en que hemos gestionado ese tipo de situaciones. ¿Reaccionamos de forma refleja siguiendo un patrón? ¿Algo concreto ha desencadenado esas reacciones? ¿En qué medida nos han resultado útiles las reacciones en cuestión? ¿Qué podríamos hacer en casos así para no recurrir a los sesgos cognitivos?

Una última forma de controlar nuestros atajos mentales es reestructurar por completo nuestra forma de pensar y actuar. Los atletas diestros suelen mejorar su capacidad de reacción entrenando con la mano izquierda o con un balón que pesa más de lo normal. Eso echa a perder todos sus hábitos arraigados, y tienen que aprender a funcionar de cero. Conozco a un escritor que cambia a propósito el sitio en el que escribe para librarse de patrones de pensamiento arraigados. Aunque suele escribir en su despacho, a veces prefiere hacerlo en la sala de espera de un hospital, el vestíbulo de un hotel, un aeropuerto, un tanatorio, un cine vacío o la tribuna pública de un juzgado. Según él, escribir en sitios nuevos le permite escapar de los patrones de siempre y desencadenar un torrente de nuevas ideas.

También los expertos en creatividad se esfuerzan por boicotear la tendencia a recurrir al sesgo cognitivo. Para generar nuevas ideas, la empresa de diseño IDEO se sirve de la técnica de buscar inspiración en otros contextos aparentemente no relacionados donde se aplican condiciones o principios similares. En una ocasión los contrataron para rediseñar las urgencias de un hospital para que resultaran más eficaces. Un planteamiento estándar habría sido investigar cómo están diseñadas las de los grandes hospitales y tomar prestadas algunas ideas. Sin embargo, al hacerlo, los diseñadores de IDEO se habrían visto limitados por los sesgos empleados por los diseñadores de salas de urgencias.

IDEO, en cambio, estudió otros entornos de gran intensidad para ver cómo funcionaban mejor.[7] Uno de los casos que investigaron fue el funcionamiento de los equipos técnicos de los boxes de Fórmula 1. A juicio de IDEO, los mecánicos de boxes trabajaban de forma análoga a los sanitarios de urgencias hospitalarias en el sentido de que ambos debían diagnosticar y resolver problemas con premura y eficacia en situaciones de mucha presión. Evitando los sesgos cognitivos comunes del diseño de hospitales y buscando inspiración en los equipos de boxes, a IDEO se le ocurrieron montones de propuestas nuevas que pudo trasladar a las salas de urgencias.

Por ejemplo, los equipos de boxes preparan con antelación las reparaciones más corrientes a las que se van a enfrentar durante la carrera. Para cada una, montan las piezas y las herramientas necesarias en un kit. De ese modo, cuando se presenta una reparación, pueden actuar de inmediato sin tener que buscar las piezas y las herramientas por ahí. IDEO introdujo kits similares en las salas de urgencias para gestionar algunos de los escenarios que se presentan de forma habitual, como infartos o sobredosis. Con esa innovación, en urgencias pueden tratar a los pacientes con mayor eficiencia. Apartarse de los sesgos cognitivos usuales les supuso una gran diferencia.

Prescindir de nuestros atajos mentales puede beneficiarnos a todos. Al hacerlo, nos permitimos ser más receptivos y creativos en nuestra comunicación.

PRUEBA ESTO

Enfréntate a mi reto «Pasa de tus sesgos cognitivos» durante una semana. Primero, piensa en sesgos que uses a menudo cuando te comunicas. A lo mejor empiezas siempre los correos con un «Espero que estés bien» o dices «buena pregunta» cuando alguien te pregunta algo. Para cada día de la semana, piensa en alguna forma de prescindir de tus sesgos. Un día puede que detectes una situación concreta que te estresa y hagas algo por controlar la ansiedad. Puedes, por ejemplo, dedicar de dos a tres minutos a reflexionar sobre tu conducta. O a lo mejor se te ocurre una forma de añadir un elemento novedoso que te permita apartarte de los patrones arraigados.

El nombre incorrecto «correcto»

El uso que hacemos de los sesgos cognitivos no es el único proceso mental que nos limita cuando nos proponemos «hacerlo bien» con la comunicación espontánea. Para revelar otro, retomemos el juego de llamar a las cosas como se nos ocurra. Cuando pregunto al público por su experiencia con ese juego, suelo oírlos fustigarse. Me contestan cosas como «Lo he hecho fatal», «No se me ocurría nada original», «Lo he hecho peor que no sé quién»... Asombrosamente, alguien del grupo dirá: «No me he equivocado lo suficiente». Cuando les pido que se expliquen, me contestan algo como «Pues que iba a llamar "gato" a la "silla", pero los dos tienen cuatro patas, y los gatos se sientan en las sillas. No es lo bastante disparatado. Podría haber dicho "taco" o "Galápagos", que no se parecen en nada a una silla».

Medita esa respuesta un segundo. La regla de este juego es únicamente llamar a las cosas de otro modo. No especifico cómo, ni impongo criterios sobre si unos modos son mejores que otros. El objetivo no es competir ni comparar tus respuestas con las de los demás. Sin embargo, mis alumnos intentan jugar «bien» decidiendo si lo están haciendo lo bastante mal.

Esa autoevaluación nos viene genial en muchas situaciones: en la vida es importante procurar hacerlo lo mejor posible. De hecho, te despedirán del trabajo o fracasarás en tus relaciones personales si no juzgas y evalúas lo que haces o dices. Pero, en algunas circunstancias, sobre todo en las que surgen de improviso, obsesionarse con controlar y juzgar el rendimiento propio reduce la probabilidad de hacerlo bien. Pone a prueba nuestras capacidades cognitivas y nos impide sentirnos todo lo centrados, creativos, seguros y receptivos que querríamos. Puede que hasta nos impida actuar.

Una vez tuve un alumno que, cuando jugaba a llamar a las cosas de otra forma, se quedaba clavado señalando el mismo objeto todo el rato. Intentaba llamarlo algo, pero no le salía nada. Cuando le pregunté qué hacía, me contestó que no se le ocurría «el nombre incorrecto correcto». Estaba analizando, conforme a su propio manual interno de reglas, todos los nombres que le venían a la cabeza, y ninguna de las palabras se ajustaba al estándar que se había marcado.

No es difícil entender por qué nos exigimos tanto, a veces hasta el perfeccionismo. Muchos crecemos saturados de una cultura que resalta el rendimiento. Padres, profesores, mentores, jefes, entrenadores y demás nos inculcan la idea de que hay una forma correcta de hacer las cosas y que hacer lo correcto está bien. Toda la vida hemos recibido recompensas por hacer las cosas bien, y eso nos ha granjeado elogios, trofeos, dinero y títulos rimbombantes. Nos han castigado por meter la pata, ya sea con comentarios negativos, malas notas o simplemente la consciencia de que los demás nos miraban por encima del hombro. El fracaso no es agradable, mientras que hacer las cosas bien sí. No es de extrañar que nos pasemos el tiempo controlando y criticando lo que hacemos, quizá más de lo que deberíamos.

Otra de las razones por las que tendemos a juzgar nuestro rendimiento es que hacerlo nos serena y nos hace sentir al mando. Las situaciones impredecibles y ambiguas de la vida nos producen sensación de vulnerabilidad y desamparo. Centrarnos en hacerlo todo perfecto, y a veces obsesionarnos con ello, provoca sensación de autocontrol. Antes de una reunión importante, a menudo me sorprendía obsesionándome con lo que quería decir exactamente. Ahora soy consciente de que lo hacía porque me parecía que así llevaba las riendas de mi vida cuando lo que estaba a punto de ocurrir no dependía de mí.

Como es lógico, para poder prescindir del perfeccionismo debemos creernos capaces de alcanzar nuestros objetivos. Esa es precisamente la fe que te pido que busques. Te aseguro que la recompensa será generosa. Después de instar a mis alumnos y a mi público en general a suprimir la autocrítica, les pido que repitan el juego de llamar a las cosas como les venga en gana. La mayoría viven el juego de otra forma esa vez. Sonríen más. Se mueven más rápido por la estancia y señalan los objetos con mayor entusiasmo. Les cuesta menos pensar en un nombre y lo disfrutan más.

No estamos acostumbrados a vivir sin más, sin preocuparnos por qué tal lo estamos haciendo, pero deberíamos.

Atrévete a ser soso

¿Cómo podemos dejar de juzgarnos tanto? Una técnica importante que resulta asombrosamente sencilla es darnos permiso para hacer lo que haya que hacer. Nada más y nada menos: en vez de empeñarnos en hacerlo bien, nos centramos solo en transmitir a nuestro público la información de que disponemos.

Esa técnica es, de hecho, un dogma fundamental en el mundo de la improvisación. Los grandes improvisadores superan su tendencia al perfeccionismo diciéndose que «un "no está mal" es más que suficiente» y que tienen que «atreverse a ser sosos».[8] Como ellos ya saben, cuanto más nos atrevamos a ser sosos, mayores serán nuestras posibilidades de ser todo lo contrario, porque nos comunicaremos haciendo uso de todos nuestros recursos cognitivos. «"Sé transparente" es el mantra más poderoso y creativo que hay —me dijo el experto en improvisación Dan Klein—. Cuando intentas ser original, suenas igual que todo el mundo que pretende lo mismo, pero, si eres transparente, eres tú mismo, y eso es lo auténtico.»[9]

El ejecutivo del mundo del entretenimiento Steve Johnston fue presidente y socio gestor del icono de la comedia Second City durante casi veinte años, y ahora participa en la dirección de Mindless Inc., un centro de enseñanza que, para potenciar la aptitud mental, se sirve de métodos de improvisación aplicados y libres. Según él, tendemos a pensar que cuando hablamos se nos tiene que ocurrir algún ideón, que debemos aportar algo relevante, hermoso o significativo, algo que él asemeja a una catedral. Pero también es importante crear la estructura física de la conversación, poner el ladrillo. Cuando aguardamos, escuchamos y, en ocasiones, proponemos conexiones lógicas entre las ideas de los demás, hacemos de ladrillos. No hace falta que digamos algo original ni supernovedoso cada vez. Basta (y a veces hasta resulta potentísimo) con que contribuyamos a mantener vivo el diálogo y encajemos las piezas. No te empeñes en ser catedral; céntrate en ser lo más útil posible como ladrillo.

Favorecer la sosería puede parecernos raro al principio, y hasta darnos un poco de miedo. Cuando insto a mis alumnos de Stanford a que sean sosos, me miran espantados. Nunca les habían propuesto nada semejante, pero abandonar la autocrítica y ceder un poco de control es precisamente lo que esos alumnos necesitan para que se les dé mejor la comunicación espontánea. Ya poseen inteligencia, motivación y diligencia. El siguiente paso para la mejora de sus aptitudes comunicativas es coger algunos de los valiosísimos recursos cognitivos que estaban empleando en la persecución persistente de la perfección y encaminarlos a estar presentes e implicados en la tarea que ejecutan. Ese cambio cuesta al principio, algo que, en apariencia, contradice mi argumento de que se trata de invertir menos energía, pero, con la práctica, los alumnos descubren que su comunicación es más fluida y auténtica.

No olvides que no hay una forma correcta o incorrecta de comunicarse, solo formas mejores o peores. Pasar de hacerlo bien a hacerlo sin más reduce la presión que sentimos. Nos permite centrarnos menos en la mejor forma posible de comunicar y más en decir las cosas a nuestra manera y con nuestras palabras. La comunicación resulta más fácil, es menos exigente desde el punto de vista cognitivo y más exclusiva de nuestra persona. Así podemos enfocarnos en lo que hay que hacer en vez de dedicar parte de nuestro ancho de banda a juzgar lo que estamos haciendo.

PRUEBA ESTO

Dedica un minuto a pensar en uno o dos momentos de comunicación espontánea satisfactoria que hayas experimentado, una de esas veces en que simplemente hiciste lo que había que hacer sin supervisar ni evaluar en exceso tu rendimiento. ¿Cómo te sentiste después? Recuérdate que puedes hacerlo bien y que no pasa nada porque alguna vez te «atrevas a ser soso».

Haz tomas falsas

Una vez nos hemos otorgado permiso para implicarnos sin obsesionarnos con nuestro rendimiento, podemos empezar a liberarnos de la presión de evitar cometer errores.

Para abrazar los errores, hay que cambiar el concepto que tenemos de ellos: no son lo opuesto al éxito, sino un vehículo para alcanzarlo. Cuando el profesor de marketing S. Christian Wheeler apareció en mi pódcast, comentó que los errores y los fracasos son parte esencial del proceso de aprendizaje. De pequeños, los errores nos dan igual. No paramos de meter la pata en las tareas más sencillas: caminar, usar una cuchara, atarnos los zapatos... De adultos nos distanciamos del fracaso y, al hacerlo, nos impedimos aprender y crecer. «Debemos ser capaces de entender que el fracaso es algo maravilloso —dice Wheeler—, porque implica que nos faltan aptitudes que podemos adquirir para adaptarnos mejor a nuestras circunstancias.»[10]

Podemos moderar activamente la autocrítica y el juicio de valor si optamos por aceptar, e incluso celebrar, los errores cuando se produzcan. Estresarse con cada pequeño error que cometemos, o podríamos cometer, es agotador para el cerebro. Yo encuentro útil imaginar que los errores son «tomas falsas» del rodaje de una película. Cuando el equipo rueda una escena, a menudo hace varias versiones, o «tomas». Igual hacen un primer plano en vez de una panorámica, piden a los actores que se levanten en vez de estar de pie, que modulen el tono de voz, etc. No lo hacen porque esa toma esté bien o mal, sino porque el director y el equipo técnico quieren ampliar sus opciones y asegurarse de que no se les escapa ninguna forma potencialmente genial e imprevista de presentar la escena. Lo que buscan es la variedad, tomas más creativas, exclusivas o imaginativas.

Podemos ver nuestras comunicaciones como oportunidades de poner a prueba distintos planteamientos (de esto hablo más a fondo en el siguiente capítulo). Al restar presión a cada interacción, cada encuentro se convierte en una toma más entre muchas, una que nos ayuda a entender cómo podríamos mejorar esa comunicación. Los errores de este tipo nos ayudan a encauzar nuestro esfuerzo. Más que devaluarnos, nos empoderan y nos encaminan hacia una comunicación mejor.

Replantearse los errores como «tomas falsas» puede resultar tremendamente poderoso, y no solo en el ámbito de la comunicación. Como practicante entusiasta de las artes marciales, tuve una etapa en la que me di de bruces contra un muro (metafóricamente, no literalmente) y no sabía qué hacer. Había alcanzado cierto nivel de destreza, pero no mejoraba más. El problemón resultó ser mi forma de pegar. En mi empeño por dar el puñetazo ideal, movía el cuerpo de una forma que limitaba la potencia de mis golpes, que igual parecían buenos, pero no tenían suficiente empuje.

Para arreglarlo, me propuse centrarme en las tomas falsas. Desviándome de lo que pensaba que era la forma perfecta de hacerlo, experimenté con distintos modos de mover el cuerpo cuando golpeaba. En cada intento, observaba cómo me sentía y los resultados que obtenía. Algunos de los ajustes no me sirvieron de nada, me dolían cosas que supuestamente no debían dolerme o la fuerza del puñetazo no variaba e incluso disminuía. Aislé cada una de las tomas falsas y experimenté con otros ajustes. Con el tiempo, manteniendo esos experimentos, descubrí un modo de alinear el cuerpo mientras golpeaba que me permitía desatar una fuerza mucho mayor. Aquella forma de hacerlo no era perfecta en términos convencionales, pero a mí me funcionaba. Solo conseguí mejorar cuando empecé a ver los errores como partes valiosísimas de un proceso de aprendizaje mayor.

En el contexto profesional, podemos aceptar o tolerar errores celebrando públicamente los fallos y empeñándonos en aprender de ellos. Una empresa de software en la que trabajé celebraba los «viernes de cagadas». Todos los viernes la empresa entera disfrutaba de una comida conjunta y gratuita en la que cada uno exponía alguna pifia que hubiera hecho, y los jefes concedían un premio a la «mejor» cagada. Se trataba de normalizarlas para fomentar la asunción de riesgos y alentar a los equipos a que aprendieran de sus errores. Curiosamente, la pifia ganadora no podía ser una que ya hubieran hecho otros. Las cagadas eran valiosas, pero solo si te tomabas la molestia de aprender de ellas.

PRUEBA ESTO

Piensa en una comunicación que realices de forma periódica, como una puesta al día semanal o una reunión virtual. Proponte probar distintas tomas. Puedes variar la emoción, alterar la intensidad vocal, reformular una afirmación como pregunta, invitar a otros a que hablen primero, inyectarle algo de humor, cambiar de postura física, etc.

Conversaciones, no actuaciones

Aunque no nos demos cuenta, muchos de nosotros abordamos ciertas interacciones espontáneas igual que las intervenciones serias, como actuaciones. Cuando conocemos a personas nuevas, cuando charlamos de cosas intrascendentes o cuando tenemos que hablar delante de un grupo de personas demasiado grande para nuestro gusto, a veces sentimos que estamos en escena, actuando para un público. Para que eso suceda, basta con que ese público lo compongan una o dos personas cuya presencia añada presión a la situación. Nos convencemos de que esas personas están evaluando de forma crítica hasta el último de nuestros movimientos, juzgándolos conforme a una serie de normas y expectativas. Esa percepción nuestra incrementa la angustia y nos lleva a controlarnos y examinarnos, todo por complacer al público.

Piensa en ámbitos de la vida en los que acostumbremos a actuar para otros: igual tocamos un instrumento, jugamos en un equipo de sóftbol o hacemos teatro. En esos casos, todos los ojos nos miran. Hay una forma correcta y una incorrecta de conducirse. Si tocamos la nota equivocada, se nos escapa el balón en el área o se nos olvida el texto de nuestro personaje, el error es manifiesto. De hecho, en algunos deportes se lleva la cuenta de las meteduras de pata de los jugadores.

Podemos relajarnos reformulando las interacciones espontáneas como conversaciones, en vez de como actuaciones. Una conversación es algo más desenfadado y familiar que una actuación. No suele ensayarse, se tiene y ya está. No le buscamos los errores, nos limitamos a procurar sostener la fluidez y la conexión. Aunque a veces una conversación pueda resultar incómoda y hacernos sentir juzgados, esas sensaciones son mucho menos intensas que en una actuación. Nos podemos relajar y ser nosotros mismos.

Para reformular una comunicación como conversación, hay que dar tres pasos. Primero, ajustar el uso del lenguaje. Cuando tenemos la sensación de estar en escena, o al menos de ser el centro de atención, usamos palabras frías, serias y pasivas. Lo hacemos porque nos angustiamos y buscamos un modo de denotar autoridad. De lo contrario, igual nos distanciaríamos físicamente, retrocediendo y cruzando las manos delante del cuerpo.

Pongamos que eres médico y estás plantado en medio del grupo de compañeros de trabajo. Quizá hagas afirmaciones del estilo de «Es imperativo que los médicos contribuyamos a resolver este problema». Un lenguaje así te aparta de los demás. Si dices «Nosotros tenemos que resolver este problema», no solo estás ahorrando palabras y hablando en términos más sencillos, sino que además resultas más persuasivo. El pronombre de plural es más inclusivo. La comunicación resulta más directa, más parecida a una conversación informal. Si usas la lengua de ese modo, puede que tu público también empiece a hacerlo. La sensación conjunta de que la interacción es una actuación se disipa, y la interconexión es mayor. Estás más cerca de resolver el problema por el simple hecho de señalar que la solución se encuentra en manos de todos.

Otro modo de reformular la comunicación como conversación es plantear más preguntas. Una pregunta, aunque sea retórica, es una interacción bidireccional. Quienes te rodean y tú iniciáis una especie de tira y afloja. Ya no estás solo «en escena», delante de tu público, sino participando en un diálogo. Incluso cuando haces unas declaraciones las puedes ver como la respuesta a una pregunta que nadie te ha hecho. Solo eso ya puede darle al encuentro un aire de conversación y relajarte.

Responder a tus propias preguntas no formuladas también te puede ayudar a reducir la presión en el caso de las intervenciones formales. Un distinguido académico al que conozco, un premio Nobel, quería mejorar su oratoria, que consideraba buena pero algo rígida. Empezó a estructurar sus discursos en torno a preguntas importantes de investigación, usando esas preguntas como encabezados de sus diapositivas, que además le servían de pista para exponer lo que quería contar: se limitaba a dar respuesta a sus preguntas para el público. Con esa técnica, sus presentaciones son más coherentes y desenfadadas, algo que le da tranquilidad. No se molesta en presentar absolutamente todas sus ideas de una forma prestablecida que a su público le parezca elegante o perfecta. Se limita a hablar de forma natural, haciendo preguntas que ese público podría plantearse y contestándolas él mismo.

Por último, debemos recelar de la trampa de la memorización en la que caemos muchos. Antes de una entrevista de trabajo u otra situación en la que intuimos que vamos a tener que improvisar, resulta tentador preparar algunas frases clave o puntos de discusión. De ese modo, sabremos qué decir cuando llegue el momento.

Anotar lo que queremos decir puede resultar útil, pero, si lo memorizamos, igual nos sale el tiro por la culata. Dar a la conversación el aire de una presentación formal y ensayadísima podría ponernos más nerviosos si de pronto no nos acordamos de aquel comentario ingenioso que llevábamos preparado. Al final terminamos escudriñando todo lo que decimos, pendientes de cualquier pequeño desvío del guion y considerándolo un error. Además, al dedicar una energía mental valiosísima a recordar las frases, no somos capaces de reaccionar de forma natural a los que nos rodean. Nos merma la capacidad cognitiva para escuchar a los demás y corresponderles.[11] Estamos encerrados en nosotros mismos, no donde deberíamos estar, inmersos en la sociedad.

En vez de lanzarte a memorizar, intenta anotar lo que quieres decir y convertirlo en una especie de resumen esquematizado. De ese modo, puedes pensar en el material con detalle a la vez que dispones de una estructura mucho más fácil de recordar. Con esa estructura, vas rellenando tranquilamente los huecos sobre la marcha (hablo más de ellas en el capítulo 5).

No te pongas obstáculos

Consejo	Explicación	Recompensa
Estate alerta a los sesgos cognitivos	Solemos emplearlos como respuesta a lo que nos estresa. Fíjate en cuándo estás irritable, cansado o molesto.	Si reflexionas y te relajas, serás más original y estarás más conectado.
Atrévete a ser soso	No te centres en «hacerlo bien»; haz caso a Nike y «Just Do It».	Cuando dejes de supervisarte o de prejuzgar tu intervención, buscando una ejecución impecable, serás más creativo y libre.

Consejo	Explicación	Recompensa
Abraza los errores	Replantéate el fracaso como parte de tu camino al éxito.	En vez de ver tu interacción como un fracaso, serás una estrella de cine que acaba de rodar una «toma falsa».
Conversa	Recuerda que la gente no te está sometiendo a un escrutinio tan exhaustivo como piensas (o no lo está haciendo en absoluto).	Cuando vemos las interacciones como conversaciones en vez de como actuaciones ante un público crítico, fluyen más fácilmente.
Opta por lo informal	Para conseguir transformar las actuaciones en conversaciones, adapta el uso de la lengua y hazla más desenfadada.	Si te muestras menos rígido, lo que cuentas resulta más íntimo y entrañable.
Recurre al diálogo, más que al monólogo	No eres un sabio en escena, así que interactúa y haz preguntas.	La vida y la comunicación son más divertidas, y más satisfactorias, cuando las haces bidireccionales.
Es preferible improvisar	Resiste la tentación de memorizar y hazte con algunas pistas y puntos de conversación.	Te limitarás menos mentalmente y no parecerás tan formal.

Reconecta con tu yo espontáneo

Anthony Veneziale es un maestro de la comunicación espontánea. Desde principios de los 2000, forma parte de Freestyle Love Supreme, la compañía teatral de improvisación cómica ganadora de un premio Tony que él mismo fundó junto con el actor Lin-Manuel Miranda. También es cofundador de la empresa de formación en comunicación Mindless Inc. y de la FLS Academy, organización dedicada a «la promoción de diversas voces creativas que se sirven de la improvisación y del rap libre».[12] Si alguien sabe cómo improvisar bien en público, ese es Veneziale (y, si no te lo crees, echa un vistazo a su TED Talk improvisada de 2019, creada sobre la marcha usando unas diapositivas en PowerPoint que no había visto nunca).[13] Para él, la oratoria espontánea no es solo un pasatiempo interesante ni una profesión. Es una forma de vida.

Veneziale es la última persona que se te ocurriría que podría ponerse nervioso por tener que hablar en público, pero hubo un momento de su vida en que improvisar era algo tremendamente difícil para él y que le producía muchísima ansiedad. De niño, Veneziale sufría un defecto grave del habla que le impedía pronunciar la erre y la uve doble. Sus cuatro hermanos mayores se burlaban de él sin piedad, y eso lo volvió tímido e hizo que le diera miedo hablar. Estaba siempre callado, por temor al fracaso y al ostracismo social que podía sufrir cada vez que abría la boca.

Veneziale superó ese defecto del habla trabajando con un logopeda que lo obligaba a arriesgarse, por ejemplo, hablando en voz alta en clase, ofreciéndose voluntario el primero, o pidiendo ayuda a un empleado, y luego lo recompensaba con chuches y figuritas de acción. Al llegar a secundaria, como consecuencia de la «terapia de exposición de bajo riesgo», Veneziale empezó a sentirse más seguro como hablante, tanto que se presentó al casting de una obra de teatro escolar. «Me decía: "Lo puedo hacer, ya sé decir 'cerveza', en vez de 'cerweza'. Ya no parece que lleve la boca llena de canicas", que era la sensación que tenía de crío.» Empezó a sentirse cada vez más cómodo como hablante, e incluso entró a formar parte de una compañía de teatro cómico en la universidad. La exposición progresiva a la improvisación oral lo ayudó muchísimo.

Hay que tener presente que el miedo al fracaso es mucho mayor para algunos de nosotros que para otros. Si pertenecemos a un grupo tradicionalmente algo marginal, puede que nos sintamos excluidos o que carguemos con la presión adicional de representar a ese grupo en el mundo exterior. Con las apuestas tan altas, el fracaso da aún más miedo. Dependiendo de nuestra historia personal y nuestra experiencia pasada, podríamos sufrir el síndrome del impostor, que es el miedo a no encajar ni rendir como se espera.

Te voy a decir una cosa: claro que encajas, y tus aportaciones son valiosas.

Vivek Venugopal, vicepresidente de ventas de Mindless Inc., nos aconseja que reflexionemos sobre la perspectiva única que aportamos a cualquier desafío de comunicación, ya sea formal o espontáneo. Nos insta a que seamos nosotros mismos y recordemos que «la razón por la que te han pedido que te recorras medio mundo para hablar, por la que te han pedido que digas unas palabras en esa boda, por la que participas en esa charla de tú a tú no es tu título, sino la suma total de experiencias vitales que aportas. Asúmelas y compártelas».[14]

Creo firmemente que todos tenemos grandes cosas que aportar como improvisadores. Solo nos falta dejar de ponernos obstáculos. En vez de constreñir nuestra personalidad, enmascarar nuestros pensamientos e ideas individuales con formalidades, debemos liberar nuestras ideas y reconectar con nuestro yo espontáneo. Como nos recuerdan mis experimentados amigos improvisadores, nuestra vida cotidiana es espontánea. Ninguno de nosotros va por la vida siguiendo un guion o un plan estrictos (vale, a lo mejor algún político muy programado lo hace, pero la gente corriente no). Sabemos ser espontáneos.[15] Nuestro cometido no es otro que controlar nuestros miedos y practicar la espontaneidad en nuestras interacciones sociales.

PRACTICA ESTO

1. La próxima vez que estés en una reunión, observa cómo sueles reaccionar. ¿Qué atajos mentales usas? Por ejemplo, ¿dices «buena idea» para congraciarte con tus compañeros cuando hacen propuestas? Cuando presentas ideas y aceptas preguntas del público, ¿dices «buena pregunta» después de cada consulta que te hacen para ganar tiempo y poder pensar? Señala tres atajos mentales que emplees. Para cada uno de ellos, piensa en otras formas de reaccionar que sean más espontáneas. Experimenta con esas alternativas en futuras reuniones.
2. Después de tu próxima charla espontánea con alguien, pasa unos minutos meditando. Piensa en toda la autocrítica que has generado durante el encuentro. ¿Eres más duro contigo mismo de lo que piensas? ¿Tus juicios y tus evaluaciones revelan algún patrón? ¿Esa autocrítica ha mejorado tu comunicación en algún momento o la ha dificultado?

3. Piensa en los fallos de comunicación que has experimentado y en cómo te han afectado. Por muy dolorosos que hayan sido esos fallos, ¿te han otorgado también beneficios importantes? ¿Qué lecciones vitales has aprendido?

3

Redefínete

CONTROLA TU ACTITUD

Cuando te ves obligado a improvisar en público, puedes recuperar el control. Todo depende de cómo te lo plantees

A casi todo el mundo le desagrada perderse en un sitio que no conoce. Lo ven como una molestia, una pérdida de tiempo, quizá incluso como una amenaza para su seguridad personal. Y por eso abren el GPS y dejan que los guíe. Con un sistema informático que les diga por dónde ir, no temen perder el rumbo y desviarse hacia lo desconocido. Prestan menos atención a su entorno, a lo que van dejando atrás, porque solo les preocupa su destino y no el viaje.

Mi amigo Dan Klein, experto en improvisación y docente de Stanford, se lo plantea de otro modo. Sale a caminar o a correr y procura perderse. Según contó en mi pódcast, no pretende «perderme tanto que pueda poner en peligro mi integridad física ni meterme en un lío»,[1] solo un poco, con la intención de descubrir algo nuevo y potencialmente maravilloso.

Una vez Klein había salido a correr por su barrio de la zona de la bahía y decidió emprender una pequeña aventura.

Como hacía poco que se había mudado allí, solía correr por un carril bici cercano. Llevado por un impulso, giró a la derecha en un cruce para ver qué encontraba. Apenas había recorrido media manzana cuando se topó con el comienzo de un sendero, ahí, en plena ciudad. Había pasado por el sitio antes, pero no había reparado en él.

Enfiló el sendero y se vio de pronto en un parquecito urbano, un oasis escondido de vegetación autóctona. «Me sentí transportado de inmediato —dice—, no solo por las imágenes de la flora nativa, sino también por los aromas, una increíble explosión olfativa de la California nativa.»[2]

Se quedó allí unos minutos para contemplar el entorno y disfrutar de la belleza de la naturaleza. Fue una experiencia memorable y enriquecedora que jamás habría vivido si no se hubiera arriesgado un poco desviándose de su rutina. A partir de entonces incorporó aquel parquecito al calentamiento previo al entreno. Allí inspira hondo, se bebe los aromas de las plantas «y ya estoy listo para seguir».

Cuando dejamos a un lado nuestras expectativas y nuestros objetivos habituales y recibimos el mundo con amplitud de miras, curiosidad y ganas de aventura, los beneficios pueden ser impredecibles. Eso se aplica a perderse y también a las manifestaciones verbales espontáneas. Al cambiar de actitud, nos podemos entrenar para ver las interacciones improvisadas no como amenazas, sino como oportunidades de aprendizaje, colaboración y crecimiento. Ese cambio nos permitirá ver mejores resultados como comunicadores y aprender a disfrutar de verdad del viaje.

El estrés que nos genera la comunicación espontánea a menudo nos hace verla como una amenaza intrínseca, una prueba en la que debemos defendernos y protegernos. Invertimos tanta energía en prepararnos para defender nuestras ideas que nos queda poca que invertir en comunicarnos de forma creativa y apasionada. Además, empezamos a emitir una serie de señales emocionales y físicas de que la cosa no va bien. Nuestro pensamiento se vuelve defensivo, más que inclusivo. Físicamente, adoptamos una postura defensiva, a veces incluso retrocedemos de verdad o nos escondemos detrás de una silla, apagamos la cámara, cruzamos los brazos o nos repantigamos. Puede que se nos acelere la respiración, que se nos tensen las cuerdas vocales y la voz se nos vuelva más aguda. Nuestro tono podría resultar defensivo (acelerado, cortante, desagradable, áspero) y el mensaje que transmitimos, seco, no inclusivo, distante y cerrado.

Al reformular la comunicación instantánea como una oportunidad, más que una amenaza, nos relajamos, dejamos brillar nuestra personalidad y hasta lo pasamos bien. Se amplía nuestro enfoque y valoramos posibilidades nuevas y diversas. Nuestro cuerpo se expande, nos acercamos más a los demás y proyectamos una imagen más íntima y atractiva. Nuestra voz denota más seguridad, competencia y control, y nuestro mensaje se vuelve más empático, detallado, inclusivo e interesante. Todos estos cambios pueden desencadenar, a su vez, una serie de ventajas. Según nos vamos relajando, implicando y disfrutando, invitamos a los que nos rodean a hacer lo mismo. Su positividad, apertura y curiosidad instan a las nuestras a seguir adelante.

Ahora bien, lo justo es reconocer que no en todas las conversaciones nos jugamos lo mismo. En entrevistas de trabajo, presentaciones de ventas competitivas, debates académicos y muchos otros contextos, es muy posible que encontremos personas que vayan a por nosotros (a mí me ha pasado). En los tiempos de crispación que vivimos, parece que la norma es el público escéptico y hasta hostil, sobre todo en entornos virtuales. Sin embargo, esas son precisamente las situaciones en las que tus habilidades comunicativas resultan más útiles. Es más, podemos reformular nuestra percepción de esas «amenazas» de modo que nos ayuden de formas asombrosas.

Muchos de nosotros vivimos con miedo de toparnos con detractores y alborotadores. Nos preocupa que nos puedan distraer, despistarnos, ponernos en ridículo o señalar algún fallo de nuestra lógica. Trevor Wallace, cómico y sensación en las redes sociales, aprovecha esos momentos perturbadores en los que alguien del público lo desafía. Según nos cuenta, esos momentos son únicos, poseen una magia que jamás se repetirá. En vez de procurar pasar a otra cosa enseguida, a veces se detiene en esos momentos, hace preguntas al alborotador para ver adónde lo llevan. Muchas veces termina con anécdotas divertidísimas que, de otro modo, no se habrían producido. Algunos de esos momentos extra han sido tan buenos que Wallace los ha publicado en redes sociales para ampliar aún más su público.[3]

También nosotros podemos obtener beneficios imprevistos si aprovechamos esos momentos espontáneos y perturbadores de nuestra vida en vez de empeñarnos en dejarlos atrás cuanto antes. En la inmensa mayoría de los casos, todos nosotros tenemos, como mínimo, alguna posibilidad de abrirnos a nuevas opciones y oportunidades. Aunque nos interrumpan con mala sombra, nos conviene hacer frente a esas personas con la mayor plenitud y autenticidad posibles. Es cuestión de actitud.

Durante una aparición en mi pódcast, la psicóloga y directora del Mind and Body Lab de Stanford, Alia Crum, definió la actitud como «un modo de ver la realidad que moldea nuestras expectativas, nuestros conocimientos y nuestros actos».[4] Con esa definición en mente, animo a mis alumnos y clientes a que cultiven cuatro cambios de actitud fundamentales (cambios en la forma de pensar y de abordar las cosas) que respaldan y favorecen una apertura a las múltiples oportunidades que puede brindarnos la improvisación oral. Puede que algunos de esos cambios nos resulten más familiares que otros. Vamos a explorarlos uno a uno, junto con unas técnicas con las que conseguir que ciertas actitudes útiles se conviertan en parte más visible de nuestra vida.

Cambio de actitud 1: Del estancamiento al crecimiento

La psicóloga Carol Dweck es conocida por su distinción entre dos formas de entender nuestra personalidad y nuestro potencial, lo que ella denomina la actitud de estancamiento y la de crecimiento. La actitud de estancamiento hace que consideremos nuestro conocimiento y nuestras habilidades algo básicamente inamovible. O lo tenemos o no. Con la de crecimiento vemos nuestra inteligencia y nuestras capacidades como algo más fluido: las aptitudes se pueden aprender, el rendimiento se puede mejorar, la mente puede cambiar.

Si adoptamos una actitud de estancamiento, nos pasamos la vida intentando demostrarnos a nosotros mismos nuestra propia capacidad intelectual. Solemos evitar los desafíos, no nos motiva mejorar, no nos agradan las críticas que nos ayuden a cambiar y el éxito de los demás nos parece una amenaza para el nuestro. Por el contrario, si optamos por la actitud de crecimiento, albergamos el deseo de aprender y crecer. Aceptamos de buen grado los desafíos, pendientes de lo que puedan aportarnos. Agradecemos las críticas y nos esforzamos porque pensamos que, con diligencia y perseverancia, podemos progresar. En vez de ver el éxito de los demás como una amenaza, nos inspira su ejemplo y procuramos aprender de él.

La obra de Dweck destaca las inmensas ventajas que derivan de vernos como seres dinámicos y cambiantes. Las personas que son así suelen triunfar más que las que se ven como seres inmutables. Esto se aplica sobre todo a la comunicación. En un estudio se descubrió que a las personas que se veían capaces de crecer y cambiar para bien les costaba menos hablar en público, tenían la sensación de que se les daba mejor, y valoraban más la expresión oral en público y su impacto.[5]

La actitud de crecimiento refuerza la idea de que la comunicación improvisada es una oportunidad de aprendizaje más. Si llevamos al campo de la interacción social la idea de que aún no estamos completos como seres humanos y podemos mejorar, seguramente nos sentiremos más intrigados, implicados y receptivos al comunicarnos. No nos estresará tanto que la comunicación no nos salga como esperábamos, consideraremos cualquier fallo una oportunidad de poner en práctica nuestras aptitudes y aprender lecciones valiosas. Si no albergas la necesidad de demostrar ni validar tus capacidades, te sentirás menos presionado o acorralado.

Para que la actitud de crecimiento ocupe un lugar más prominente en tu vida, puedes dar una serie de pasos (aparte de leerte el libro de Dweck y ver su TED Talk, algo que recomiendo encarecidamente).[6] Adoptar y pulir una actitud de crecimiento implica centrarse en el esfuerzo que realizas más que en los resultados que obtienes. Si has invertido tiempo y energía en trabajar con tu PGA (Plan de Gestión de la Ansiedad, comentado en el capítulo 1), ¡que se note! En situaciones sociales, recuérdate que tienes un valor que aportar y nuevas ideas que extraer de tu esfuerzo. Prueba a repetirte un mantra con ese fin, algo tipo «Tengo algo importante que decir y que aprender».

En los casos en los que te hayas esforzado por comunicarte bien, adopta lo que Dweck llama la actitud de «aún no». Eres capaz de dominar diversos aspectos de la comunicación espontánea, solo que no lo has hecho aún. Proponte objetivos realistas y busca la forma de alcanzarlos. Haz inventario de tu competencia actual y decide qué clase de crecimiento sería posible a corto y largo plazo. No olvides que es muy posible que logres la mejora que buscas si sigues intentándolo y que, aunque el progreso sea lento, hacer todo lo posible tiene valor propio.

La postura de «aún no» podría, además, hacer que te plantees preguntas útiles que desencadenen una mejora. Si te has agobiado durante una ronda de preguntas, plantéate: ¿cómo puedo recordarme que debo respirar hondo y despacio en las rondas de preguntas? ¿Qué sesgos cognitivos me están desbaratando la ronda de preguntas? ¿Qué mantra podría usar para recordarme que la ronda de preguntas es una oportunidad de tomas falsas?

Conforme vayas alcanzando objetivos de comunicación concretos, céntrate en el viaje que estás haciendo, más que en el destino al que te propones llegar. Visualiza tus metas como sendero o montaña que debes subir, y emplea palabras como *proceso* o *aventura* para evocar un viaje sin plazo definido. Toma notas por el camino y revisa periódicamente tus ideas y observaciones para recordarte el proceso, con los altibajos que hayas experimentado.[7] Como indican las investigaciones de Szu-chi Huang y Jennifer Aaker, la adopción de la metáfora del viaje nos incita a dar continuidad al trabajo realizado hasta la fecha para alcanzar un objetivo.[8]

PRUEBA ESTO

Piensa en una aptitud para la oratoria espontánea que te gustaría pulir o mejorar, como contestar preguntas, hacer un brindis o recuperarte de una metedura de pata. ¿Qué pasos estarías dispuesto a dar para mejorar esa aptitud? ¿Cómo podrías centrar tus esfuerzos en desarrollar poco a poco las aptitudes que buscas? ¿Qué medidas has tomado ya? ¿Qué ha ido bien y qué podría mejorar? ¿A quién puedes recurrir en busca de ayuda?

Cambio de actitud 2: De pensar en ti a pensar en tu público

Cuando las situaciones en las que debemos hablar de pronto en público nos resultan amenazadoras, dirigimos la atención hacia nosotros mismos. Somos nosotros los acorralados, los que deben demostrar su valía, o lo que sea. Mientras abordamos esa amenaza, seguimos centrándonos exclusivamente en nosotros, en cómo nos conducimos, en lo que decimos... Y cuando nos fijamos en los demás es para obsesionarnos con su reacción respecto a nosotros.

Si dejamos de centrarnos en nuestra persona y pensamos en nuestro público, rompemos esa dinámica y adoptamos una actitud que favorezca las oportunidades. ¿Quiénes son esas personas en realidad? ¿Qué les importa? ¿Cómo se sienten en ese momento? ¿Qué quieren de nosotros? Al hacernos esas preguntas, entendemos la situación como una oportunidad de mejorar nuestra vida o las experiencias de los demás. Dependiendo de lo que estemos hablando y del contexto, podemos empoderar, equipar, educar, entretener o inspirar al público con nuestras observaciones.

Patricia Ryan Madson, experta en improvisación y profesora emérita de Stanford, comenta que, cuando enseña improvisación, lo primero que les dice a los alumnos es que «no va de ti, sino de todos los presentes y de cómo conseguir trabajar en equipo y lograr algo todos juntos».[9] No es la única que piensa así. En todas las entrevistas que he hecho para mi pódcast, una de las ideas recurrentes entre mis invitados es la importancia de centrarse en el público. Nos va mejor si consideramos la comunicación espontánea una oportunidad de prestar un servicio a otros y, de paso, aprender y crecer nosotros. Ese cambio de actitud nos permite liberarnos de la presión y centrarnos, efectivamente, en un propósito más elevado.

Para que nos resulte más fácil centrarnos en nuestro público, Madson nos aconseja que empecemos a examinar al público y el entorno físico nada más entrar en la sala. «Conviértete en un auténtico experto —dice—, no en tu materia, sino en esa concurrencia concreta y en lo que está pasando ahí.» Comenta que, en charlas formales, la información que ha extraído de examinar a su público a veces le ha hecho cambiar observaciones que tenía previstas. A lo mejor porque el escenario era asombrosamente hermoso o porque ha detectado en su público algún rasgo que ha sentido la necesidad de comentar. En situaciones en las que la comunicación es improvisada, explorar la sala también puede facilitarte muchísima información, como el estado de ánimo del público, su nivel de energía, lo que le agrada y le desagrada, etc. Esas percepciones pueden darnos una pista de lo que el público espera de nosotros y de cuál es la mejor forma de ayudar a esas personas.

PRUEBA ESTO

La próxima vez que asistas a una reunión, un cóctel o alguna otra situación en la que quizá tengas que improvisar una intervención oral, dedica un momento al principio a observar el contexto social. Presta atención a quién interactúa con quién, dónde se encuentra ubicada la gente en la sala, quién está más o menos distraído o animado, y el ambiente en general. Fíjate en detalles del entorno, como la iluminación, el mobiliario, la temperatura, etc. Te sorprenderá ver la cantidad de información que puedes recabar para sentirte más a gusto.

Al pensar en nuestro público, podemos recordarnos que, en la mayoría de los casos, los que se comunican con nosotros quieren que triunfemos. Pese a lo que pueda parecer, a pocas personas les gusta ser testigos de la fobia social de otros. A nuestro público le encantaría tener una interacción fluida, satisfactoria y agradable con nosotros. Como bien dice Madson: «A diferencia de un juez olímpico, que posiblemente examine con lupa una ejecución en busca del más mínimo error, el público (ya sea de una presentación, una reunión o una actuación) es un conjunto de seres humanos como tú que han ido ahí a animarte y a aprender de ti. Nos olvidamos de eso cuando, en nuestra cabeza, imaginamos escenarios desastrosos de nuestras futuras presentaciones».[10]

Imagina que le das la vuelta al escenario y tú te encuentras entre el público mientras que otra persona ocupa tu lugar: ¿te gustaría ver a esa persona perder el hilo? Si invitas a alguien a un evento, programas una reunión o entablas una conversación, ¿querrías que la otra persona se sintiera incómoda o fuera incapaz de expresarse? Pues claro que no. ¿Qué querrías saber si te estuvieras escuchando a ti mismo? ¿Qué clase de experiencia te gustaría tener? ¿Qué tipo de información o mensaje considerarías relevante para la vida?

La ejecutiva de Google Kathy Bonanno cree que casi todos los miembros del público albergan un deseo sencillo cuando plantean preguntas a los ponentes: «pasarlo bien un rato» con esa persona, potenciar esa sensación de conexión e inmediatez. Cuando Bonanno se enfrenta a las preguntas del público, se centra simplemente en procurar tener esos ratos. Esa técnica mental, según ella, «siempre me relaja, porque solo pretendo implicarme y conectar con ellos».[11] Y, a juzgar por las críticas positivas que ha recibido, la táctica funciona.

Centrarse en la experiencia con el público no significa que tengamos que descuidar lo nuestro, solo que nos vamos a sentir más a gusto delante de nuestro público si tenemos claro qué es lo que le va a gustar. Por ejemplo, si un amigo nos pide consejo u opinión, pide un contexto relevante sobre el tipo de respuesta que espera obtener y las preocupaciones concretas sobre las que espera tu criterio. Si entendemos a nuestro público, podemos ser más auténticos con él y, en última instancia, serle más útiles. El esfuerzo por nuestra parte para lograrlo evitará que adoptemos una postura defensiva y nos llevará a ser más abiertos respecto a lo que tanto nosotros como el público podemos experimentar y lograr juntos.

Por último, cuando pienses en lo que necesitas para triunfar, considera cuáles serían tus circunstancias óptimas. Igual que los cuidadores de cualquier tipo deben cuidarse primero a sí mismos para poder cuidar de otros, debemos asegurarnos de contar con lo necesario en un momento dado para comunicarnos lo mejor posible. Vivek Venugopal, de la empresa de formación en comunicación Mindless Inc., aconseja: «Abraza a la diva que llevas dentro». Según él, las divas «saben lo que necesitan para lograr su mejor interpretación y tienen la seguridad en sí mismas necesaria para pedirlo». Si te proponen que improvises un brindis o un homenaje y necesitas tener la sensación de que tu público te escucha, solicítales amablemente que guarden los móviles. Si lo que quieres es que el público participe y se implique, hazle saber que esa interacción no va a ser unidireccional, que tú no vas a hablar y ellos a escuchar nada más. Sé sincero y directo con tu público, y os irá mejor a los dos.

PRUEBA ESTO

Piensa en los oradores de distintos contextos a los que más admiras. ¿Cuál es el mejor presentador al que has oído en tu vida y qué te gusta de esa persona? ¿Cuáles son tus tertulianos y tus líderes favoritos, y cuál de sus comportamientos te atrae más? Haz una lista de tácticas y medidas, y valora si podrías incorporar alguna de ellas a tu comunicación espontánea.

Cambio de actitud 3: Del «Sí, pero...» o el «¡No!» al «Sí, claro...»

¡Sorpresa!: tengo otro regalito para ti. Se trata de otro juego. Para este necesitas un compañero. Si estás en casa, pídele a tu pareja, a uno de tus hijos o a esa persona con la que compartes piso que juegue contigo. Si estás en el trabajo, leyendo durante tu descanso de la comida, pídeselo a algún colega de la oficina. Si estás solo, haz una videollamada. Lo que quiero que hagas con tu pareja de juego es que ensayéis la entrega mutua de un regalo imaginario.

Primero, que la otra persona te dé un regalo a ti. Dile que extienda las manos al frente como si te estuviera dando un paquete grande muy bien envuelto y con un lazo. Tú tienes que fingir que recibes el regalo. Coges el paquete, lo abres, miras lo que hay dentro y dices: «¡Ay, qué maravilla! Gracias por [lo que sea que te hayan regalado]». Suelta lo primero que se te ocurra como regalo imaginario. Podría ser una cría de rinoceronte, una bombilla, una pastilla de jabón, una zapatilla de correr sudada... Sea lo que sea, dale las gracias a la otra persona. Acto seguido, esa otra persona tendrá que explicarte por qué te ha regalado eso, diciendo lo primero que le venga a la cabeza.

Puedes, por ejemplo, abrir la caja y exclamar: «¡Ay, muchísimas gracias por la tortuga!», y que luego la otra persona diga: «Sabía que te iba a encantar, porque, de pequeño, te chiflaban las tortugas ninja. ¿Y qué mejor que tener tu propia tortuga viva?». El juego, por tanto, lleva incorporados dos momentos de espontaneidad: el primero al definir el regalo y el segundo al justificar por qué se ha hecho.

Prueba a jugar otra vez, regalando tú. ¿A que mola que te hagan regalos, aunque sean de mentira? Cuando el público de mis presentaciones y talleres juega a este juego, lo suele pasar muy bien: ríen, sonríen y se hacen señas unos a otros, divertidos. Están conectando de verdad.

Este juego de improvisación fue uno de los primeros que hice, y sigue siendo uno de mis favoritos. En manos de maestros de la improvisación como Adam Tobin y Dan Klein, puede llevar a toda clase de momentos memorables. Te lo planteo por dos razones. Primero, por su relación con el tema principal de este capítulo. ¿Y si, en el momento, viéramos nuestras meteduras de pata o las preguntas que nos hacen los demás como oportunidades y regalos más que como desafíos y amenazas? ¿No resultaría increíble? ¿No sería la experiencia mucho más divertida e interesante? ¿Y no conectaríamos más profundamente con quienes nos rodean?

Además, el juego dramatiza un cambio de actitud más específico que refuerza la idea de la intervención oral espontánea como oportunidad. En la vida, muchas veces nos resistimos a las propuestas de los demás. Si no decimos que no directamente, igual usamos una versión de «Sí, pero...». Por ejemplo: «Sí, me parece buena idea, pero piensa en esto otro», o «Sí, te sigo, pero creo que te equivocas». Presentamos objeciones, criticamos, planteamos pegas.

Con este juego no hacemos nada de eso. Al contrario, validamos lo que dice la otra persona y ella, a su vez, valida nuestra respuesta espontánea. Todos los que reciben el regalo dicen alguna chorrada cuando ponen nombre al obsequio. Siguiendo el rollo, la otra persona acepta con entusiasmo la aportación. No responde de forma crítica, diciendo algo del estilo de «No es eso lo que te he regalado». En vez de un «Sí, pero...», recurre a un «Sí, claro...».

El concepto del «Sí, claro...» es el principio fundamental de la improvisación.[12] Poco a poco, nos vamos apartando de una sensibilidad crítica y nos centramos, en cambio, en reforzar lo que ha dicho la otra persona y construir sobre eso. Con ese planteamiento no hay respuestas correctas ni incorrectas; solo hay respuestas nuevas y distintas. A cada una de ellas podemos contestar «sí» y luego añadir nuestra propia aportación.

«Sí, claro...» es a la vez una respuesta tremendamente simple y extraordinariamente poderosa. Si te centras en el «Sí, claro...» en tus encuentros cotidianos con otras personas, empezarás a ver cada momento como una oportunidad de que ocurra algo maravilloso e inesperado. Al adoptar esa postura, te obligas a escuchar lo que dicen los demás para poder reaccionar (sobre la escucha hablo más en el capítulo 4). Además, cedes un poco de control sobre la forma en que progresa una interacción social. No puedes planificar todos y cada uno de los pasos con antelación. Lo único que puedes hacer es escuchar y reaccionar, y hacer después tus aportaciones a lo que ya hayan propuesto los demás. Cada aportación que hagas se convierte en una oportunidad de llevar la conversación en una dirección nueva e interesante.

Para adoptar la postura del «Sí, claro...» en improvisaciones orales, debes seguir una serie de pasos. Primero, busca puntos de convergencia con otros, aunque tengáis opiniones encontradas o estéis negociando. Procura encontrar elementos de concordancia como punto de partida y vuelve a ellos cada cierto tiempo durante la conversación. Verás que el esfuerzo por encontrar afinidades (decir que sí) lleva a otros a tu alrededor a hacer lo mismo y facilita el arraigo de una dinámica positiva.

Yo me he beneficiado del uso del «Sí, claro...», que me ha ayudado en unas cuantas conversaciones difíciles. Mediante la observación de puntos de convergencia, he descubierto que podía reformular mis debates de una forma nueva y más abierta, y conducente a resoluciones más creativas. En una ocasión ayudé a dos de mis jefes regionales a solucionar un conflicto sobre si se contrataba a un formador o a una persona de atención al cliente. Tras oír las razones por las que cada uno de ellos debía adjudicarse el nuevo fichaje para su equipo, resalté que todos coincidíamos en cuáles eran nuestras necesidades más apremiantes, y que teníamos la oportunidad de replantearnos la formación como soporte proactivo al cliente, con lo que podíamos nivelar la plantilla con un nuevo puesto híbrido.

PRUEBA ESTO

La próxima vez que detectes tensión o conflicto en una conversación con alguien, detente unos segundos y haz una lista mental rápida de los puntos de convergencia. Cuando tengas ya algunos elementos, orienta la conversación hacia uno de esos puntos de convergencia y pon en marcha una dinámica de «Sí, claro...».

El «Sí, claro...» es una forma increíblemente útil de evitar que juzgues demasiado rápido una idea. En vez de permitir que tu primera reacción guíe tus actos, sírvete del «Sí, claro...» para desentrañar la lógica subyacente.

Aunque al principio te cueste decir «Sí, claro...», quizá esa respuesta te parezca más viable y natural cuando conozcas los detalles del mensaje de la otra persona y el contexto en el que se han formado sus pensamientos. Presta especial atención a tus propios prejuicios. Es fácil aplastar sin quererlo la voluntad de colaboración de los demás juzgándolos demasiado rápido. Además, si interrumpes a alguien o respondes demasiado rápido a una propuesta suya, puede que lo hagas sentir ignorado o minusvalorado. En nuestra clase conjunta de improvisación oral, Adam Tobin a menudo recuerda a los alumnos que, si uno resiste la tentación de juzgar a los demás, no solo se abre a nuevas ideas, sino que también se asegura de mantenerse receptivo a una gran diversidad de propuestas y opiniones.

Cambio de actitud 4: De obsesionarse con lo ocurrido a «siguiente jugada»

En su potente libro *Improv Wisdom*, Patricia Ryan Madson cuenta que una vez la Universidad Stanford le pidió que hiciera una lectura en una ceremonia de graduación delante de mil personas entre las que había varios dignatarios. En el programa, justo antes de su intervención, había una actuación musical de la orquesta sinfónica de la universidad. Al terminar la pieza, ella debía subir al estrado, con su toga y su bonete, y leer un pasaje de Jane Stanford, la fundadora de la universidad.

El día del evento, Madson esperó a que la orquesta terminara. Cuando parecía que ya lo había hecho, ella se levantó, se acercó al estrado y dijo: «Y ahora, las palabras de Jane

Stanford», pero, para bochorno suyo, la orquesta siguió tocando. Madson se había colado: la orquesta debía tocar dos movimientos, no uno. El público se echó a reír. Sabían que había metido la pata.

A muchos de nosotros nos habría entrado el pánico o nos habríamos quedado paralizados en una situación semejante. Madson no. Volvió a su sitio y esperó pacientemente. Cuando la orquesta completó el segundo movimiento, subió de nuevo al estrado y repitió la frase introductoria: «Y ahora sí, las palabras de Jane Stanford».

Madson aprendió una lección importante sobre cómo gestionar los errores: no les des demasiadas vueltas. Sigue adelante. «Cuando metes la pata —dice—, hay que centrar la atención en lo que viene después, no en ¿cómo he podido hacer eso?» Si lo haces, descubrirás que tu público valora tu fortaleza. «Creo que muchas veces nuestros héroes son esas personas que no se acobardan con nada. Lo que les diría a los alumnos es que el error no es lo que importa; lo que está en tu mano es cómo te recuperas de él.»[13]

El legendario entrenador de baloncesto de la Universidad Duke Mike Krzyzewski, o entrenador K, como solían llamarlo, acuñó la célebre expresión «siguiente jugada», muy extendida en el deporte. Si fallas un tiro en baloncesto, no le aciertas a la pelota en béisbol o te roban el balón en un pase en fútbol americano, debes resetearte enseguida y seguir adelante. Céntrate en la tarea que tienes entre manos, en vez de en lo que acaba de pasar. Por la misma regla de tres, si haces un enceste de tres puntos, un *grand slam* o lanzas un pase de *touchdown*, también deberías seguir a lo tuyo. La ejecución es fluida. Para hacerlo lo mejor posible, debes procurar mantenerte centrado en lo que está sucediendo en el momento y no permitir que lo que acaba de ocurrir te distraiga, por muy terrible o maravilloso que sea. Como dijo Krzyzewski una vez: «Lo que acabas de hacer, sea lo que sea, no es ni la mitad de importante que lo que estás haciendo ahora mismo».[14] La antigua estrella de Duke y profesional de la NBA Shane Battier reconocía que la táctica de «la siguiente jugada» era «la lección más simple pero más elocuente» que Krzyzewski había enseñado a sus jugadores.

Para nuestros fines, la siguiente jugada consiste básicamente en prepararnos para aprovechar la oportunidad cuando surja. Cuando nos obsesionamos con el pasado, no estamos alerta a las posibilidades latentes en el momento actual. En cambio, si conseguimos aprender a pasar enseguida a la siguiente jugada, independientemente de lo que acabe de pasar, estaremos «empezando de cero y enfrentaremos la siguiente oportunidad con energía, preparación y positividad, una y otra vez, y otra y otra y otra».[15]

A muchos de nosotros, ese cambio de actitud puede parecernos demasiado: estamos acostumbrados a apegarnos emocionalmente a los resultados pasados y nos cuesta romper ese patrón. Si ese es el caso, hay un juego conocido como «nueva decisión» que suele enseñarse a los alumnos de improvisación y que ayuda a permanecer en el presente y pasar a la siguiente jugada. El juego consiste en que se representa una escena y, en diversos momentos de esta, quien lo organiza grita: «¡Nueva decisión!». Los actores abandonan la escena actual o la decisión que hayan tomado y empiezan una nueva, y se inventan el diálogo. Tú también puedes jugar a esto, con un temporizador que suene cada equis tiempo o pidiéndole a algún amigo que te grite «nueva decisión» a intervalos irregulares. Hacer esto aunque solo sea unos minutos te puede ayudar a sentirte más cómodo dejando lo que estás haciendo y pasando a otra cosa.[16]

La próxima vez que te veas obligado a hablar en público de repente y la cosa no vaya del todo bien, no te obsesiones. Déjate llevar por la emoción un instante y luego vuelve a centrarte y sigue a lo tuyo. Tie Kim, un orientador juvenil voluntario que es uno de los mejores de su oficio, cuenta que él usa «la siguiente jugada» constantemente en su vida profesional. Como director financiero de una oenegé, ha hecho presentaciones en reuniones informales y, alguna que otra vez, ha respondido con torpeza a las preguntas que le han formulado de pronto. Aunque siente la tentación de retrotraerse y rectificar lo dicho, el uso habitual de la táctica de «la siguiente jugada» lo lleva a olvidarse de lo que acaba de pasar y a seguir adelante con la presentación.[17] En consecuencia, sus presentaciones tienden a ir mejor en general.

En una ocasión, poco después de la masacre de 2018 en el instituto Marjory Stoneman Douglas, de Parkland (Florida), yo estaba dando una charla sobre la importancia de oír diversos puntos de vista y perspectivas. Me apasionaba el tema, pero me tenían distraído las historias que había oído sobre las jóvenes víctimas. Aunque tenía un esquema de mi charla, me quedé en blanco y se me olvidó lo que iba a decir.

Me recuperé de aquel revés simplemente exponiendo el objetivo de mi charla de esa ocasión. Le dije al público que había pasado buena parte de mi vida ayudando a otras personas a equiparse con el conocimiento necesario para compartir su perspectiva de las cosas, de forma que se sintieran más seguros y se hicieran oír. Justifiqué mi tropiezo diciendo que, como el tema me apasionaba, me había precipitado. Tenía muy claro mi objetivo y eso me permitió pulir la charla con precisión, incluso en el más incómodo y poco favorecedor de los momentos. Reconocí lo que todos los presentes habían presenciado, que había dado un tropezón, y luego conseguí que todo el mundo volviera a centrarse en lo importante, la siguiente jugada.

Hay una célebre parábola zen que nos ayuda a recordar que no hay que juzgar demasiado rápido los deslices ni las victorias, ni propios ni ajenos. Un granjero se entera de que el caballo se le ha escapado de la cuadra. Cuando sus vecinos comentan su mala suerte, él dice: «Puede». Luego el animal regresa acompañado de varios caballos salvajes, y sus vecinos comentan la suerte que ha tenido. «Puede», vuelve a responder el granjero. Cuando más tarde su hijo intenta montar uno de los caballos salvajes y este lo tira y lo lesiona, los vecinos consuelan al granjero. Su respuesta: «Puede». Poco después, el granjero se entera de que, por las lesiones, el ejército no ha considerado apto a su hijo para reclutarlo. Otra buena noticia, a la que el granjero también responde: «Puede».[18]

No sabemos cómo terminará impactando en nuestra vida un suceso o una afirmación. Un giro aparentemente negativo del destino podría resultar ser una bendición disfrazada, mientras que un aparente regalo del cielo nos puede salir caro de repente. Es preferible no perder el tiempo obsesionándonos con resultados positivos o negativos, y seguir centrados en nuestro objetivo principal. La próxima vez que tengamos un revés y nos veamos tentados de darle vueltas a lo ocurrido, nos podemos decir «Puede», y luego pasar a la siguiente jugada.

PRUEBA ESTO

Antes de abordar una situación en la que podrías verte obligado a hablar en público, intenta escribir «puede» en un papel y guárdatelo en el bolsillo. El solo hecho de escribirlo y notártelo en el bolsillo quizá te recuerde que no debes juzgar lo que dices o haces, sino simplemente pasar a la siguiente jugada. También puedes programar el móvil para que te mande un aviso con la palabra «puede» cinco minutos antes de esa improvisación oral que prevés que podría ocurrir.

Encontrarle el lado bueno al malo

Hace años, cuando dirigía un equipo en un entorno corporativo, mis jefes me comunicaron que iba a tener que despedir a unas diez personas, una cuarta parte de las que estaban directamente a mi cargo. La noticia me dejó de piedra. Nunca había tenido que desprenderme de tantas personas de golpe. Aunque sabía que el negocio había bajado debido a factores económicos mayores, hacía apenas una semana mis jefes me habían dicho que mi equipo se libraría de los despidos. La mayoría de mis empleados eran amigos íntimos, así que iba a ser terrible darles esa noticia. Me vi acorralado en todos los sentidos de la palabra. La imagen que tenía de mí mismo, de persona buena y empática y jefe comprensivo, estaba en peligro.

No me quedó otra que armarme de valor y organizar reuniones con los empleados afectados. La primera fue con

Sandy, buena amiga y gerente de nuestro equipo de la Costa Este. Cuando entró en la sala de juntas se me revolvió el estómago. Me preocupaba cómo le iba a sentar el despido, y si ella y yo podríamos seguir siendo amigos. También me angustiaba no estar a la altura de la ocasión ni saber ser lo bastante compasivo.

Al cerrar la puerta de la sala se me ocurrió una idea. Sí, despedir a Sandy era horrible: a ella le iba a complicar la existencia y yo iba a sentir que traicionaba mis principios. Pero ¿y si conseguía al menos salvar algo de valor en aquella parte tan desagradable de mi trabajo? Pensé en distintas formas de plantear lo que estaba ocurriendo. La pérdida del empleo siempre es, desde luego, una experiencia dolorosa y desagradable, pero ¿el paquete de indemnización incorporaba alguna ventaja o recurso digno de resaltar para ayudar a los despedidos a organizarse el futuro? ¿Podía yo ayudar de algún modo a mis empleados y amigos a superar el pánico, muy comprensible por otra parte, para que pudieran empezar a planificar los siguientes pasos?

Aunque Sandy había hecho un gran trabajo en su puesto, yo sabía, casualmente, que su verdadera pasión era otra. Llevaba años hablándome de que quería poner en marcha un programa de mentorías y tutorías para niños desfavorecidos. Hacía un tiempo que participaba como voluntaria en programas similares y lo disfrutaba mucho. Para ella, el trabajo de mentora era gratificante, un refugio, y me había indicado en repetidas ocasiones que quería incrementar su implicación e incorporar técnicas y prácticas que había aprendido con el trabajo que hacíamos juntos.

Cuando nos sentamos, le comuniqué el despido de forma clara y directa. Le concedí unos minutos para que lo digiriera y luego empecé a explorar con ella el respaldo que la empresa podía ofrecerle para poner en marcha, por fin, su programa de mentorías. Le hablé de la indemnización que iba a recibir y examinamos juntos otros beneficios que la compañía le ofrecía y de qué modo podían servirle en su nueva línea de trabajo. Apoyándonos el uno en las ideas del otro, buscamos el modo de que aprovechara los esfuerzos docentes de la empresa para el diseño de su nuevo programa.

Nuestra conversación duró como una hora y fue dolorosa para ella y triste para mí. Aun así, se nos dio mejor de lo que pensaba. Sandy no se fue desesperada. Entre la rabia y otros sentimientos negativos hacia la empresa, detecté claramente la ilusión por su futuro. Por mucho que le costara dejar su puesto, consiguió verlo como un posible punto de inflexión en su trayectoria profesional, una oportunidad de servirse de lo que había estado haciendo para conectar por fin con su verdadera pasión. En los meses siguientes, Sandy puso en marcha su programa de mentorías, con el que logró hacer mucho bien.

La ocurrencia que tuve con Sandy me ayudó a gestionar el resto de las charlas con los demás empleados de mi equipo. Reconocí y valoré el dolor que sentían, pero también intenté destacar la oportunidad que se les presentaba. Procuré resolver sus dudas sobre los detalles de la indemnización y derivarlos al sitio correcto cuando me faltaban datos. En el transcurso de casi todas esas conversaciones, dedicamos tiempo a estudiar posibles salidas para los miembros de mi equipo. Algunos me escribieron después para darme las gracias por la forma en que les había comunicado la noticia y abordado su despido.

Ahora veo que hice uso de los cuatro cambios de actitud de los que hemos hablado en este capítulo. Al centrarme en ver los despidos como posibles puntos de inflexión profesionales, alerté a los miembros de mi equipo de cómo podían posicionarse para seguir creciendo (actitud de crecimiento). En vez de obsesionarme con lo difíciles que iban a ser esos encuentros para mí, desvié el debate hacia mis empleados y sus necesidades (centrarse en el público). Mientras los miembros de mi equipo y yo buscábamos posibles trayectorias profesionales futuras, fuimos capaces de validar y sacar provecho a lo que cada uno proponía («Sí, claro...»). En vez de dejarme atrapar por mi reacción emocional a la decisión de mis jefes y la decepción que me producía, me obligué a seguir adelante y mantener con mis empleados lo que esperaba que fueran conversaciones productivas. También procuré evitar que se obsesionaran con lo ocurrido en vez de centrarse en el futuro que podía desplegarse ante ellos (siguiente jugada).

Esas conversaciones con los miembros de mi equipo fueron de las más difíciles que he mantenido en mi vida. Yo las catalogaría como una mezcla de comunicación preparada y espontánea. Mis jefes me habían dado instrucciones para que comunicara a los empleados su despido de una forma concreta, pero yo no sabía cómo iban a ir aquellas conversaciones y supuse que tendría que dedicar bastante tiempo a improvisar en el momento. Reformulando los retos como oportunidades, pude sacar lo mejor de mí, en beneficio de los miembros de mi equipo. No estaba en mi mano cambiar la realidad, pero sí hacerla al menos un poco más tolerable preparándome con antelación y atendiendo las necesidades de mi público.

Eso podemos hacerlo todos, no solo en momentos difíciles como aquel, sino también en otros menos desagradables. Podemos centrarnos en las oportunidades que tenemos al alcance, liberarnos para ser más creativos, optimistas, animados, para divertirnos más. Te invito a que lleves a cabo ese cambio de actitud sutil pero importante. Abandona la pose defensiva. Despégate emocionalmente del resultado final. Piérdete un poco y valora todas las posibilidades. En muchísimos casos, pueden ocurrir cosas buenas y asombrosas, pero solo si ponemos de nuestra parte, cambiando de actitud y de planteamiento. Si moderamos nuestra necesidad de controlarlo todo y protegernos, y adoptamos una postura abierta, curiosa y ecuánime, hacemos posible que brille nuestra auténtica personalidad. Facilitamos el crecimiento y el aprendizaje, el nuestro y, lo que es más importante, el de nuestro público.

PRACTICA ESTO

1. Piensa en una ocasión reciente en la que hayas tenido que hablar en público de forma espontánea. ¿Qué aprendieron los demás de ti? ¿De qué forma les beneficiaron tus palabras? ¿Qué medidas puedes tomar antes de una intervención oral improvisada para recordarte el valor que puedes aportar a tu público?
2. La próxima vez que tengas que hablar de pronto en público, piensa en qué coincides con tu interlocutor. Luego pregúntate qué puede estar inhibiendo tu voluntad de estar de acuerdo con esa persona. Si meditas esas dos respuestas, puede que te cueste menos adoptar una postura de «Sí, claro…».

3. Piensa en una futura ocasión en la que quizá tengas que hablar en público de repente. Haz una lista de las mayores oportunidades que crees que podrían surgir de ella. ¿Alguna te sorprende o te ilusiona? Luego haz una lista de las mayores amenazas que percibas. ¿Alguna te da menos miedo ahora que estás pensando también en las oportunidades?

4

Escucha

NO TE LIMITES A HACER ALGO... ¡DEFIÉNDELO!

A veces la mejor forma de comunicarse es no decir nada en absoluto

Para la mayoría de las personas, comunicarse es hablar, pero, si queremos resultar eficaces en el momento, también hay que escuchar, prestar mucha atención al estado mental y emocional de nuestro público, y servirnos de la información que recabemos para conformar lo que vamos a decir.

Fred Dust, autor del libro *Making Conversation* y antiguo socio fundador y director general de la firma de diseño IDEO, ha vivido de primera mano el poder de la escucha.[1] En 2010, tuvo el privilegio de formar parte de un equipo que asesoró a los miembros más veteranos del gobierno griego. El ejecutivo se encontraba en una situación económica dificilísima y buscaba formas de obtener inyecciones de efectivo. Una de las posibilidades que barajaba la administración era la venta de una gran parcela costera que anteriormente había servido de aeropuerto al gobierno de Catar, que la urbanizaría. Los altos mandos de la administración, incluido el primer ministro y otros miembros de su gabinete, celebraron una sesión abierta con Dust y otros expertos con el fin de solicitar públicamente su asesoramiento sobre si el acuerdo con Catar era buena idea.

A la mayoría de los consultores, entre ellos a Dust, la venta del terreno les parecía obvia, una forma fácil de evitar a la nación la bancarrota. La parcela, en su estado actual, no aportaba aparentemente gran cosa al país: no era más que un antiguo aeropuerto en ruinas. Los cataríes estaban dispuestos a hacer algo interesante y productivo con él, algo que iba a beneficiar a la economía griega.

Al gobierno griego, por lo visto, le convenció aquella evaluación y se mostró proclive a la venta del terreno. Más que como un debate abierto, los organizadores del encuentro lo concibieron como un asunto previamente planificado en el que los consultores le dirían a la administración griega que lo aconsejable era vender el terreno para conseguir el respaldo público del plan.

Dust entró en la sesión preparado para respaldar el acuerdo y ofrecer algunos argumentos sobre por qué lo consideraba sensato, pero, según iban avanzando las conversaciones, detectó algo interesante. Aunque los gobernantes griegos hablaban del acuerdo en términos positivos, algunos parecían indecisos. De formas más o menos sutiles, reconocían lo importante que era para los atenienses, un pueblo de tradición navegante, estar conectados físicamente con el mar. Siendo aquel terreno uno de los últimos terrenos con vistas al mar en las proximidades de Atenas, y dado que otros proyectos inmobiliarios anteriores en distintas zonas de la ciudad habían reducido el contacto del pueblo con el mar, la conclusión era que, si se vendía la parcela, Atenas perdería algo de gran valor cultural y espiritual. «Se veía y se notaba que aquel acuerdo resultaba, en realidad, muy perturbador para ellos —dice Dust—, porque suponía deshacerse del último terreno costero de Atenas.»[2]

Cuando le tocó hablar a Dust, tomó la decisión espontánea de descartar lo que llevaba preparado y exponer, en su lugar, la inquietud frente al plan que había percibido en los gobernantes griegos. No les dijo que no aceptaran el acuerdo, pero puso de manifiesto su indecisión y lo que sacrificarían si seguían adelante. Hacerlo era arriesgado: las cámaras grababan y no quería causar problemas a sus anfitriones griegos. Tal y como él mismo lo recuerda, se puso muy nervioso y se le revolvió el estómago, pero se dejó llevar por la intuición de todas formas, y les dijo a los gobernantes lo que le pareció que necesitaban y querían oír.

Lo que ocurrió a continuación sorprendió a Dust. Cuando se levantó la sesión, varios guardias de seguridad corpulentos lo rodearon. Dust pensó que la había cagado y que lo iban a echar amablemente del país, pero entonces el primer ministro se acercó a hablar con él. «Me preguntó si podíamos cenar juntos y me dijo que yo había expresado justo lo que él y su gabinete sentían.» Al final, el gobierno griego decidió no vender el terreno a los cataríes. Los altos mandos del país aún tendrían que resolver la crisis fiscal, pero al menos les satisfacía pensar que esa vez no habían traicionado la herencia de su capital. Al mantenerse alerta y escuchar con atención lo que los políticos griegos decían de verdad, Dust pudo reaccionar sobre la marcha y tener un impacto profundo, y muy positivo, en su público.

En los encuentros improvisados, muy a menudo desaprovechamos ocasiones de buscar indicios de lo que piensan, sienten y necesitan quienes nos rodean. Muchas veces se nos escapan estas ocasiones por el ruido, físico, fisiológico y psicológico. Puede que el entorno sea ruidoso y nos distraiga: si apenas nos oímos pensar, ¿cómo vamos a estar pendientes de lo que piensan o sienten los demás? También nos distrae nuestro cuerpo: estamos nerviosos, cansados o hambrientos, y nos cuesta prestar atención. Por último, pueden intervenir factores mentales, cuando juzgamos lo que oímos o ensayamos mentalmente lo que vamos a decir a continuación. Nuestros prejuicios o nuestra conciencia de estatus hacen que pasemos por alto las perspectivas de otras personas y nos centremos en las nuestras.

Los tres tipos de ruidos que nos impiden escuchar como deberíamos

1. **R**uido físico
2. **R**uido fisiológico (fatiga, hambre y ansiedad)
3. **R**uido psicológico (prejuicios, juicios de valor y ensayo mental)

El poder de la escucha

Ya hemos señalado que, para conectar de verdad con nuestro público, es fundamental evitar las distracciones y orientarnos a él. Debemos escuchar lo que dicen y cómo lo dicen para encontrar pistas sobre la forma más eficaz de conectar. Si observamos el entorno, podemos prestar atención no solo a las palabras, sino también a las señales no verbales y situacionales que revelen sus sentimientos, deseos y necesidades más profundos. ¿Cómo reacciona el público a lo que decimos o hacemos? ¿Cómo está influyendo nuestro entorno social actual en nuestra interacción? ¿Qué parte de nuestra comunicación resuena, y cuál no? ¿Qué señales nos lanza de lo que siente en ese momento?

Si hacemos un esfuerzo por responder a esas preguntas, podremos dirigir nuestra comunicación de formas que los demás encuentren más relevantes, sensatas e interesantes. Además, así creamos nuevas oportunidades para nosotros, ya sea de generar confianza, de forjar una nueva relación, de conectar con mayor fuerza en el momento, de valorar mejor las perspectivas de otros o simplemente de funcionar con mayor eficacia.

Aprender a escuchar nos permite revelar información y percepciones desconocidas hasta entonces, reconocer los patrones antes y de formas distintas. Ari Fleischer, secretario de prensa de la Casa Blanca con el presidente George W. Bush, lo llamaba escuchar «por ósmosis». Nos cuenta que hacía mejor su trabajo cuando estaba alerta y absorbiendo información en vez de proporcionarla solamente. Aprendió pronto que no podía esperar ser el experto en todas las salas, dada la gran variedad de temas y políticas a los que se enfrentaba a lo largo del día. En lugar de fustigarse con las situaciones en las que no se sentía preparado, Fleischer empezó a centrarse en empaparse de información verbal y no verbal. Cuando se topaba con datos nuevos sobre algún ámbito, como la Seguridad Social o la defensa, tomaba nota mental y lo almacenaba. Luego podía hacer uso de ello en la ocasión adecuada, cuando hacía una pregunta de seguimiento, por ejemplo, o expresaba una opinión. En efecto, reconocía el patrón, conectaba algo que había visto antes con otra cosa que estaba viendo u oyendo entonces. «La ósmosis me funcionaba de verdad —dice—. Es asombroso todo lo que puedes llegar a absorber. Un secretario de prensa se expone a una barbaridad de asuntos, y más te vale absorberlos todos. De esa forma, cuando surge el tema en la sala de reuniones, lo puedes abordar.»[3]

Mi mentor de improvisación, Adam Tobin, cuenta una anécdota de cuando una vez estaba proponiendo un nuevo concepto de espacio televisivo al vicepresidente de un estudio. Una de las preguntas que le hizo el vicepresidente del estudio fue por qué el programa que le proponía no era «de ciencia ficción». Fue una consulta extraña que no venía a cuento, porque Tobin jamás se había planteado aquel programa como ciencia ficción. Sin embargo, no ignoró la pregunta por considerarla absurda ni siguió hablando de otra cosa. Haciendo uso de sus aptitudes como experto en escucha e improvisación, Tobin se inclinó hacia delante y trató de averiguar por qué le habían hecho esa pregunta.

El vicepresidente le dijo a Tobin que no se lo había preguntado porque su propuesta pareciera ciencia ficción, sino porque a su jefe lo ponía nervioso la idea de producir algo con pinta de ciencia ficción, dado que sus tres últimas incursiones en ese género habían sido un fracaso. «Lo que estaba haciendo aquella persona —reflexiona Tobin— era pedirme munición que luego él pudiera llevarle a su jefe para vender mi propuesta. Estaba resolviendo un problema que yo ni siquiera sabía que existía.»[4] Al tomarse tiempo para escuchar y estar presente, Tobin extrajo nuevos datos que iban a permitirle comunicarse de forma más satisfactoria tanto en aquella presentación como en futuras ocasiones. Escuchando atentamente aumentó el número de oportunidades que se le abrían.

La escucha también nos abre oportunidades ayudándonos a conectar con los que nos rodean. En un estudio se agrupó a los participantes por parejas en las que uno escuchaba y el otro hablaba. Algunos de los que debían escuchar recibían mensajes de texto mientras su compañero hablaba, en un intento deliberado de distraerlos por parte de los investigadores. Aquellos a los que les correspondía hablar y cuyos oyentes no estaban muy distraídos eran más agudos, se mostraban menos angustiados y parecían más dispuestos a compartir sus pensamientos. Cuanto más escuchamos, más progresos podemos hacer con los demás. En estudios posteriores con empleados, los investigadores descubrieron que «la escucha parece relajar a los empleados, los hace más conscientes de sus fortalezas y sus puntos flacos, y más propensos a reflexionar de forma no defensiva».[5] Al permitir un mayor flujo de información y facilitar la comunicación, creamos más oportunidades de conectar e incrementamos las posibilidades de que nuestras improvisaciones orales tengan éxito con nuestro público.

En cambio, si no escuchamos, desaprovechamos oportunidades y a veces hasta generamos problemas nuevos, y nos comunicamos de formas que resultan chocantes, insensibles o desagradables a nuestro público. Cuando tenía veintipocos años trabajé como becario de un célebre director y productor de cine. En una ocasión asistí a una reunión que mi jefe tenía con varios ejecutivos japoneses importantes de la industria del cine. Yo estaba familiarizado con las normas culturales japonesas, por lo que sabía que los profesionales de los negocios japoneses suelen ofrecer su tarjeta de visita de un modo más formal que los estadounidenses. Cuando te presentan a un contacto de negocios en Japón, sostienes con ambas manos la tarjeta de visita, la miras un instante y se la entregas a la otra persona. El destinatario de la tarjeta también acepta la tarjeta con sumo cuidado, sujetándola con ambas manos, la contempla y se la pone delante en la mesa.[6]

Mi jefe desconocía ese ritual. Cuando varios de sus invitados le entregaron sus tarjetas, hizo lo que solemos hacer los estadounidenses: apilarlas, guardárselas sin ceremonias en la cartera, sentarse y empezar la reunión. Este tipo de errores se cometen constantemente en los negocios, pero, por lo general, podemos salvar la situación si estamos atentos a las reacciones de otras personas. Mi jefe no lo hizo. No reparó en los indicios discretos (y no tan discretos) de que había metido la pata: los hombros agarrotados de sus invitados, la sonrisa nerviosa, el silencio incómodo... Dos de los japoneses que estaban sentados a medio metro de él se lanzaron miraditas de confusión y desaprobación. Hasta yo, que era un novato, noté que acababa de pasar algo inapropiado. Siguió la reunión durante una hora y la tensión que había en el aire no llegó a disiparse en ningún momento, pero mi jefe no se percató.

Todos hemos cometido el error de no escuchar durante una intervención oral espontánea, y luego lo hemos pagado. Igual hemos respaldado una idea antes de saber si al equipo le parecía la solución óptima; nos hemos precipitado al ofrecer una solución a un problema formulado por nuestra media naranja, cuando quizá lo único que quería era desahogarse y sentirse escuchada; le hemos pedido salir a alguien porque parecía que le gustábamos, cuando en realidad solo pretendía ser amable... Podríamos evitar algunas de esas pequeñas equivocaciones (que a veces no son tan pequeñas) que se producen en la vida cotidiana simplemente estando más pendientes de lo que los demás nos cuentan de verdad.

Presta más atención

¿Cómo podríamos escuchar mejor en medio de una improvisación oral? Aprovechando su experiencia como jugador de baloncesto universitario, el docente y consultor de Stanford Collins Dobbs ha creado un útil método en tres pasos para la gestión de encuentros difíciles con otras personas al que llama «Ritmo, Hueco y Respiro».[7] Podemos emplear esa fórmula para orientarnos hacia la escucha, no solo cuando nos enfrentemos a conversaciones complicadas, sino en cualquier interacción que tengamos con otras personas. En esencia, el método nos insta a bajar un poco el ritmo, reflexionar sobre lo que puede estar cociéndose en la cabeza de los que nos rodean y dejarnos llevar por nuestra intuición de lo que está ocurriendo. El resultado final es una escucha más empática y una comunicación mejor y más informada en el momento. Veamos, aprendamos y escuchemos.

Paso 1: Baja el ritmo

La vida se nos echa encima a toda velocidad y, en consecuencia, muchos de nosotros terminamos pensando rápido, hablando rápido y escuchando rápido. Al bajar el ritmo y centrarnos solo en estar presentes y prestar atención, nos volvemos más receptivos a los mensajes de los demás, mensajes que, de otro modo, nos pasarían inadvertidos.

La antigua periodista de NPR Debra Schifrin tiene una técnica que usa para entrevistas, a la que llama «la última pregunta clave»: cuando ya está terminando la entrevista, le pregunta al entrevistado si hay algo importante que se le haya olvidado preguntar. A veces la persona responde de inmediato, pero, si no es así, Schifrin hace algo radical: espera. Y sigue esperando. Casi siempre le contestan que sus preguntas lo han abarcado todo, pero ella espera un poco más, dejando que pasen los segundos. «Y entonces —nos cuenta— te dicen lo más interesante que te han dicho en toda la entrevista.»[8]

Su teoría es que ese tiempo muerto libera a los entrevistados porque, en el fondo, ella les está otorgando el control de la conversación. Eso «crea un ambiente en el que es más probable que te cuenten algo o que, al final de una conversación en la que se ha hablado de muchas cosas, se hagan una pregunta a sí mismos y den con una respuesta» que les entusiasme.

La última pregunta clave de Schifrin es un ejemplo de la primera estrategia que podemos emplear para escuchar mejor en el momento. Como indica el ejemplo de la periodista, bajar el ritmo también puede ser una muestra de interés y respeto por nuestra parte.

Hay muchas cosas que podemos hacer para bajar el ritmo, no solo al final de la conversación, sino en cualquier momento. Podemos dejar a un lado el móvil cuando nos sentamos enfrente de alguien; inspirar hondo; repetirnos algún mantra tipo «Soy todo oídos» o «Esto me importa, y por eso voy a prestar atención»; recordarnos lo importante que es escuchar.

PRUEBA ESTO

Prueba a hacer pausas cuando te comuniques con otros. Para sentirte más cómodo con esta táctica, ensaya primero en conversaciones que sean menos importantes o más desenfadadas.

Bajar el ritmo no es solo cuestión de ganar tiempo, sino también de lo que hagamos con ese tiempo. Hay que escuchar activamente, silenciar nuestro pensamiento y dejar de enjuiciar, para poder entender mejor la esencia de lo que dicen los demás y que, de ese modo, los otros puedan percibir que prestamos atención. Los expertos asemejan la escucha a un músculo que «necesita entrenamiento, persistencia, esfuerzo y, lo más importante, la intención de convertirse en un buen oyente».[9] Para escuchar con mayor atención, conviene que mantengamos el contacto visual, que, por medio de expresiones faciales y movimientos de cabeza, indiquemos a nuestros interlocutores que estamos escuchando, que reflexionemos sobre lo que oímos, haciendo preguntas abiertas, etc.[10] También podemos evitar mantener conversaciones cuando estamos distraídos y dejarlas para cuando sepamos que vamos a estar centrados de verdad.

Afinar nuestra capacidad de escucha a menudo implica también estar pendientes de los pormenores de la comunicación no verbal, tanto la nuestra como la de los demás. Guy Itzchakov, célebre experto en escucha que da clases en la Universidad de Haifa, me contó cómo hace un psicólogo de parejas al que él conoce para mantenerse al tanto de la dinámica que se desarrolla gracias a pistas sutiles que sus pacientes le van dando durante las sesiones. A menudo, cuando un miembro de la pareja (por lo general el hombre) empieza a sentirse incómodo, apunta con los pies hacia la puerta, como si quisiera marcharse. Aunque no manifieste de forma explícita su desagrado, su pareja repara en esta pista, ya sea de forma consciente o inconsciente, y se pone a la defensiva. Se tensa, cruza los brazos, retrocede un paso o encoge los hombros para hacerse pequeño. Hay que estar alerta a las pistas conductuales que nos indican cómo se sienten los demás, y observar también las propias, que podrían evitar que nuestros interlocutores se expresen libremente.[11]

Como observa Itzchakov, a menudo tomamos atajos cuando nos enfrentamos a la comunicación no verbal. Damos por supuesto que sabemos lo que significa un gesto, cuando, en el fondo, estos pueden ser algo muy personal. «Dale a la otra persona más tiempo para hablar —aconseja—. No temas al silencio. Los seres humanos necesitamos tiempo para pensar tranquilamente.» Cuando escuchamos con calma, empezamos a analizar los detalles de la comunicación no verbal de cada persona. Puede que descubramos que las verdaderas emociones de un hablante son algo distintas de lo que habíamos deducido en un principio.

También influye nuestra actitud al escuchar. Si eres como yo, a veces, en improvisaciones orales, te empeñas en resolver un problema que surge en el curso de la conversación. Piensas que estás escuchando, pero ese empeño en resolver el problema te lleva a interrumpir con la solución, en vez de guardar silencio. En cambio, «una persona con actitud de escucha cree que la solución al problema del que habla se encuentra en el interior de esa persona», dice Itzchakov. En vez de precipitarse a ofrecer una solución, alguien con actitud de escucha podría intentar ayudar a su interlocutor a encontrar una solución por sí mismo, planteándole preguntas, escuchando atentamente las respuestas y haciendo más preguntas después. Entre ellas podrían estar «¿Se te ha presentado ese problema con anterioridad?» y «¿Qué recursos has usado para lidiar con algo sí en el pasado?». Cuando adoptamos una actitud de escucha de forma consciente, los demás nos perciben como mejores oyentes. Y muy probablemente lo seamos.

Bajar el ritmo para practicar una escucha activa puede ayudarnos a funcionar mejor en toda una serie de intervenciones espontáneas. Si estamos en una cena de negocios, podemos entender la verdadera razón por la que nuestro jefe nos acaba de pedir que presentemos al compañero que está de visita. Si estamos en el pasillo, charlando con una colega de la oficina, podemos desvelar su motivación verdadera cuando nos pida opinión. Si estamos en una fiesta ligando con alguien que está muy bien, podemos averiguar qué es lo que a esa persona le gusta de verdad de una cita o la clase de relación que busca en el fondo. En todas estas situaciones espontáneas, bajar el ritmo puede ayudarnos a crear relaciones y favorecer la comunicación dejando ver que nos interesa lo que la otra persona está diciendo. Además, obtenemos una información esencial que nos ayuda a reaccionar con acierto en el momento.

PRUEBA ESTO

Ponte un vídeo en el que alguien se esté comunicando, y quítale el sonido. Observa la conducta no verbal de la persona. ¿Qué hace con los ojos? ¿Sus gestos son expansivos o está agarrotada? ¿Cómo tiene orientado el cuerpo? Todas esas pistas sirven para reforzar o traicionar lo que la persona intenta transmitirnos.

Paso 2: Haz hueco para la reflexión

Cuando el veterano diseñador de Silicon Valley Bob Baxley presenta su trabajo a otros ejecutivos, no se pasa el rato hablando. Se propone escuchar, mucho. «Procuro no responder a los comentarios en el momento y lo voy reorganizando en tiempo real —dice—. Instruyo a mi equipo para que haga lo mismo. Es el momento de limitarnos a escuchar y tomar notas. Luego procesamos lo que hemos oído e intentamos darle sentido.»[12] El planteamiento de Fred Dust es similar. Cuando algo de lo que oye le produce una reacción que podría llevarlo en una dirección distinta, se contiene para poder meditarlo tranquilamente. «No tienes por qué sentirte obligado a responder», dice.

Además de moderando el ritmo, también podemos escuchar mejor en el momento si nos hacemos un hueco para reflexionar sobre lo que hemos oído. Nos hemos tomado la molestia de abrirnos a la perspectiva de los demás. Ahora toca ponderar nuestra propia respuesta y decidir cuál es la mejor forma de satisfacer las necesidades de la otra persona.

Una cosa que podemos hacer para ganar tiempo y disponer del espacio necesario para interpretar las señales que recibimos de los demás es hacer preguntas esclarecedoras: ¿qué te hace pensar eso?, ¿en qué te ayuda esto?, ¿qué más me puedes contar?... Como observa Schifrin, el acto de plantear una pregunta requiere cierta dosis de valentía por nuestra parte. Cedemos el control a la otra persona invitándola a contestar, y puede que nos inquiete el rumbo que vaya a tomar la conversación. Sin embargo, hacerlo nos puede permitir procesar lo que oímos, al tiempo que mandamos también señales de que prestamos atención, y eso nos ayuda a obtener más detalles y percepciones.

PRUEBA ESTO

A lo largo del próximo día, proponte hacer varias preguntas esclarecedoras en el curso de tres conversaciones en las que participes. Empéñate en conseguir que la otra persona te explique el problema que pretende resolver, las sensaciones que quiere compartir o la información que necesita. Verás como consigues más detalles y te sientes menos obligado a responder de inmediato.

Sé lo difícil (y útil a la vez) que puede resultar plantear una pregunta clarificadora. No hace mucho, cuando daba clases de técnicas de comunicación a un grupo de setenta y cinco fundadores y ejecutivos de *start-ups*, uno de ellos me abordó durante el descanso para ofrecerme una opinión no solicitada sobre mi presentación. A aquel caballero no le agradaba mi material ni cómo lo estaba presentando. Me acusó de estar equivocado y de enseñar a la gente a ser aburrida.

Mi primera inclinación fue ponerme a la defensiva o deshacerme educadamente de aquella persona. En cambio, intenté hacerme un poco de hueco para entender qué era exactamente lo que me estaba diciendo. Le pedí que me ayudara a entender por qué lo que yo hacía era enseñar a la gente a ser aburrida.

Aunque me dolió oír sus argumentos, lo hice. Al procesar lo que me decía, caí en la cuenta de que no era que el hombre tuviera un mal día o fuera un capullo; en el fondo, tenía buena intención y quería verme triunfar de verdad. Esa nueva perspectiva cambió para mí el significado de sus comentarios; de pronto estaba más dispuesto a tomármelos en serio. Su mayor preocupación estaba relacionada con mi forma de secuenciar el material. Pese a que yo procuraba sostener el conocimiento sobre un andamio lógico y metodológico, a su juicio, mi ritmo era demasiado lento e invitaba a la desconexión. Sus críticas me ayudaron, y no habría llegado a oírlas si no hubiera hecho hueco para reflexionar sobre su comentario inicial. Por otra parte, el tiempo que gané mientras él respondía a mis preguntas me permitió responder de forma más adecuada. Cuando presento el contenido que él consideró «aburrido», ahora lo hago formulando una pregunta que implica a mi público directamente y lo interesa en saber adónde quiero llegar.

Aparte de hacer preguntas esclarecedoras, una segunda forma de crear un espacio para la reflexión es parafrasear lo que acabamos de oír decir a un ponente. Parafrasear no es repetir como un loro lo que ha dicho la otra persona (por ejemplo: «Lo que dices es...»), sino más bien destilar la esencia de lo que le oímos comunicar. Eso puede ayudarnos en varios sentidos, dependiendo del contexto: puede garantizarnos que hemos entendido correctamente lo que alguien quería decir, ayudarnos a identificar una emoción que la persona está experimentando, darnos ocasión de relacionar unas ideas con otras, demostrar a los demás que estábamos escuchando y, en la mayoría de los casos, permitirnos dar un paso atrás y pensar en lo que hemos estado oyendo.

Adam Tobin señala que parafrasear, en efecto, sirve para prolongar un poquito el momento presente. Al articular nuestra percepción de lo que alguien acaba de decir, «es como si [...] viviéramos en ese espacio un momentito [...].

Una especie de "Vale, antes de lanzarnos a manifestar lo que pensamos de eso o lo que significa, vamos a quedarnos en ese instante un segundo"».[13] Cuando nos concedemos un poco de espacio, podemos orientarnos, en vez de dejar que la conversación nos pase de largo.

Hace varios años me invitaron a proponer un plan estratégico en una escuela universitaria en la que daba clases. El tiempo apremiaba y a veces la conversación era exaltada. A menudo me sorprendía resumiendo monólogos y debates de grupo más largos en frases cortas como «El coste parece importante» o «Hay que tener en cuenta el plazo de implantación». Mis intervenciones no solo centraban el tema que estábamos debatiendo, sino que nos concedían tiempo y espacio, a mí y a los demás participantes, para reflexionar y considerar nuestros actos.

Tanto las preguntas como el parafraseado se centran en lo que han dicho los que nos rodean. Otra forma de hacer hueco es centrarse en lo que no se ha dicho. Podemos hacer observaciones sobre lo que acabamos de oír y aclarar lo que ha querido decir quien hablaba preguntando por algo que ha omitido. Esta táctica funciona bien cuando alguien te hace una propuesta o una crítica espontánea. Al señalarte una oportunidad o un error que has cometido, podrían estar desvelando las consecuencias que tendría para su equipo. Por ejemplo: «Veo que el coste y el plazo podrían considerarse conjuntamente. No había considerado la interacción de esos dos factores. ¿Cómo repercute eso en tu equipo y en ti?». Pedir más detalles de este modo puede ayudarte a desenterrar y valorar sensaciones poderosas que quien habla está experimentando y que se mantienen ocultas bajo la superficie. Si consigues entender esas sensaciones, quizá tengas una idea más clara de cómo responder de forma más productiva y útil.

Otra forma de usar la pregunta de «lo que no me has dicho» es mantener activa la conversación. Los alumnos a los que doy clase o las personas a las que asesoro a menudo sufren niveles altos de miedo a hablar. Comparten sus retos, sus temores y sus problemas. Yo procuro validar lo que oigo, pero mi primera observación en la mayoría de los casos es: «Aunque entiendo perfectamente que hablar os resulte en general angustioso, ¿me podéis hablar de las veces en que habéis conseguido expresaros satisfactoriamente sin poneros nerviosos?». Esta pregunta no solo ayuda a esas personas a ver que no siempre se ponen nerviosas, sino que a mí me concede espacio para reflexionar sobre lo que acaban de decir, para poder responder mejor en el momento.

Formas clave de hacerte hueco

- Haz preguntas esclarecedoras.
- Parafrasea lo que oyes.
- Comenta lo que no se ha dicho.

Paso 3: Date un respiro

Hace unos años, falleció la queridísima abuela francesa de mi amigo John. Su *grand-mère*, como la llamaba él, había desempeñado un papel fundamental en su vida, y quería hacer algo especial para homenajearla y manifestar su dolor. Cuando su madre le dijo que un curilla relativamente nuevo que apenas conocía a la abuela iba a pronunciar el panegírico en el funeral, John preguntó si podía hacerlo él. Le parecía que su *grand-mère* merecía que hablase de su vida alguien que la quisiera, no un desconocido.

Durante los dos días previos al funeral, John escribió y reescribió el discurso, con la idea de pulir sus comentarios y que fueran perfectos. Las anécdotas ideales. El tono correcto. La estructura adecuada. La longitud conveniente. El lenguaje apropiado. Cuando tuvo la satisfacción de que iba a comunicar justo lo que le dictaba el corazón y lo que su público valoraría, pasó el discurso final a unas tarjetas palabra por palabra. Había pronunciado varios discursos en el instituto, los había leído delante de una multitud de alumnos. Albergaba la certeza casi absoluta de que sus aptitudes de comunicador lo asistirían. Aun así, estaba nervioso, le preocupaba que la pena y el entorno formal de la capilla, con el cura y el resto de la gente de la comunidad mirándolo, le impidieran rendir bien.

En el funeral de su *grand-mère*, a John se le revolvió el estómago cuando el cura pronunció su nombre, invitándolo a ofrecer su panegírico. Había más de un centenar de personas en los bancos, entre ellas, muchas a las que él no conocía. Mientras subía al púlpito, hizo todo lo posible por no desmoronarse. Sin embargo, cuando llegó al atril, se le presentó otro problema mayor. Se palpó el bolsillo de la chaqueta en busca de las tarjetas con las anotaciones, y no las llevaba encima. Volvió a palparse, con el corazón acelerado, la respiración contenida en la garganta. Nada.

Un centenar de rostros lo miraban desde abajo, aguardando a que empezara. «Por un segundo —recuerda John— estuve a punto de bajar corriendo del altar.» Pero no lo hizo. Al contemplar a su extensa familia y ver sus expresiones de dolor y tristeza, recordó a qué había ido allí, a conmemorar y celebrar la vida de su *grand-mère*, y decidió improvisar. «A fin de cuentas —se dijo—, todo lo que había escrito en esas tarjetas ya lo llevaba grabado en el corazón.» Quizá aún pudiera transmitir la esencia de lo que había querido decir.

John siguió adelante lo mejor que pudo, intercalando en lo que recordaba del panegírico que había preparado otros recuerdos que le vinieron a la memoria en el momento, y añadiendo reflexiones rápidas que se le iban ocurriendo según evaluaba la reacción del público. Llegado cierto momento, reparó en que los presentes se revolvían en el asiento y cayó en la cuenta de que se estaba desviando demasiado del tema, así que se concedió un instante para cambiar de rumbo. Poco después, al ver lágrimas en el rostro de un familiar, se le cerró a él también la garganta de la emoción. Se recordó que, dadas las circunstancias, aquello era muy comprensible. En cada una de esas ocasiones fue capaz de recuperarse y reencauzarse, y le salió bien: «Estoy convencido de que mis palabras no fueron perfectas, pero los sentimientos que expresé eran cien por cien auténticos. Como no podía consultar mis anotaciones mientras hablaba, me centré en el rostro de mis otros seres queridos, en sus lágrimas o sus sonrisas».

Al verse de pronto obligado a improvisar, John hizo lo que pudo escuchando. Registró las emociones de los demás asistentes y se mantuvo alerta a su voz interior, que le dijo que no saliera corriendo y que confiara en sí mismo e improvisara. Mientras hacía sus comentarios, siguió prestando atención a su voz interior, procesando las reacciones de los que lo rodeaban y dejando que esa voz lo guiara.

En cuanto bajó del altar, supo que su discurso había tenido buena acogida. Algunos de sus parientes le dedicaron miradas de agradecimiento. Su madre y sus hermanas lo abrazaron o le cogieron la mano mientras se sentaba. Como sus palabras habían sido espontáneas y no estrictamente planificadas, y había tenido en cuenta las emociones de los otros, además de su voz interior, al hacer sus comentarios, su panegírico resultó más auténtico y significativo, aunque no fuera perfecto, o quizá, precisamente, por no serlo.

Cuando se presentan situaciones de improvisación, la escucha nos plantea una paradoja. Hacerlo bien no significa solo prestar atención a los demás, también implica conectar con nuestra voz interior, con ese diálogo interno que se produce mientras nos comunicamos con otros. Los expertos en relaciones interpersonales David Bradford y Carole Robin observan que, para establecer una buena conexión con nuestros interlocutores, debemos «recibir la señal de dos antenas distintas», una interna y la otra externa.[14] Indican que siempre que hablamos con alguien se producen dos diálogos: el que mantenemos con nuestro interlocutor y el que sostenemos con nosotros mismos. Hay que respetar los dos.

A menudo damos por sentado que debemos centrarnos exclusivamente en los demás cuando los escuchamos y que, si no lo hacemos, es que somos malos oyentes. Se supone que debemos anular o suavizar nuestros sentimientos y nuestras valoraciones cuando surjan, hacer como que no existen. Nos desenvolvemos mejor en situaciones imprevistas cuando nos damos un respiro y nos permitimos escuchar también nuestra voz interior. Es cierto que no deberíamos dejar que nuestros sentimientos y nuestras valoraciones nos impidan oír lo que dicen los demás, pero tampoco debemos ignorarlos ni descartarlos por completo.

Apoyándonos en experiencias pasadas, deberíamos validar nuestros sentimientos, aun cuando no estemos demasiado orgullosos de ellos. En la medida en que podamos, deberíamos examinar esas sensaciones, detectar patrones y ponderar las razones por las que nos sentimos o pensamos así. Cuando nuestra voz interior nos parezca especialmente convincente, debemos escucharla y tomar medidas si es necesario. Muchas veces, durante una conversación, nos decimos para nuestros adentros «Esto no me convence» o «Aquí pasa algo más». En esos casos, podemos hacer más preguntas, repensar la respuesta inicial o poner fin a la conversación. Darnos un respiro implica dejar espacio para la introspección y luego, poco a poco, ir dejando que esa introspección moldee nuestra conducta.

Busca de forma consciente oportunidades de manifestar las emociones que se te presenten mientras interactúas con otras personas. Proponte, en las tres próximas conversaciones importantes, interrumpir al menos dos o tres veces para expresar lo que sientes. Por ejemplo: «Lo que dices me produce una sensación interesante...», y luego explícate lo mejor que puedas. Si externalizas tus emociones, adquirirás el hábito de reparar más a menudo en esa voz interior y escucharla. Al hacerlo, te entrenas para sentir y compartir más.

Escuchar lo que hay que hacer... y hacerlo

En un congreso TED, en 2008, se estaba celebrando una mesa redonda que grababa la BBC cuando se interrumpió el acto por un problema técnico. Se produjo una situación muy incómoda cuando el moderador, una personalidad de la televisión británica, empezó a tener dificultades para rellenar el tiempo muerto. Entonces intervino alguien del público, de repente, un posible alborotador. Según un testigo presencial, «comenzó a hablar en voz alta como si estuviera informando para un espacio de noticias, bromeando y diciendo que retransmitía en directo desde TED, y «que no entendía una mierda» y «se preguntaba por qué, en un congreso sobre tecnología esta funcionaba como el culo».[15]

No era otro que el legendario cómico Robin Williams, dispuestísimo a salvar el acto, probablemente para bien y alivio de sus organizadores.

Williams subió a la tarima a soltar una retahíla de bromas improvisadas, bombardeando al público con chistes sobre diversas materias, como el físico Stephen Hawking, Google, la nación de Israel y la familia real británica. Las reflexiones espontáneas de Williams resultaron tan graciosas que el organizador del evento subió al estrado a pedirle que volviera al día siguiente para decir unas palabras.

Al encontrarse con una situación inesperada, Williams tomó cartas en el asunto e hizo todo lo posible por tener al público contento y ganar tiempo mientras los técnicos buscaban el modo de resolver el problema. ¿Cómo lo consiguió? Obviamente porque era un genio de la comedia que no temía revelar su personalidad en público. Pero también hizo uso de técnicas que están al alcance de cualquiera de nosotros. Cuando se produjo el fallo técnico, estaba presente y atento. No solo reparó en que se le presentaba una ocasión de intervenir, sino que sintonizó con las emociones y percepciones del resto del público e hizo chistes que, de algún modo, reflejaban el sentir del resto de los presentes. Sin duda, estaba conectando con las necesidades y los deseos de quienes lo rodeaban.

Todos somos capaces de hacer eso. Podemos comunicarnos muy bien en situaciones imprevistas si aplicamos lo aprendido en los capítulos anteriores, aprendemos a controlar nuestra ansiedad, gobernamos nuestra obsesión por lo perfecto y vemos esas improvisaciones orales como oportunidades, más que como amenazas. Pero no podemos conectar de verdad con los demás si no prestamos atención, tanto a los otros como a nosotros mismos, y generamos un equilibrio constante entre lo que percibimos de nuestros interlocutores y lo que nuestra propia voz interior nos pide que hagamos. No podemos crear, experimentar ni proyectar esa clase de comunicación perfecta que Williams desplegó ese día a menos que estemos escuchando, en el sentido pleno de la palabra. Eso significa bajar el ritmo, hacernos hueco y brindarnos concesiones en nuestra comunicación espontánea.

PRUEBA ESTO

1. Ahora que ya has experimentado con las preguntas esclarecedoras a fin de crear un espacio para la escucha, prepara unas cuantas de ese tipo con antelación. Por ejemplo: ¿podrías darme detalles más concretos?, ¿podrías hablarme de algunas de tus experiencias en esa materia?, ¿cómo se aplica eso al trabajo que estás haciendo ahora?, ¿en qué medida puede ayudarte eso o ayudar a otros? Tener algunas preguntas preparadas puede aliviar la presión que sientas en el momento.
2. Para poner en práctica el parafraseado, escucha en persona a otros hablar en directo, o en un pódcast o una entrevista, y piensa: «La esencia de esto es...». Hazlo una y otra vez para habituarte a extraer los puntos clave. Si es posible, puede que también te conven-

ga, en ocasiones, confirmar con el ponente si tu resumen de su intervención es acertado.

3. Tómate unos minutos para preguntar a alguien de confianza sobre tu escucha reciente. ¿Considera que sabes escuchar? ¿Tiendes a escuchar mejor o peor en determinadas ocasiones o en ciertos contextos? ¿Hay alguna materia que te distraiga o te incite a intervenir demasiado rápido? ¿Se produce con frecuencia una desconexión entre lo que esa persona cree que está diciendo y lo que tú oyes? Si la escucha es un problema en vuestra relación, mira a ver si esa otra persona estaría dispuesta a hablarlo contigo cada cierto tiempo y proporcionarte información adicional.

5

Organízate

ESTRUCTURA TU ESPONTANEIDAD

En una improvisación oral, contar con una hoja de ruta no te perjudica, te libera

Todos tenemos nuestros talentos peculiares: hay quien sabe curvar la lengua, otros saben montar en monociclo sin caerse... Yo tengo la extraña habilidad de caminar de espaldas en línea recta mientras mantengo una conversación animada. La desarrollé cuando trabajaba como guía del campus en la universidad. Estaba deseando ganar dinero y fue el trabajo mejor pagado que encontré. Día tras día llevaba a grupos de padres y futuros alumnos por el campus de la Universidad Stanford, señalando las vistas importantes a la vez que avanzaba de espaldas sin tropezar con nada ni estamparme contra nada.

Esa habilidad me sirve para poco ahora (sobre todo porque buena parte de mis comunicaciones son virtuales), pero hacer de guía me vino bien en otro aspecto. Aprendí muchas cosas, quizá ninguna tan valiosa como la importancia de estructurar la comunicación. La regla número uno que mis supervisores me inculcaron durante los tres meses de formación era «no pierdas nunca al grupo». Para asegurarse de que no lo hacía, mis jefes me entrenaron para que estableciera bien las expectativas y proporcionara a los visitantes una ruta o un rumbo claros. En otras palabras, me enseñaron a ofrecer *tours* estructurados.

Lo que yo aprendí sobre cómo ser un guía excelente te puede servir para cambiar tu forma de pensar sobre la preparación de una conversación importante. Sí, has leído bien: uno se puede preparar para una intervención oral imprevista. Hasta ahora he hablado de cómo sentirse cómodo al improvisar y estar presente en el momento para responder correctamente al público, pero también se pueden dar algunos pasos con antelación, y no hablo de preparar el texto de una intervención, ni de memorizar lo que vamos a decir, sino simplemente de establecer algunos límites y generar ciertos hábitos en nosotros que incrementen las probabilidades de que nos comuniquemos bien sobre la marcha. Una de las cosas más importantes que podemos hacer es pensar en la estructura y en cómo diseñar nuestros mensajes.

Cuando empezaba mis *tours*, no me limitaba a decir: «Hola, soy Matt. Vamos», y luego les contaba lo que me pareciese oportuno. Comenzaba dando a las visitas una idea del recorrido que íbamos a hacer y, por extensión, de qué lugares no veríamos. En ese momento respondía a las preguntas que suelen plantearse los visitantes, como cuánto iba a durar el recorrido y si haríamos alguna parada por el camino.

Al esbozar la ruta básica al principio y atenerme a lo previsto, conseguía que las visitas no me siguieran sin más, sino que se relajaran, prestaran atención y absorbieran lo que les decía. Si no hubieran sabido a qué atenerse, puede que una vocecilla interior les hubiera estado preguntando constantemente qué venía a continuación. Estableciendo las expectativas desde el comienzo del *tour*, tanto a mí como a mi público nos resultaba más fácil prestar atención a los detalles.

Cuando transmitimos nuestras ideas a los demás en muy diversos contextos, lo hacemos mucho mejor si seguimos una hoja de ruta o una estructura y las articulamos de alguna forma desde el principio. Igual que en los *tours*, eso alerta a nuestros interlocutores con antelación de lo que está por venir. Piensa en la última vez que escuchaste a alguien divagar cuando hablaba o avanzar sin rumbo en un texto escrito. ¿Cómo te hizo sentir? ¿Estabas implicado? ¿Su mensaje quedaba claro?, ¿o perdiste enseguida la paciencia, te distrajiste y desconectaste?

Muchos entienden que la estructura ayuda en las presentaciones formales, porque, como disponemos de tiempo para planificar nuestros comentarios, tiene sentido asegurarse de que las ideas fluyen de forma lógica. La improvisación oral parece otra cosa muy distinta. Cuando nos vemos obligados a hablar en público, bastante tenemos con mantener la calma, reparar en el estado mental y emocional de los que nos rodean, y pensar en algo que decir sin hacer el ridículo. Estamos improvisando, soltando lo primero que se nos ocurre, así que ¿cómo vamos a estructurar lo que decimos y establecer expectativas para que nos sigan los que nos rodean? Es más, ¿para qué íbamos a querer hacerlo? La necesidad de imponer una estructura nos sacaría del momento presente, y nuestra relación con los demás sería menos fluida y eficaz.

La estructura no impide la comunicación espontánea; al contrario, la posibilita. Cuando los mejores músicos de jazz improvisan, no tocan sin más las primeras notas que se les pasan por la cabeza. Improvisan dentro de los límites de estructuras musicales preestablecidas e informales. Esos músicos suelen aprenderse un canon de temas estándar, y la melodía y la progresión de acordes de esos temas les sirven de esqueleto para la improvisación. Conociendo previamente la estructura de un tema concreto, los músicos pueden improvisar de formas que van a sonar bien con los acordes básicos de un tema y posiblemente una melodía de referencia. La existencia de una estructura preordenada facilita a los músicos de jazz la composición espontánea: cuentan con unos parámetros o normas elementales con los que trabajar, y pueden servirse de ellos como trampolín para crear algo original e instantáneo. Además, la estructura de una composición musical contribuye a orientar a los oyentes, porque les proporciona una lógica que pueden seguir y evita que el jazz suene a revoltijo descoordinado.

El juego de los niños sigue una dinámica parecida. Como diseñadora de parques infantiles, Meghan Talarowski señala que los críos necesitan libertad cuando juegan, pero también cierta dosis de estructura. «Si les das una hoja en blanco —dice—, los niños suelen ser más violentos con sus semejantes. Suelen tratarse unos a otros como si fueran juguetes, porque no hay otra cosa que active su imaginación, no tienen otro punto de partida.» Cuando diseña parques infantiles, Talarowski se esfuerza por crear «un marco o escena elementales para el buen juego», uno en el que los niños sigan teniendo mucho margen para inventar y explorar de forma espontánea. Ese marco podría adquirir la forma de un equipamiento de juego concreto, como, por ejemplo, una red abierta que les permita moverse rápido en la dirección que elijan, o toboganes con los que puedan improvisar el descenso.[1] También podría conllevar un orden o disposición lógicos de los elementos de juego, para que los niños hagan nuevos descubrimientos y se lleven sorpresas según vayan moviéndose por el parque infantil.

Para que organizarnos nos resulte más fácil, podemos seguir el ejemplo de los músicos de jazz y hacernos de antemano con unas cuantas hojas de ruta versátiles y sencillas que nos ayuden en situaciones cotidianas, sin pasarnos ni empeñarnos en guionizar un encuentro espontáneo. De ese modo, cuando surja esa ocasión, podremos movilizar una estructura válida y usarla casi sin esfuerzo para mejorar nuestro potencial como comunicadores.

Nota mental: una lista no es una estructura

Cuando hablo de estructura a mis clientes y a mi público, algunos lo confunden con un simple listado de información. Piensan que, si organizan lo que quieren decir en una serie de viñetas o diapositivas, ya tienen una estructura.

No me malinterpretes: una lista puede ser algo maravilloso. Cuando vas al súper o eres Papá Noel y quieres saber quién ha sido bueno y quién malo, la lista te puede venir muy bien, pero, en lo que respecta a la comunicación oral improvisada, una lista no es comparable a una estructura en condiciones. No nos ayuda a responder mejor ni a transmitir mensajes más convincentes. No es más que eso: una lista.

Una estructura, tal y como la defino yo, es «un texto o una historia que conecta de forma lógica las ideas entre sí», organizándolas en «un principio, un núcleo y un fin». Si te apoyas en una lista de viñetas en una improvisación oral es que no has entendido nada. Sue Stanley, especialista en diseño de medios didácticos de Toastmasters International, coincide conmigo. «La estructura es un elemento primordial del éxito de un discurso —dice—, ya sea improvisado o no. Tienes que contar con un principio, un núcleo y un fin. Debes saber dónde empezar y dónde terminar.»[2]

Cuando te planteas la estructura como una progresión narrativa lógica de elementos, empiezas a verla por todas partes. Casi toda la música se basa en alguna estructura de un pequeño grupo de fórmulas corrientes. Hay una muy habitual conocida como ABABCB, que empieza con un verso introductorio (A), sigue con el estribillo (B), vuelve a presentar otro verso (A), regresa al estribillo (B), y pasa a un puente o sección de transición (C), regresa una vez más al estribillo y termina (B). Grandes éxitos de artistas como Tina Turner, Radiohead y Katy Perry siguen esa estructura, que, insisto, se despliega de forma lógica, ofreciendo un principio, un núcleo y un fin claros.[3]

Tanto las películas como las novelas y otras obras literarias se ajustan a estructuras corrientes. Por ejemplo, una fórmula habitual en la literatura occidental es ABDCE: se empieza describiendo una acción (A), después se proporciona una historia de fondo (B [*backstory*]), se desarrolla la tensión entre los personajes (D), se aumenta la tensión hasta llegar al clímax (C), y después se resuelve la trama en el final (E [*end*]). Cuando consumes una historia con una estructura así, no tienes la sensación de que los acontecimientos te sobrevienen de la nada, sino que parecen sucederse de forma lógica.[4]

Los debates jurídicos suelen desarrollarse conforme a una estructura conocida como IRAC: primero se habla del incidente en cuestión (I), luego se propone la regla que podría aplicarse (R), a continuación un análisis en el que se aplica la regla al incidente (A) y, por último, se llega a una conclusión (C). Cuando presentan sus productos, los vendedores suelen seguir una estructura conocida como «problema-solución-ventaja»: primero se señala un problema o molestia conocidos que afectan al público; luego se presenta el producto o servicio, y se comenta cómo resuelve el problema; y por último se describen las grandes ventajas que el cliente obtiene si adquiere dicho producto o servicio. La próxima vez que veas anuncios en la tele, fíjate en el flujo de ideas. Es muy probable que veas la estructura problema-solución-ventaja en acción. Hablaremos con más detenimiento de esta estructura en la segunda parte del libro.

Según me contó una vez un seminarista, muchos sermones muestran una estructura conocida como «yo, nosotros, Él, nosotros, yo»: describes un problema al que te enfrentas (yo), generalizas demostrando que nos puede pasar a todos (nosotros), invocas la sabiduría de una deidad o un texto sagrado que hable del tema (Él), pides al público que tome medidas acordes a la enseñanza sagrada (nosotros) y terminas explicando de qué forma ese acto o enseñanza se refleja en la vida de cada individuo, resolviendo el problema o desafío inicial (yo).

PRUEBA ESTO

Tómate unos minutos para pensar en tu libro o tu canción popular favoritos y en cómo fluyen. ¿Reconoces la estructura subyacente? Puntos extra: escucha una TED Talk o dos, y mira a ver si detectas la hoja de ruta que está siguiendo el ponente.

Que te sigan escuchando

¿Por qué la narrativa resulta tan útil y poderosa en la comunicación? Como ponente y asesor de comunicación, he descubierto que estructurar mis presentaciones me proporciona al menos cuatro ventajas.

Primero, como ya he comentado, disponer la información en forma de relato lógico ayuda a mantener la atención y el interés del público. Además de dar una idea de adónde lleva el contenido, la estructura de un relato lleva incorporada la capacidad de establecer conexiones o transiciones entre ideas. «Hay algo que propulsa una historia —señala el historiador de la educación David Labaree—. Hay una línea de interés que te atrae. Seguir sin más un argumento lógico es más bien una batalla intelectual, pero si consigues tejerlo en forma de algo que parezca un relato, es más probable que consigas atrapar a tu público.»[5]

Cuando organizaba *tours* por el campus descubrí que, si no lograba que el grupo conectara el sitio al que habíamos ido con el sitio al que íbamos a ir, los visitantes se perdían. Se dispersaban, bien porque les intrigaba algo que habían visto y se retrasaban, bien porque no conseguían entender la relevancia de lo que estaban viendo y se distraían, o bien porque les preocupaba lo que venía después y no se centraban. Algo parecido ocurre con las improvisaciones orales: sin puentes claros entre ideas, perdemos al público, que se pone a mirar el móvil, a hablar con sus amigos o a dormir.

Alguien que usa expresiones como «a continuación» y «así que» para pasar de una idea a otra no ha creado una narrativa lo bastante clara como para sostener los fragmentos de información que quiere compartir de forma lógica.

Seguir una estructura nos obliga a hacer evidente la relación entre las ideas, a veces con una sola frase. La estructura problema-solución-ventaja, por ejemplo, plantea una transición del siguiente modo: «Ahora que entendemos bien el asunto que nos ocupa, permitidme que os diga cómo solucionarlo con una simple inversión» o «En cuanto invirtamos en esta solución y la desarrollemos, podremos reducir costes y ahorrar dinero».

Las transiciones mejores y más robustas son las que suelen repasar lo que se ha dicho y luego señalar lo que viene a continuación. Y lo hacen en el contexto de un flujo lógico mayor establecido desde el principio. Ten presente que no siempre hay que ser del todo explícito con nuestra estructura global cuando iniciamos las observaciones improvisadas. Podemos adoptar un planteamiento más sutil y beneficiarnos de todas formas de la estructura. El célebre discurso «I Have a Dream», del reverendo Martin Luther King Jr., que, según muchos, improvisó casi en su totalidad, sigue la fórmula problema-solución-ventaja. Pero él nunca se lo comunicó así a su público. Sirviéndose de analogías y otros instrumentos retóricos, pasaba hábilmente de un elemento al otro, generando con elegancia un flujo lógico.

En general, es buena idea ofrecer a tu público algún tipo de hoja de ruta al principio de un discurso, de la longitud que sea, improvisado o no. Pensar en lo que quieres comunicar en el contexto de una estructura narrativa puede ser una forma útil de organizar tus pensamientos, aun cuando tengas que improvisar.

Favorece la «adherencia»

Otro beneficio de la estructura en una intervención oral espontánea es que nos ayuda, tanto a nosotros como a nuestro público, a recordar mensajes importantes. Los seres humanos somos un desastre recordando información. Apenas somos capaces de retener en la cabeza siete números distintos de golpe, y seguramente se nos da aún peor recordar conceptos complejos. Nuestro cerebro está diseñado para olvidar buena parte de lo que experimenta, y lo filtra para que podamos recordar lo importante. El olvido «puede que sea el modo por defecto del cerebro», escribió un periodista.[6] Tendemos a recordar la esencia o el meollo de los sucesos y nos desprendemos de los detalles, lo que los científicos denominan, curiosamente, «fundido a esencia».[7]

Sin embargo, nuestro cerebro también está diseñado para buscar, disfrutar, crear y recordar narrativas o historias estructuradas. De hecho, los científicos suelen llamar «memoria episódica» a nuestra capacidad para recordar sucesos de hace mucho tiempo, porque tendemos a retener la información como si se tratara de episodios o relatos. Según el neurocientífico David Eagleman, «los relatos están anclados a lo que importa del cerebro». Al describir lo potentes que son los relatos, Eagleman alude a la escena del final de la película *Star Wars*, cuando Luke Skywalker tiene que soltar una bomba en un orificio minúsculo del interior de la inmensa Estrella de la Muerte para hacerla estallar. «Eso es la narrativa para nuestro cerebro —dice—: la abertura que nos puede hacer perder el control por completo, que nos puede dejar admirados, hacernos reír, hacernos llorar, hacernos entender el punto de vista de otra persona, o al menos acercarnos. Así que es parte fundamental de lo que la neurociencia nos dice sobre cómo comunicarnos y cómo involucrar a otras personas.»[8]

Al estructurar nuestra comunicación como una secuencia lógica con un principio, un núcleo y un fin, preparamos nuestros mensajes para que se perciban y se recuerden, tanto por nosotros como por nuestro público. En un estudio realizado a alumnos que hacían presentaciones en clase se descubrió que solo unos pocos contaban una historia, pero que sus compañeros encontraban esos relatos más fáciles de recordar que las estadísticas. Al preguntarles después, un 63 por ciento de los alumnos declaraba recordar los relatos de las presentaciones, mientras que solo un 5 por ciento recordaba los datos.[9]

Los relatos nos permiten conectar con el público no solo a nivel de razonamiento abstracto o lógica, sino también de emoción, algo que, a su vez, también nos puede ayudar a recordar mejor la información. El neurólogo de Stanford Frank Longo, cuando reflexiona sobre la base neurológica del poder de la narrativa, especula que «si mi relato te provoca alguna emoción, además de recordarlo mejor, puede que lo encuentres más interesante. La emoción puede revolucionar los circuitos del cerebro dedicados a prestar atención. Así que, si soy buen contador de historias, estoy encontrando un modo de despertar tus circuitos de la atención, tus circuitos de la memoria, y parte de eso se produce a través del componente emocional».[10] A diferencia de una simple lista, un relato puede llegar a transformar al público por medio de las conexiones emocionales que forja, cambiándole la mentalidad, aplacándole o revigorizándole el alma, inspirándole a que tome medidas.[11] Como comenta la experta en conducta Jennifer Aaker, «los que cuentan las mejores historias se convierten en los mejores líderes», precisamente porque activan tanto partes racionales como emocionales del cerebro de su público.[12]

Al favorecer nuestra memoria, la estructura también puede hacer que nuestra comunicación se expanda. Como consultor de comunicaciones veterano de clientes bien conocidos del sector tecnológico, Raymond Nasr a menudo ayuda a los empresarios a prepararse para reuniones importantes con grandes inversores en las que se proponen conseguir fondos para sus compañías. En esas reuniones, los empresarios suelen presentar su propia historia personal y la de su negocio emergente. En vez de ofrecer esa información en forma de serie de datos inconexos, Nasr les aconseja que estructuren la información como relatos, con un principio, un núcleo y un fin claros. Esos relatos, sostiene, deberían resaltar la fuerte tensión que mueve los acontecimientos y terminar en una catarsis que produzca una sensación de resolución.

Como explica Nasr, una de las grandes ventajas de adoptar una estructura narrativa es la «repetibilidad». Muchas veces no es el inversor con el que se reúne el empresario el que toma la decisión final sobre la posible financiación. Esa persona tiene que volver a su despacho y venderles la propuesta del empresario al resto de los ejecutivos de la compañía. Si el empresario cuenta una historia bien tejida, seguramente impactará a quienes la oigan, y a estos les costará menos repetirla para que impacte también a quienes se dirijan. Con el tiempo, reflexiona Nasr, la repetibilidad de una historia entre oyentes «transforma una simple narrativa en mitología, porque se repite generación tras generación tras generación».[13]

Las mejores historias no se limitan a transmitir información, sino que la hacen relevante, ilustrativa y vigorizante. En el proceso, una simple comunicación cobra vida propia. ¿Quién no va a querer que sus improvisaciones orales tengan ese impacto? Yo sí quiero, desde luego.

PRUEBA ESTO

La próxima vez que tengas que convencer a alguien de que haga o piense algo, procura seguir el consejo de Nasr y estructurar lo que pretendes decir como relato con un principio, un núcleo y un fin claros. Puedes probarlo en el trabajo, cuando intentes convencer a tu jefe y a tus compañeros de que tomen una medida concreta, o en casa, para que tu adolescente rebelde cambie de conducta. Contar una historia que empiece con un problema evidente, aumente la tensión en el núcleo y luego se resuelva con un final memorable ayudará a ilustrar tu propuesta de un modo difícil de ignorar u olvidar.

Pónselo fácil a tu público

La tercera ventaja de la estructura (aparte de ayudar a nuestros interlocutores a implicarse en lo que les contamos de manera más plena y recordarlo mejor) es que facilita la asimilación de la información. En parte se debe a que indicamos explícitamente la estructura a los lectores y les ayudamos a orientarse mientras reciben la información. Cuando investigaba para este libro hablé con Myka Carroll, director editorial del sello For Dummies y autor de *New York City for Dummies*.[14] Según cuenta, la popular franquicia For Dummies sigue un formato muy claro que contiene pistas y guías para los lectores. El objetivo es ayudar al lector en un proceso conocido como *wayfinding*, un término que se ha tomado prestado de la jerga del senderismo y el deporte de aventura y que «también es aplicable a la experiencia de búsqueda de información, en la que tratamos de "orientarnos" en relación con lo que sabemos y lo que no en un viaje de aprendizaje».[15] El público de una intervención oral espontánea también se implica en el *wayfinding*. Si facilitas a tu público la navegación por tu contenido, será más capaz de contextualizarlo y asimilarlo.

Los estudios realizados en neurociencia cognitiva secundan la importancia de orientar al público con el que te estás comunicando. A los expertos les gusta hablar de «fluidez cognitiva», de la facilidad y naturalidad con que se codifica la información en nuestro cerebro. Al cerebro le cuesta cierto esfuerzo procesar conjuntos aleatorios de información. El uso de una estructura incrementa la fluidez de asimilación, porque no tenemos que esforzarnos tanto para encontrarle sentido a cada fragmento de información. Como señala el neurólogo Josef Parvizi, el relato funciona en gran parte gracias a la creación de imágenes mentales que al cerebro le cuesta menos procesar que las ideas abstractas. «Es como conducir un Porsche en vez de ir en bici —dice—. ¿Cuál cogerías tú si intentaras transmitir un mensaje?»[16]

PRUEBA ESTO

Háblale a un amigo de dos actos a los que hayas asistido recientemente. Empieza enumerando los rasgos de cada uno. Luego mételE el turbo al mensaje sirviéndote de la fórmula comparación-contraste-conclusión (piensa en qué se parecen los actos y después en qué son distintos y, a continuación, extrae alguna conclusión basada en el análisis). ¿De qué forma es más clara tu respuesta que si no hubieras usado la estructura?

Póntelo más fácil tú también

Si la estructura influye en cómo interpreta nuestro público los mensajes que transmitimos, también repercute en nuestro propio pensamiento, y esa es la cuarta ventaja de la estructura. La estructura que elegimos como hablantes determina lo que pensamos de lo que vamos a decir. Pongamos que asistimos a una clase de literatura en la universidad y un profesor nos pregunta, delante de toda la clase, qué pensamos de la lectura asignada para esa semana, el drama shakespeariano *La tempestad*. Podríamos decidir contestar a la pregunta comparando *La tempestad* con otra obra de teatro de Shakespeare leída la semana anterior, y servirnos para ello de la estructura comparación-contraste-conclusión.

De no haber optado por esa estructura en concreto, quizá no nos habríamos centrado en las similitudes y las diferencias entre los dos textos. Tal vez nos habríamos limitado a dar una opinión sobre *La tempestad*. O a lo mejor se nos habría ocurrido señalar el parecido entre ambas obras, pero no analizar rigurosamente las diferencias. El uso de estructuras es una forma de adiestrar nuestro pensamiento. Como nos llevan a adherirnos a una lógica, nos obligan a atenernos a una línea argumental, en vez de revolotear por ahí. Nos ayudan a establecer tanto lo que pensamos como, en última instancia, de qué hablamos y de qué no.

Quizá te parezca que encorsetarnos por medio de una estructura dificulta nuestra tarea de oradores, aunque se la facilite al oyente, pero es justo al revés. En improvisaciones orales, se nos presentan dos grandes problemas que debemos resolver: qué decir y cómo decirlo. Contar con una estructura nos soluciona el cómo decirlo, a la vez que repercute en el qué decir. Cuando contamos una historia que tiene su lógica, sabemos en todo momento dónde estamos y adónde nos dirigimos, y eso nos permite dedicar más energía mental a pensar en el contenido real que queremos presentar. También nos da confianza, sobre todo si improvisamos. No hace falta que apretemos los puños mentalmente preguntándonos si se nos ocurrirá algo que decir cuando terminemos de exponer lo que estamos transmitiendo en ese momento. Contamos con una hoja de ruta y sabemos que vamos bien.

Para demostrar a mis alumnos que es mucho más fácil improvisar una intervención oral cuando el cómo decirlo ya está controlado, les pido que me propongan temas al azar sobre los que quieran que les hable. Yo hago una pausa de unos quince segundos y les suelto un discurso de cinco minutos sobre uno de esos temas. Invierto esos quince segundos en buscar una estructura y en aplicarla, de forma muy somera, al tema en cuestión. Según la materia y el público, valoro si emplear una estructura persuasiva, tipo problema-solución-ventaja, cronológica, tipo pasado-presente-futuro, o comparativa, tipo comparación-contraste-conclusión. Para asombro de mis alumnos, mis discursos suelen resultar clarísimos e interesantísimos, con un mínimo esfuerzo. Aunque es evidente que mi dilatada experiencia como comunicador ayuda, los alumnos ven cómo una estructura puede empoderarlos y permitirles organizar rápidamente sus ideas sobre la marcha.

A medida que adquirimos destreza en el uso de estructuras, van surgiéndonos oportunidades de creatividad y expresividad. Al saber en qué parte de la estructura estamos en un momento dado, podemos detenernos en algunos puntos para explayarnos, experimentar o explorar sin miedo a perdernos. Como señala el veterano formador de improvisación James Whittington, también podemos decidir sobre la marcha introducir nuevas ideas, anécdotas, bromas y demás que se nos ocurran en diversos momentos de nuestra exposición estructurada, sin tener que preocuparnos, insisto, de que se nos caiga esa intervención por alargarla.

Lógicamente, tampoco podemos excedernos con estas escapadas creativas. Whittington nos cuenta que uno de sus profesores asemejaba la improvisación a conducir por una autopista: «Hay muchas salidas que explorar, pero ninguna es la nuestra. Da un paseo, si quieres, por las poblaciones que te encuentres en el camino, pero vuelve siempre a la autopista, no te apalanques en ninguna de ellas y te empadrones allí».[17] La estructura no nos libera para que nos vayamos por la tangente o nos desviemos por completo del tema, ni nos permite decir cualquier cosa que se nos pase por la cabeza, pero sí que nos abre, en el momento, un espacio importante en el que tontear un poco, experimentar y valorar la reacción de nuestro público.

La navaja suiza de las estructuras

¿Qué harías si tuvieras que hacer, de pronto, una presentación en lugar de un compañero ausente si te avisan con solo unos minutos de antelación? Sarah Zeitler, directora de marketing de un reconocido conglomerado industrial, se vio precisamente en esa situación. Su empresa celebraba por videoconferencia una reunión importante en la que lanzaba sus nuevos productos, ponía al día al público sobre los proyectos que tenía en marcha y hacía pública la adquisición de varias empresas. A Sarah le tocó organizar el evento, que incluía presentaciones cortas de una serie de ponentes, y asegurarse de que todo fluía. Más de doscientas mil personas iban a conectarse para verlo; entre ellas, representantes, filiales de las empresas, diseñadores, supervisores y jefazos.

Antes del evento, los encargados de presentar productos enviaron a Sarah las diapositivas en PowerPoint de su intervención. Una de esas personas le comentó a Sarah que tenía que hacer un recado y se conectaría unos minutos tarde, y esta hizo un ajuste para que la presentación de aquella mujer fuera de las últimas del programa.

El día del evento, esa compañera se retrasó más de unos minutos. Sarah miraba nerviosa el reloj. Cuando se acercaba la hora de la presentación de aquella mujer, Sarah le mandó un correo electrónico y la llamó al móvil para asegurarse de que asistía. La otra no contestó.

Sarah echó un vistazo a las diapositivas de su compañera, que tenía previsto poner al día al público sobre los proyectos en marcha, incluido el lanzamiento de uno nuevo, y cuyas diapositivas eran en su mayoría imágenes impactantes del nuevo producto y sus características, acompañadas de un poquitín de texto. Aunque Sarah no conocía bien aquel producto ni sabía exactamente de cuáles de sus funcionalidades tenía pensado hablar su compañera, tomó una decisión en décimas de segundos: presentaría ella el material de aquella mujer.

Cuando llegó el momento de que empezara la presentación de su compañera, Sarah intervino y comunicó a todo el mundo que la mujer no iba a poder asistir a la reunión por un problema familiar. Y luego se lanzó a improvisar la presentación. «Inspiré hondo —cuenta Sarah—, hablé con seguridad y presenté un resumen del increíble trabajo incluido en las diapositivas.» Pero, aunque improvisaba, Sarah no se limitó a hablar de una serie de puntos al azar. Se ajustó a una estructura que yo le había enseñado: «¿qué?-¿y qué?-¿y qué más?».

Me encanta esta estructura. Es mi favorita de siempre por su sencillez y versatilidad. Empiezas hablando de una idea, tema, producto, servicio o argumento («¿qué?»); luego explicas por qué es importante, práctico o útil, por qué importa y es relevante («¿y qué?»); y terminas exponiendo lo que debería hacer tu público a partir de ahí con ese conocimiento, cómo debería aplicarlo, qué medidas debería tomar y demás («¿y qué más?»).

Esta estructura obra maravillas en presentaciones improvisadas, cuando respondes a una pregunta en una entrevista de trabajo, cuando das tu opinión..., en mil ocasiones. Si repasas este capítulo, verás que la he usado para organizar mi esquema. Después de una breve introducción, he definido, en primer lugar, qué es una estructura («¿qué?»), luego he hablado de sus ventajas («¿y qué?») y ahora estoy explicando cómo aplicarla a lo que nos importa de verdad, la improvisación oral («¿y qué más?»). Para mí, «¿qué?-¿y qué?-¿y qué más?» es la navaja suiza de las estructuras. Si solo tienes tiempo para estudiar y recordar una estructura, que sea esta.

Aplicando esta estructura, Sarah primero proporcionó información básica sobre el nuevo producto retratado en las diapositivas de su compañera y sus características principales, luego habló de por qué aquellas funcionalidades y ventajas importaban, y terminó explicando lo que debía ocurrir de ahí en adelante para que el lanzamiento de esa novedad fuera un éxito. La estructura la ayudó a mantenerse centrada y segura de sí misma. Con respiraciones hondas, fue encajando las frases para evitar muletillas y tartamudeos. «Seguí sin más, alimentada por mi reciente enfoque en presentar con seguridad y humildad. El público sabía que yo no era experta en el tema, pero aun así los puse al día y me lo agradecieron.» Después los altos mandos de la empresa aplaudieron la intervención de Sarah y le comentaron que no solo lo había hecho fenomenal, sino que, además, su presentación había sido superútil. Cuando volvió la mujer que debía haber presentado realmente el producto, también ella recibió elogios entusiastas por el trabajo que Sarah había presentado en su lugar.

Unas cuantas estructuras clásicas multiusos[18]

¿Qué?-¿Y qué?-¿Y qué más?
Habla del tema, de su relevancia y de sus repercusiones prácticas.

Area (Argumento, Razón, Ejemplo, Argumento)
Expón un argumento, justifícalo, ofrece unas ilustraciones y termina volviendo al argumento.

Problema-Solución-Ventaja
Plantea un problema, propón una solución y termina hablando de las ventajas que puede suponer esa solución.

Comparación-Contraste-Conclusión
Cuando hagas una comparación, empieza reflexionando sobre las similitudes, luego sobre las diferencias, y termina el discurso llegando a una conclusión.

Situación-Tarea-Acción-Resultado (STAR)
Describe un suceso ocurrido o recuerda una situación, habla del reto que te supuso y de cómo lo abordaste, y termina hablando de los resultados obtenidos.

Practica la estructura

Sarah pudo lanzarse a improvisar porque estaba familiarizada con la estructura de comunicación «¿qué?-¿y qué?-¿y qué más?». Pudo hacerse esas preguntas sobre el tema en cuestión (en ese caso, la presentación en PowerPoint de su compañera) y luego responder en voz alta a cada una de las preguntas a modo de información absorbida por ósmosis y por el análisis de las diapositivas con las que contaba. Tanto si sabemos que vamos a tener que hablar de un tema concreto como si queremos simplemente prepararnos para la próxima vez que nos veamos en una reunión de grupo, si nos familiarizamos con unas cuantas estructuras relevantes, nos sentiremos más cómodos aplicándolas después.

En la segunda mitad de este libro hablaremos de una serie de estructuras que pondremos en práctica y que pueden venirte bien en situaciones concretas, como dar una opinión, manejar rondas de preguntas, ofrecer disculpas e improvisar un brindis. De momento, permíteme que te indique someramente cómo sentirte más cómodo usando estructuras. No es muy complicado: tienes que iniciar un proceso de práctica que comprende repetición, reflexión y observaciones. Es imposible aprender a tocar un instrumento solo leyendo cosas sobre él. Hay que tocarlo. Del mismo modo, el primer paso para aprender a usar las estructuras de forma espontánea es hacerlo, una y otra vez.

Cuando se preparan para eventos mediáticos, muchos líderes se hacen preguntas diversas pero similares una y otra vez para poner en práctica la estructuración de sus respuestas. Puedes practicar la improvisación de discursos con herramientas de internet. Toastmasters, por ejemplo, tiene una herramienta que genera preguntas a las que puedes responder. Google tiene otra que te facilita preguntas al azar como ayuda para entrevistas.[19] Aprovecha una herramienta de IA generativa como ChatGPT para que te facilite una idea con la que puedas crear una respuesta propia, sirviéndote de la fórmula «¿qué?-¿y qué?-¿y qué más?» como estructura.

Además de practicar el uso improvisado de la estructura, también puedes reflexionar sobre tus esfuerzos, preferiblemente llevando un diario. Después de la práctica o, mejor aún, cuando ya hayas aplicado las estructuras a conversaciones de la vida real, dedica un minuto a pensar en lo que ha funcionado, lo que no, y en cómo podrías mejorar en el futuro.

Veo que muchas personas tienden a centrarse únicamente en lo que no ha funcionado, pero, por experiencia propia, sé que es importante registrar también los éxitos.

Haz de la reflexión parte habitual de tu día a día: a primera hora de la mañana, quizá, en el viaje de vuelta a casa después del trabajo o antes de acostarte por las noches. Busca uno o dos momentos de comunicación que hayas vivido ese día o el anterior, y analiza qué tal los has llevado. ¿Con quién te ha costado menos conversar? ¿Qué ha hecho que te resultara más fácil y fluido? ¿Qué estructura has usado y por qué ha sido tan oportuna? ¿Te has topado con alguna situación en la que habrías querido estructurar tus pensamientos más claramente? ¿Qué estructura has usado y qué otras te habrían funcionado mejor? ¿En algún momento has tenido dudas sobre el mensaje o el objetivo de tu interlocutor? ¿De qué forma podría esa persona haber usado la estructura más eficazmente?

Al acabar la semana, revisa las anotaciones del diario en busca de patrones. Quizá observes, por ejemplo, que se te da mejor estructurar de forma espontánea tus comunicaciones a determinada hora del día, cuando estás con ciertos compañeros o en entornos concretos. Piensa en por qué podría ser y en qué ajustes podrías hacer para disfrutar de condiciones óptimas en futuras conversaciones importantes.

PRUEBA ESTO

La próxima vez que leas las noticias, un libro o alguna comunicación escrita, dedica unos minutos a preparar mentalmente una minipresentación usando la fórmula «¿qué?-¿y qué?-¿y qué más?». ¿De qué iba el artículo? ¿Qué parte de la información te ha parecido importante o relevante? ¿Cómo puedes usar esa información en el futuro? Este ejercicio te ayudará a practicar la estructuración de tu pensamiento. Si lo consigues, la próxima vez se te dará mejor estructurar lo que dices.

Además de la reflexión en solitario, es importante considerar también las opiniones de otros. Pide opinión a personas de tu entorno en las que confíes; quienes te conozcan bien serán sinceros contigo. Proponles que te comenten tanto los puntos fuertes como los flacos de tus respuestas estructuradas. Que te hagan sugerencias. No les digas únicamente: «¿Qué tal lo he hecho?», porque puede que, en ese caso, no sean francos contigo. Pregunta más bien: «¿Cómo puedo mejorar?».

Yo he hecho hincapié en «¿qué?-¿y qué?-¿y qué más?», pero puedes poner en práctica la estructuración de tus comunicaciones con cualquiera de las fórmulas presentadas en este libro, o las que te encuentres en otros sitios. No te sientas obligado a estudiar y practicar hasta la última de las estructuras con las que te topes, porque no es necesario. Céntrate en dominar dos o tres que te funcionen, dependiendo de las situaciones en las que suelas verte obligado a improvisar. Ten siempre a mano una o dos estructuras genéricas como «¿qué?-¿y qué?-¿y qué más?» y «problema-solución-ventaja», que puedas usar en muy diversas situaciones, y añade un par de estructuras más específicas de ciertos contextos que creas que vas a usar con frecuencia.

Prepárate para la espontaneidad

Mientras investigaba para este libro, tuve ocasión de sentarme a hablar con Karen Dunn, la célebre abogada y especialista veterana en comunicación política que ha ayudado a preparar varios debates presidenciales, y preguntarle qué hace falta para improvisar bien en una coyuntura de tanta presión como un debate electoral. Su respuesta fue inequívoca: preparación.

Según ella, los debates, aunque sean espontáneos y carezcan de guion, también son muy predecibles, con lo que preparándoselos con antelación se puede conseguir mucho. «A menudo —dice—, pueden preverse los temas que se van a tratar y los ataques que va a lanzar el adversario. De modo que, si puedes intuir qué preguntas va a plantear el moderador, puedes predecir lo que va a hacer tu adversario político, y ensayar así las interacciones más efectivas.»[20] No se trata de hacer un guion ni de memorizar lo que vas a decir, sino de planificar ciertas contingencias que podrían materializarse, y ensayar unos cuantos argumentos que presentar, anécdotas que contar o comentarios ingeniosos que soltar si finalmente se presentan.

Algunas de las frases más célebres de los debates presidenciales, como la de «Senador, usted no es Jack Kennedy», la famosa respuesta de Lloyd Bentsen a Dan Quayle en el debate vicepresidencial de 1988, se esbozaron con antelación. Los participantes en los debates no saben exactamente cómo van a surgir esos momentos, pero sí predecir en qué tipo de tesitura les va a venir bien una réplica aguda o una broma bien hilada. Dado el grado de previsibilidad, los principales contendientes en los debates presidenciales y vicepresidenciales suelen invertir muchas horas en ensayar sus apariciones. Ensayan en entornos realistas con entendidos en la materia que hacen el papel de adversarios con precisión considerable. No suelen anotar palabra por palabra las respuestas a todas las posibles preguntas que les puedan hacer, pero piensan en temas que probablemente surjan, y concretan para cada uno varias ideas o mensajes que quieren transmitir.

Dunn no es, ni mucho menos, la única experta en comunicación que hace hincapié en la importancia de prepararse para las improvisaciones orales. Raymond Nasr señala que él aconseja a sus clientes que hagan «acopio de anécdotas» por adelantado, que piensen en relatos memorables que luego puedan usar en determinadas circunstancias. La cuestión, dice, no es memorizar esas anécdotas palabra por palabra, sino tener simplemente un «anecdotario» al que poder recurrir en momentos de mucha presión.[21] Algunos de los ejecutivos tecnológicos más destacados con los que ha trabajado Nasr disponían de un anecdotario del que extraer anécdotas según lo exigiera la ocasión. Un alto cargo al que asesoró no era de natural buen orador, pero mejoró mucho con la formación. Reunir una serie de anécdotas de su propia vida y sobre figuras históricas famosas «le daba tranquilidad, porque le permitía rebobinar y volver a reproducir, y sabía que le iba a salir bien».

Como ya hemos visto en este libro, con las improvisaciones orales, si planificamos demasiado y nos empeñamos en la perfección, terminamos perdiendo el norte, pero que funcionemos sin guion no significa que no podamos prepararnos. Al contrario, los mejores improvisadores que he visto se preparan, desde luego, y lo hacen con gran compromiso e intensidad. Practican técnicas para superar la ansiedad y desarrollan un conjunto de tácticas con las que calmarse en el momento. Además, como ya hemos señalado en este capítulo, cuentan con un catálogo pequeño pero potente de estructuras a las que pueden recurrir en situaciones concretas para responder de forma clara, directa, interesante y «pegadiza».

Puede que, en la vida cotidiana, la comunicación espontánea no tenga guion, pero, al igual que los debates políticos, tampoco es al azar. A menudo podemos prever cómo nos vamos a sentir, lo que nos va a exigir como oradores cada contexto y cada situación, el tipo de contenido que va a querer oír nuestro público y cómo podemos presentárselo de la forma más atractiva. Al familiarizarnos con las estructuras y practicar su aplicación, nos permitimos brillar cuando importa, igual que cuando adoptamos cualquier otra de las medidas preventivas que se exponen en este libro. Quizá hasta nos sorprendamos haciendo algo maravilloso que no nos esperábamos: que una improvisación oral nos divierta.

PRACTICA ESTO

1. Imagina que estás dando consejo turístico sobre adónde ir cuando se visita tu ciudad. Enumera tres o cuatro encantos de la urbe que puedan verse o disfrutarse. Luego proporciona el mismo consejo u orientación, pero hazlo en forma de relato de algún tipo basado en tus experiencias. Piensa en cuál de los dos planteamientos resulta más atractivo, memorable o útil para tu público y por qué.
2. La «columna vertebral del relato» es un ejercicio de clase del mundo de la improvisación que puedes usar para practicar la estructuración de la información en forma de relato.[22] Rellena los huecos de las siguientes propuestas para crear un escenario, incluyendo personajes, tiempo y lugar:
   - Érase una vez… [inserta personaje y lugar].
   - Todos los días… [describe una vida corriente].
   - Pero un día hubo un… [mete aquí un evento].

- Como consecuencia de eso... [mete otro suceso].
- Y por eso pasó... [mete un suceso más].
- [Añade más sucesos.]
- Hasta que al final... [pon aquí la acción final].
- Y desde entonces... [inserta un cambio que se haya producido].

Sirviéndote de este formato, crea dos o tres relatos. ¿Empiezas a entender mejor cómo se cuentan las historias? Cuanto más hagas este ejercicio, más fácil te resultará improvisar un relato.

3. Usa las herramientas electrónicas de generación de preguntas mencionadas en este capítulo para practicar la aplicación de una estructura, empleando una de las cinco fórmulas universales que he expuesto antes.

6

Céntrate

LA CLAVE DE LA IMPROVISACIÓN ORAL

No se lo pongas difícil a tu público.
Haz que se centren en lo más importante

La comunicación mejor y más poderosa, tanto formal como espontánea, siempre es clara y está perfectamente centrada. Transmite todo lo que un público necesita para recibir correctamente el mensaje de quien le habla, y solo eso. No lo distrae, ni lo aburre, ni le hace perder el tiempo con una verborrea farragosa, irrelevante, densísima, plagada de acrónimos e interminable.

Como ejemplo de mensaje bien centrado y a la vez tremendamente planificado, piensa en la primera vez que Steve Jobs presentó al mundo el revolucionario iPod de Apple. Corría el 2001 y la ocasión era una rueda de prensa celebrada en un auditorio de las oficinas centrales de la compañía. Al subirse al escenario, Jobs podría haber empezado a hablar sin control de las múltiples bondades del iPod: el diseño elegante, el peso, el tamaño de la pantalla, la gran capacidad de almacenamiento que ofrecía... En cambio, sedujo a los consumidores con un mensaje centrado y memorable que, con solo cinco palabras transmitía todo lo que querían y necesitaban saber del nuevo producto de Apple: «Mil canciones en el bolsillo».[1]

Por entonces, muchos melómanos guardaban la música en cedés, que eran incómodos de transportar. Existían otros reproductores de MP3, pero su capacidad de almacenamiento era limitada. La frase «Mil canciones en el bolsillo», que se convirtió en eslogan de la publicidad de Apple, cumplía varios cometidos de una vez. Evocaba en el consumidor dificultades previas, distinguía el iPod de la competencia y transmitía el valor práctico del iPod para el usuario, todo ello con solo cinco palabras. El iPod se hizo inmensamente popular. Revolucionó la forma en que escuchamos música y dio lugar a la posibilidad de comunicarse por medio de pódcast (algo que yo le agradezco mucho).

Ojalá más comunicaciones de la vida cotidiana fueran tan afinadísimas y significativas como aquel pedacito de magia comercial. ¿Cuántas veces has charlado con alguien en un cóctel y, de pronto, te has visto en medio de una anécdota con tanto trasfondo que ni siquiera te acordabas de por qué te la estaban contando? ¿Cuántas veces han respondido los altos mandos de la empresa a una pregunta de forma confusa y vaga? ¿Cuántas veces compañeros de trabajo, agentes de atención al cliente, amigos y otras personas de tu vida han dado vueltas alrededor de un problema, poniendo excusas retorcidas para eludir responsabilidades, facilitando un exceso de información accesoria con el fin de establecer su autoridad y parloteando sin fin solo por oírse hablar?

No siempre nos damos cuenta de que a nuestros mensajes les falta foco, pero los demás sí lo notan.

El fundador de una empresa de software al que tuvo que asesorar mi empresa estaba respondiendo preguntas durante una presentación pública centrada en generar entusiasmo por el lanzamiento del nuevo producto de la empresa cuando alguien del público hizo una pregunta técnica sobre una funcionalidad que no ofrecían sus productos. El hombre se pasó veinte minutos hablando de la opinión que merecía a la compañía aquel elemento técnico y de las diversas formas en que sus ingenieros podían gestionarlo.

Su respuesta fue sincera y extensa, e incluso seguía una estructura clara. Por desgracia, solo transmitía información relevante a una parte minúscula del público, y no al destinatario clave al que pretendía dirigirse. En consecuencia, casi todo el público desconectó al cabo de un rato. Lo que se le escapó al ejecutivo fue centrarse en la información que el público fundamental necesitaba y responder la pregunta de una forma que resultara relevante a la mayoría; de haberlo hecho, habría caído en la cuenta de que debía responder con mayor sencillez, decir algo tipo: «Sí, esa funcionalidad se incorporará en la próxima versión de nuestro producto».

No hay que ser un genio de la comunicación como Steve Jobs para mantener el enfoque, ni esculpir con maestría hasta la última palabra anticipadamente para «dar en el clavo». Al igual que con las estructuras, un poco de práctica y desarrollo de aptitudes hace mucho, y nos permite improvisar mensajes más centrados. Gracias a mi trabajo con alumnos y clientes, he podido identificar cuatro dimensiones o facetas de los mensajes centrados: precisión, relevancia, accesibilidad y concisión. Si te esfuerzas por mejorar esas facetas, descubrirás que conectas mejor con el público, que lo mantienes atento más tiempo y que transmites mensajes que perduran en la mente de quienes te escuchen.

Dimensión 1 — Precisión: «¿Qué pretendo en el fondo?»

Conclusión: ten un objetivo claro; lo sabes, lo sientes, lo haces

Un mensaje centrado no es otra cosa que preciso, hecho a medida para que tenga un efecto o un impacto concretos. Cuando somos precisos, sabemos perfectamente lo que pretendemos conseguir al hablar y adaptamos nuestro lenguaje para lograrlo. Eso nos lleva a la pregunta: ¿qué pretendemos conseguir? Muchas veces no tenemos más que una idea vaga o parcial; por eso no solo nos cuesta saber qué decir, sino también qué no decir. Eso nos lleva a responder de formas que distraen a nuestro público, lo confunden o lo aburren hasta hacerle desconectar.

En general, cuando reflexionamos sobre nuestros objetivos de comunicación, valoramos la información que queremos transmitir o las ideas que queremos divulgar, o sea, el contenido. Pero lo que queremos que sepa nuestro público es solo una dimensión de nuestros objetivos como comunicadores. También debemos plantearnos qué queremos que sienta nuestro público, qué emociones queremos que experimente. Y, por otra parte, lo que queremos que haga nuestro público, las medidas que queremos que tome. Un objetivo no es solo el significado que nos interesa expresar, sino también la repercusión más amplia que pretendemos que tenga.

La claridad en las tres dimensiones de nuestro objetivo de comunicación puede resultar poderosísima. Es posible que el público capte mejor lo que pretendemos decir, y nosotros, como hablantes, podremos adaptarnos a casi cualquier situación que surja, incluso esas que, en circunstancias normales, nos harían descarrilar.

Cuando diseñamos nuestros objetivos, tendemos a ignorar las emociones y a ser poco explícitos en cuanto a las acciones que esperamos ver. Así que pensemos primero en las emociones. Como vimos en el capítulo 5, las anécdotas se nos quedan grabadas en la memoria más fácilmente y nos entran en el cerebro antes que otros datos porque desencadenan emociones y adquieren relevancia de una forma que ni las estadísticas ni las listas con viñetas pueden conseguir. Los comerciales conocen bien el poder de la emoción. Si logran conectar con el consumidor a nivel emocional, este tiende a comprar más y a tener mayor apego a la marca. Tomando como referencia la obra sobre economía conductista del premio Nobel Daniel Kahneman, el profesor de marketing Baba Shiv especula que «entre un noventa y un noventa y cinco por ciento de nuestras decisiones y nuestros comportamientos los moldea de forma inconsciente el sistema emocional del cerebro».[2] Un estudio reveló que los clientes «completamente conectados» a las empresas a nivel emocional les resultaban un 50 por cien más útiles en términos económicos que aquellos que simplemente estaban «muy satisfechos» con los productos.[3]

Verás que, en este último párrafo, no he seguido mi propio consejo: he querido convencerte de que prestes más atención a las emociones cuando te plantees tus objetivos como comunicador, pero lo he hecho apelando a la razón, citando datos y estudios científicos. Permíteme que rectifique. Imagínate sentado en una sala de juntas en el trabajo. Es viernes y son casi las cinco de la tarde, y estás deseando que llegue el fin de semana. Es la última reunión del día, una presentación de uno de tus jefes. El objeto de la presentación es sencillo, una gran oportunidad de mercado que tu equipo podría aprovechar, pero tu jefe ha sobrecargado la presentación de gráficos y tablas. Imagina lo nervioso que te pones al verlo explicar con parsimonia una diapositiva tras otra. Cuando alguien pregunta algo, tu jefe improvisa una respuesta (sí, has acertado) aportando montones de datos y argumentos lógicos más. Se te hace un nudo en el estómago mientras intentas mantenerte despierto y no revolverte en el asiento. Te sorprendes preguntándote: ¿y a mí qué me importa esto?, ¿qué quiere que haga con esta información? Tu jefe no ha dejado clara la dimensión de sus objetivos, y no se sabe bien qué pretende que hagáis a continuación.

¿Esta presentación más narrativa y emotiva de mi argumento te atrae más que mis frases anteriores cargadas de datos y citas de autoridades en la materia?

Además de la información y la emoción, hay que considerar la acción. Tendemos a mostrarnos difusos en cuanto a las medidas concretas que queremos que tome nuestro público como resultado de nuestros mensajes. Lo veo constantemente cuando preparo a empresarios para rondas de preguntas informales. Muchos de ellos saben qué información quieren transmitir (por ejemplo, datos sobre la misión de la empresa, un fuerte rendimiento en el pasado y oportunidades futuras) y qué impacto emocional quieren causar (en la mayoría de los casos, curiosidad y entusiasmo por la firma), pero no siempre dejan claro lo que quieren que haga su público. Los empresarios me dicen que buscan el «respaldo» a sus proyectos. ¿Y qué quieren decir con eso? ¿Se trata de una inversión económica? ¿De seguidores en redes sociales? ¿Que sus interlocutores se conviertan en evangelizadores de la compañía? Si no lo han meditado con detenimiento, tampoco pueden afinar lo que dicen de forma que conduzca a su público en la dirección deseada. Les cuesta más responder en el momento y sus mensajes improvisados no cuajan.

Para mejorar tu improvisación oral, conviene que aclares los objetivos que tienes en mente. Si estás a punto de verte en una situación en la que probablemente tengas que improvisar, dedica unos minutos a anotar la respuesta a tres preguntas:

- ¿Qué quieres que sepan?
- ¿Qué quieres que sientan?
- ¿Qué quieres que hagan?

PRUEBA ESTO

Piensa en la última vez que tuviste que improvisar una intervención oral. ¿Qué querías que la gente supiera, sintiera e hiciera? ¿Los mensajes que transmitiste se ajustaban a esos objetivos?

Decide cómo podrías medir el éxito. ¿Tu público va a entender un conjunto concreto de ideas? ¿Vas a ver indicios claros de que se sienten de una forma específica? ¿Tu público te va a conceder cierta cantidad de dinero o va a tomar otra medida cierto número de veces?

Después de una intervención oral espontánea, dedica unos minutos a evaluar lo satisfactoria que ha sido, comparando el impacto que has tenido con los objetivos que te has marcado previamente. ¿Los has alcanzado en las tres áreas? ¿Por qué o por qué no? ¿Qué podrías mejorar la próxima vez? Si haces este ejercicio unas cuantas veces, adquirirás el hábito de participar en situaciones sociales con ambiciones más precisas y analizar luego tu conducta de forma más rigurosa.

Dimensión 2 — Relevancia: «¿Por qué me va a importar?»

Conclusión: céntrate en la importancia y la relevancia para tu público

El legendario empresario Jim Koch, pionero en la elaboración de cervezas artesanales y creador de Samuel Adams Boston Lager, sabe una o dos cositas de vender. Al principio de su carrera, su socio de negocio y él levantaron la empresa, Boston Beer Company, de cero yendo por todo el barrio, de bar en bar, presentando el producto. A veces triunfaban, pero casi siempre no. Cuando piensa en aquellos comienzos, Koch destaca su creencia en lo que él llama «la regla dorada de las ventas»: «Jamás pidas a un cliente que haga algo que no le beneficie a la larga».[4]

Según Koch, subyace a esa regla un enfoque extremo en el cliente. «Los negocios deberían adherirse a una idea casi budista del altruismo —dice—. Si lo haces así, como hicimos nosotros desde el principio, te facilitas mucho la existencia. Estableces relaciones de confianza y fidelidad con las personas, y terminas obteniendo un beneficio económico porque a esos clientes les beneficia la relación. Y quizá lo más importante de todo: te sientes bien vendiendo porque estás ayudando a otros a triunfar también.»

Para vender de forma altruista, primero debes procurar entender al cliente y sus preocupaciones. «Invierte tiempo en escuchar con atención y entender la idea que tiene el cliente de sus necesidades —aconseja Koch—. Mientras no tengas claras las razones por las que alguien hace lo que hace, no vas a poder cambiar sus creencias ni su conducta. Te limitarás a discutir, y no vas a salir ganando.»

Koch nos cuenta el reto al que se enfrentaba cada vez que entraba en un bar con la idea de vender su producto. En cuestión de treinta segundos debía tomarle la medida a la persona con la que se reunía, además de valorar el establecimiento y el negocio. Solo entonces sabía cómo presentarle el producto. Y si no se le ocurría una forma de que Samuel Adams Boston Lager satisficiera las necesidades del local y favoreciera su éxito, no se molestaba en insistir, pasaba al siguiente bar.

PRUEBA ESTO

En un conocido juego de improvisación que se llama «véndele tal a cual», se pide a los participantes que vendan un producto y un servicio cualquiera a un tipo de persona elegida al azar. El producto igual puede ser un desatascador que un piano, y el tipo de persona igual puede ser un agente de policía que un payaso de circo o un profesor de jardín de infancia. Quien juega a esto dedica uno o dos minutos a intentar venderle un desatascador a un agente de policía, por ejemplo, o un piano a un payaso de circo. El juego nos ayuda a imaginar a otras personas y ajustar nuestra comunicación a sus necesidades. Escoge tres productos o servicios, y un tipo de persona a la que venderle cada uno. ¿Cuál sería la mejor forma de abordar la presentación?

Crear un espacio común

Los mensajes más potentes y centrados son aquellos que el público percibe como relevantes en su situación particular. Son mensajes que van directos a la clase de persona que es el interlocutor, a lo que busca y lo que necesita, mensajes que, de algún modo, responden a la pregunta que todos albergamos permanentemente en la cabeza cuando escuchamos: ¿por qué me va a importar?

Cuando improvisamos una intervención oral, a menudo perdemos el norte porque no logramos elaborar un mensaje pensando en el público. Damos por sentado que las personas a las que nos dirigimos tienen un interés de base en lo que les vamos a contar, solo porque a nosotros nos apasiona el tema. Nos centramos en lo que nosotros queremos decir, sin preguntarnos cómo enmarcar el mensaje en un contexto que el público quiera o necesite oír. Al intentar defender una idea, soltamos argumentos que nos importan y nos impactan a nosotros. Sobre todo cuando hablamos de algo que nos emociona, se nos olvida plantearnos de qué forma podemos lograr que ese tema resulte importante, impactante y resonante desde el punto de vista emotivo para nuestro público. Nos pasa lo mismo cuando queremos vender un producto o un servicio: enumeramos los rasgos y las funcionalidades en vez explicar de qué modo resuelve lo que vendemos un problema o desafío importante definido por el cliente.

Para que tu comunicación espontánea sea más relevante, toma por costumbre pensar en tu público y en sus necesidades. Lo puedes hacer en el momento. Si alguien te pone en un apuro con una pregunta, haz una pausa de un segundo y pregúntate: ¿quién es esta persona?, ¿qué necesita oír?,

¿cómo puedo adaptar lo que estoy a punto de decir para que le resulte más relevante/interesante/urgente?

Si te enfrentas a una situación en la que es posible que tengas que improvisar una intervención oral, dedica un poco de tiempo de antemano a preparar unas preguntas básicas. Incluso puedes llevar a cabo un análisis más riguroso, fundamentado, si es posible, en una investigación rápida. Valora las siguientes preguntas:

- ¿Cuál es la mejor forma de transmitir a este público en concreto lo que considero importante e interesante del tema que voy a tratar?
- ¿Cuánto sabe el público de ese tema?
- ¿Qué impresión es más probable que causemos a mi público el tema en cuestión y yo?
- ¿Podría haber alguna zona de resistencia, preocupación o vacilación?
- ¿Qué motiva a mi público?

Pongamos que estás en el banquete de boda de un buen amigo que se crio en la otra punta del país. No conoces muy bien a su familia, ni te han presentado aún a la de la novia. Solo sabes que tu amigo viene de una comunidad de grandes tradiciones religiosas y respeto a sus mayores. Como sois tan buenos amigos, te parece probable que alguien te invite a improvisar un brindis por la feliz pareja en algún momento del evento que dura varios días.

Hazte las preguntas anteriores mientras te preparas para hablar. Lo más probable es que el público no te conozca, con lo que tendrás que dedicar unos momentos a presentarte y manifestar lo que tu amigo significa para ti. También tendrás que dedicar un tiempo a pensar en tu público. A lo mejor te has enterado de que es costumbre, en la cultura de tu amigo, ser respetuoso con los mayores, así que puedes expresar lo que ha significado para ti conocer a sus padres. Cuando propones un brindis en una sala donde hay personas de diversas edades y grados de familiaridad, debes tener en cuenta qué tipo de humor va a generar carcajadas y cuál va a incomodar a los presentes. Piensa bien en cómo va a reaccionar tu público a algo inapropiado. En última instancia, sabes que a tu público lo motiva el afecto por tu amigo, así que piensa en un par de anécdotas enternecedoras que demuestren el que tú le tienes también.

Dedicar tan solo unos minutos a pensar en esto puede producirte grandes beneficios cuando te veas obligado a improvisar. A lo mejor no lo haces perfecto, pero los mensajes que elabores serán más significativos y relevantes, y probablemente ofenderán menos que si no consideras a tu público con antelación. Además, si te haces esas preguntas y te das cuenta de que no sabes las respuestas, puedes hacer algo por conocer mejor a tu público, como hablar un momento con tu amigo y que te cuente cosas de su familia.

Otro modo de encontrar puntos de contacto con tu público y determinar la relevancia de tus ideas es crear a propósito momentos de curiosidad o de tensión. Pongamos que estás en una videollamada por Zoom cuando tu jefe te pide tu opinión sobre cómo podría actualizar tu equipo uno de los productos actuales de la compañía. Una situación así puede que te resulte apurada, sobre todo si sabes que algunos clientes han dado opiniones negativas. Pero no huyas de la realidad, porque una situación así puede suponerte una oportunidad. Cuando respondas a la petición de tu jefe, despierta su curiosidad y la del resto de los asistentes a la videoconferencia exponiendo primero tres o cuatro comentarios inesperados de clientes que has recibido acerca de su experiencia con el producto. Quizá oírlos suscite dudas a tu público. ¿Qué ha originado esos comentarios? ¿Cuál es la mejor forma de abordarlos? ¿Hay posibilidad de mejora o expansión? Si el comentario que mencionas era negativo, sacarlo a colación tal vez genere tensión en el grupo, pero puedes transformarla en curiosidad estableciendo una nueva prioridad compartida: ¿cómo podríamos resolver el problema? El planteamiento de esa pregunta puede que genere cierta sensación de premura e inste al público a encontrar una respuesta más relevante e interesante al interrogante inicial de tu jefe: ¿cómo podría el equipo poner al día el producto actual de la compañía?

PRUEBA ESTO

La próxima vez que tengas una reunión imprevista, prueba a generar para tu público un momento de curiosidad que haga el tema más relevante y apremiante. Si alguien te hace una pregunta de repente, genera un poquito de incertidumbre definiendo primero el impacto o desafío con que se encontrará la respuesta que vayas a dar, y solo entonces ofrece la respuesta en sí. Si no te han hecho ninguna pregunta, pero te ves en la tesitura de tener que comunicar una idea, provoca curiosidad planteando y respondiendo primero una pregunta propia. Por ejemplo, cuando, de pronto, tengas que compartir información sobre un producto nuevo, pregunta: ¿en serio nos interesa mantener dos productos en el mercado?

Convertir la resistencia en curiosidad

El ejemplo anterior demuestra que pensar en la relevancia nos obliga también a abordar posibles áreas de resistencia del público. También lo podemos hacer reduciendo la tensión, moderando nuestras palabras para no decir nada que sepamos que va a sacar de quicio al público. «Cada vez que piensas en resistencia y en cómo combatirla, en el fondo te estás poniendo a la defensiva», observa el psicólogo social y profesor de la Graduate School of Business de Stanford Zakary Tormala. El resto consiste en evitar que los demás se pongan a la defensiva. «Por eso, cuando adoptamos un planteamiento más abierto, afable, inclusivo y cooperativo con los demás, suele disminuir su resistencia, y entonces tenemos una oportunidad, o al menos cierto margen de maniobra.» Para proyectar mayor transparencia e inclusividad, podemos hacer preguntas y procurar buscar puntos en común. Decir, por ejemplo: «Pensando en cómo alcanzar este objetivo, me intriga tu opinión sobre equis».

Todo pequeño esfuerzo que hagamos para aumentar la relevancia incrementa también las posibilidades de que el público conecte con nuestro mensaje. Lo cierto es que el público suele ser egoísta con su atención y su enfoque. Esto sucede incluso en las improvisaciones, en las que la gente parece motivada y dispuesta a oír lo que tengas que decir. Los entrevistadores sienten curiosidad por tus preguntas; los compañeros que buscan comentarios quieren saber tu opinión; el público de una celebración quiere oír tu brindis. Y, aun así, esas personas se pueden distraer y dejar de prestar atención. Es más probable que sintonicen si tu comunicación les parece importante y ajustada a sus necesidades. Durante la comunicación, hazte la pregunta «¿Y por qué me va a importar?» y verás que al público le preocupa más lo que dices, y que presta atención a tu mensaje centrado.

Dimensión 3 — Accesibilidad: «¿Por qué es esto tan complicado?»

Conclusión: haz comprensible tu contenido evitando la jerga y los acrónimos

Uno de los errores más comunes que cometemos en la comunicación espontánea es comunicar en exceso. Además de escuchar a la sala y pensar con antelación en la clase de comunicación que el público está preparado para recibir, a muchos de nosotros no nos vendría mal hacer más accesibles nuestras improvisaciones orales. La complejidad puede interferir en nuestras conversaciones más importantes.

Parte de esa complejidad se produce porque los seres humanos sentimos la necesidad imperiosa de difundir nuestro estatus de expertos. En buena parte se debe a lo que algunos llaman «la maldición del conocimiento»: sabemos más de lo que nos conviene, y al comunicarnos, hacemos suposiciones y empleamos un lenguaje que nuestro público o, en realidad, el común de los mortales encuentra impenetrable.[5] También está algo a lo que podríamos llamar «la maldición de la pasión»: parloteamos sin parar, innecesariamente, contando todo lo que sabemos de un tema, solo porque nos apasiona y damos por supuesto que a nuestro público también.

Pero la complejidad tiene su coste, sobre todo en la improvisación. Hace que nuestro mensaje confunda y distraiga.

En muchos casos, puede incluso obligar a nuestro público a desconectar, al distanciarnos innecesariamente de él: nosotros somos los expertos y ellos no son más que simples oyentes desinformados. Por último, puede hacer alargar nuestra comunicación más allá de lo necesario, y abrumar al público, o aburrirlo y obligarlo a desconectar.

Cuando de pronto eres consciente de la visible prevalencia de la complejidad en la sociedad y de lo ajenos que somos a ella, resulta casi absurdo. Hace unos años me eché unas buenas risas como director de un taller para miembros del ejército estadounidense. Estaba explicándoles lo nefastos que resultan para la comunicación el lenguaje complejo, la jerga y los acrónimos o las siglas cuando un oficial levantó la mano para decir que ni él ni sus compañeros tenían problema con el exceso de jerga. Me dejó a cuadros, teniendo en cuenta que, en el poco tiempo que había estado con ellos, había oído una gran variedad de acrónimos cuyo significado se me escapaba. «Bueno —dijo el oficial—, para eso tenemos una cabra.»

Yo no tenía ni idea de qué me estaba hablando. «¿Una cabra? ¿Sacrificáis a un animal para que, de pronto, todos entendáis los acrónimos? ¿Los escribís en el animal y así es como se los aprende todo el mundo?»

Me explicó que se refería a una cabra en mayúsculas, GOAT (en inglés), que era el acrónimo de «Glossary of Acronyms and Terms», su glosario de terminología propia. Por lo visto, todos los recién llegados al equipo con el que yo trabajaba recibían un ejemplar del GOAT para poder entender de lo que hablaban sus compañeros. En otras palabras, estábamos ante un entorno profesional en el que los acrónimos, la jerga y el lenguaje complejo estaban tan extendidos que habían creado un manual con el que compilarlos y explicarlos todos, ¡y hasta el nombre del propio manual era un acrónimo! Ni se les ocurrió probar una solución distinta y mucho más elegante: reducir ese lenguaje tan complicado, de forma que tanto la comunicación formal como la espontánea fueran más accesibles.

Las TED Talks tienen una duración estándar de dieciocho minutos. Como comenta Chris Anderson, director de TED Talks, son «lo bastante cortas para mantener la atención de la gente, incluso por internet, y lo suficientemente precisas como para que se tomen en serio, pero también presentan la longitud adecuada para poder decir algo que importe».[6] Luego resulta que pocos ponentes necesitan esos dieciocho minutos. El ya fallecido Hans Rosling, coautor del libro *Factfulness* y destacado ponente TED, demostró en 2012 que es posible mantener la atención de alguien y «decir algo que importe» en menos de un minuto. ¿Y sabes qué? Que lo conseguía básicamente improvisando.

En un momento captado en vídeo y etiquetado como «la TED Talk más corta de la historia», Rosling exponía lo que, para él, iba a convertirse en el problema global más acuciante de los próximos años: el reto planteado por la desigualdad económica unida al crecimiento demográfico. Primero sostenía en alto siete piedras, cada una de las cuales representaba a mil millones de habitantes del planeta, cuya población era por entonces de siete mil millones. Luego dejaba otra piedra en el suelo, que representa a los mil millones de personas lo bastante pudientes como para garantizarse el acceso a un coche. Después ponía otras tres piedras en el suelo, que representan a los tres mil millones que podían permitirse ahorrar para una bici o una moto. A continuación iban al suelo dos piedras más, las correspondientes al siguiente tramo de la población del planeta, el de las personas que solo podían ahorrar para unos zapatos.

Una vez organizadas las piedras en el suelo, Rosling observaba que, en años venideros, la población mundial sería mayor. Recolocaba las piedras y comentaba que las personas que se encontraban en los peldaños más bajos de la sociedad mundial ascenderían: mil millones aún podrían permitirse un vuelo, mientras que tres mil millones tendrían acceso a un coche y otros tres mil millones podrían aspirar a tener bici propia. Pocos serían tan pobres como para poder disponer solo de unos zapatos. Acto seguido añadía tres piedras más, indicando que la población del planeta no tardaría en llegar algún día a los diez mil millones, con lo que todos los habitantes ascenderían dos peldaños en la escala económica.

«La pregunta —decía entonces para concluir la charla— es si los ricos están preparados para mezclarse [con los que antes eran pobres] en un mundo con diez mil millones de habitantes.» Y ahí estaba, una importante percepción transmitida en cuestión de segundos. «Esta es la TED Talk más corta de la historia», proclamaba Rosling con una sonrisa.

Podría haber mencionado todo tipo de datos y cifras, aludido a celebres economistas y estudiosos de la materia, recurrido a las teorías clásicas sobre crecimiento demográfico, hecho referencia a terminología oscura, como «tasa bruta de natalidad» o «tiempo de duplicación» o «teoría de los factores de expulsión y atracción»,[7] pero, para su público, un público general no experto en la materia, todo eso habría resultado accesorio y motivo de distracción. Rosling consiguió mantener un enfoque excelente en el momento haciendo solo observaciones relevantes y lo más claras y accesibles posible.

No todos tenemos que ser genios de la comunicación clara y accesible: basta con dar algún paso para mejorar nuestro juego. Justin Kestler, uno de los fundadores de la popular colección de guías literarias LitCharts, editor en jefe original de SparkNotes y director también de CliffsNotes, piensa que esos productos no solo sirven para reducir obras literarias largas y complejas, sino más bien para analizar y explicar su temática para que el público general las entienda y valore más fácilmente. Del mismo modo, podemos vernos como traductores cuyo cometido es exponer ideas complejas en términos más o menos directos que todo el mundo pueda entender.[8] Un poquito de atención a la traducción puede venirnos muy bien y ayudarnos a improvisar mensajes más centrados.

Para reducir la jerga, podríamos adquirir la costumbre de ponernos en el lugar de los demás. Antes de decir algo, o si estamos a punto de entrar en una situación en la que preveamos que nos va a tocar improvisar una intervención oral, podemos pensar en nuestro público y en su capacidad de entendimiento. Cuando explico cosas de tecnología a los miembros de mi familia, aplico lo que nosotros llamamos «el test de la abuela». Mi anciana madre no sabe mucho de cacharros modernos. ¿Cómo puedo explicarle la tecnología, minimizando la jerga y las explicaciones técnicas y detalladas, para que tenga un conocimiento práctico de la materia? Aun cuando no hablo con mi madre, puedo servirme del test de la abuela para asegurarme de que tampoco estoy abrumando a mi público con una complejidad innecesaria.

Si no estás seguro de la capacidad de entendimiento de tu público, haz una investigación rápida. El fabricante de juguetes LEGO es conocido por crear manuales de instrucciones tan sencillos y accesibles que cualquier niño, hasta los que aún no han aprendido a leer, puede usarlos para montar sus proyectos. El diseñador de LEGO Anthony Dalby me contó que la compañía posee «un conocimiento muy profundo de lo que entienden los niños de cada edad»[9] y se sirve de ese conocimiento para tomar decisiones sobre cuántos ladrillos LEGO mostrar en una página de un manual de instrucciones o qué color darles a las piezas. Se esfuerza por transmitir ese conocimiento a los empleados, a los que exige un año entero de formación para poder redactar instrucciones de montaje.

Como comunicadores espontáneos, normalmente no podemos contar con un conocimiento tan profundo de nuestro público, pero nos ayuda saber con antelación si esas personas están familiarizadas con determinadas palabras o conceptos, cuánto rato es posible que presten atención, si les gusta recibir información, etc. Si vas a participar en un acto corporativo o profesional, una charla rápida con el organizador o con algún empleado de la empresa te bastará para obtener esa información. Si procede, también puedes entrar en internet y ver qué clase de lenguaje usa la empresa en su sitio web o han usado los ejecutivos o representantes de la compañía en intervenciones previas grabadas o colgadas en la web.

Yo te aconsejo que hagas un diagnóstico rápido de tu comunicación de forma periódica para asegurarte de que no estás ahogando a tus interlocutores en acrónimos o en un exceso de detalle. Si acabas de asistir a un congreso, un cóctel o cualquier acto en el que hayas tenido que ofrecer una intervención oral espontánea, dedica unos minutos a reproducir mentalmente esas conversaciones. ¿Has usado jerga? ¿Te has tomado la molestia de explicar y desglosar tus ideas mientras transmitías tu mensaje?

PRUEBA ESTO

Piensa en las abreviaturas, la jerga o el vocabulario técnico que sueles usar. Durante unos días, fíjate en cuándo usas esos términos y busca sinónimos más accesibles que emplear en tus conversaciones con otros. Proponte no usar la jerga y comprueba si eres capaz de pasar un día entero sin usar esos términos.

Quizá sostengas que la naturaleza de tu trabajo o de tus aficiones te exige transmitir a los demás conceptos complejos o ideas abstrusas. ¿Qué puedes hacer en ese caso? Del mismo modo que puedes dedicar un tiempo previamente a preparar anécdotas que tener a mano cuando debas improvisar, también puedes pensar en estrategias clave que emplear sobre la marcha con el fin de llegar a la esencia de una idea y hacerla accesible. Entre esas estrategias estaría por ejemplo una analogía inteligente o llamativa usada por la vía de la explicación o, si piensas que vas a tener acceso a una pizarra blanca, un dibujo fácil con el que transmitir la esencia de la idea.[10] También puedes desmenuzar la idea en unos cuantos conceptos o pasos fáciles de entender, estrategia que usaba Kestler para crear los LitCharts.

Por cierto, ese planteamiento, el de desmenuzar, es una forma ideal de ayudar al público a conectar mejor con lo que dices. Las personas que no están especialmente motivadas para recibir un mensaje suelen recordar casi todo lo que oyen al principio de la comunicación, y desconectar del resto. Al desmenuzar el mensaje, generas, en efecto, múltiples principios, y consigues que tu público esté más implicado todo el tiempo y recuerde un porcentaje mayor del mensaje.[11]

Una estrategia particularmente importante que conviene considerar con antelación es la de transmitir la información más importante al principio. Los periodistas resumen este método con la frase «No entierres la entradilla». En otras palabras, empieza un artículo con la noticia principal expresada de forma sencilla y luego ve dando más detalles. En el ejército estadounidense, esa técnica se conoce como BLUF (sí, un acrónimo, lo sé), del inglés Bottom Line Up Front, es decir, primero lo esencial. Si organizamos la información de este modo, podemos centrar al público rápidamente en el mensaje principal, y evitar que tenga que andar hurgando entre una montaña de detalles. (¿Has observado que he estado usando la fórmula BLUF en cada una de las cuatro dimensiones de este capítulo?) Practicar la presentación de tus ideas en BLUF antes de una reunión o un congreso puede ayudarte a estar mucho más centrado en el momento. También viene bien hacerse la pregunta «¿Qué es lo que quiero decir en realidad?» cuando improvises, porque eso te ayuda a ordenar tus ideas y priorizar.

Dimensión 4 — Concisión: «¿Por qué se me hacen tan interminables?»

Conclusión: sé escueto

Mi mujer, que lee muchos libros para padres, ha aprendido un mantra que me recuerda siempre que intentamos resolver algún problema con nuestros hijos: «las palabras justas». Si pido a uno de mis hijos que haga algo que no quiere hacer, tiendo a razonárselo, explicárselo, y requetexplicárselo. Mi mujer se limita a decirles qué hacer: «Baja a cenar a las siete», «Recoge tu cuarto»..., sin explicaciones. Ella ve que, al decir menos, también genera menos ocasiones de desafío y de debate infinito. Los conflictos se resuelven de manera más rápida y eficiente. La vida en casa es más armoniosa.

Igual no anda desencaminada. Como me dijo el neurólogo Josef Parvizi, la concisión hace que los mensajes sean más fáciles de recibir, porque activa menos engranajes en el cerebro.[12] Pronunciar menos palabras nos permite conectar mejor con nuestro público y mantener su atención. En los tiempos en que vivimos, en los que el rango de atención es cada vez menor, el público tiene poca paciencia con los mensajes farragosos. Debemos preguntarnos si todo lo que decimos, todas y cada una de las ideas, frases o palabras, son necesarias de verdad o somos capaces de transmitir incluso conceptos relativamente sencillos con mayor rapidez y eficacia sin sacrificar la claridad y la relevancia.

De hecho, aprovechar el contexto en el que nos estamos comunicando a menudo puede ayudarnos a reducir aún más el recuento de palabras. Cuando entramos con un amigo en una biblioteca o un museo, no nos hace falta decirle que «hable bajito», porque es obvio. Del mismo modo, si vamos a un funeral, tampoco es necesario que les digamos a los demás del grupo que muestren respeto y moderen sus comentarios. El propio ambiente suele transmitir las expectativas sociales.

La dibujante Hilary Price, creadora de la premiada tira cómica de viñeta única *Rhymes with Orange*, confía en que el contexto de las imágenes que crea cuente relatos completos con solo un puñado de palabras. Cada objeto de sus viñetas (una nube, un arbusto, un mueble...) está cuidadosamente pensado para que contribuya a transmitir el mensaje. Además, cada palabra cuenta. «Lo ideal —dice— es usar el menor número de palabras posible y dejar que el dibujo cuente la historia. No interesa usar la palabra *manzana* si puedes dibujar una.»

Como parte del proceso creativo, Price empieza las viñetas con palabras que luego va reduciendo a medida que afina el dibujo. Procura también dar la mínima información posible, para que el lector pueda establecer sus conexiones. Según ella, buena parte del placer de leer una tira cómica radica en descifrar su significado o, como dice Price, en «pasar de no saber a saber». Como es lógico, tampoco puede escatimar información, porque eso confundiría al lector. La clave está en alcanzar la dosis perfecta de concisión y claridad. A su juicio, eso puede lograrse transmitiendo solo un 49 por ciento de la información y dejando que el lector rellene el resto conforme al contexto en que encuentre sus mensajes.

A menudo consigue esa concisión retratando una escena justo antes de que el suceso tenga lugar, y dejando que el lector extraiga las conclusiones lógicas sobre lo que va a ocurrir.

«¿Qué es más gracioso —dice—: verme tirarte una bebida por encima o ver que estoy a punto de hacerlo?» Lo último, claro, y así no hace falta que se vea cómo cae la bebida ni la reacción posterior de los personajes. Los antiguos griegos sostenían que «la brevedad es el alma del ingenio» (antecedente de nuestro propio aforismo «menos es más»). En el mundo de Price, la brevedad es el alma del humor y del entretenimiento. Conclusión: aprovecha el contexto y valora cuál es la cantidad mínima de información necesaria para transmitir con claridad tu mensaje. Luego atente a eso.

También podemos atacar la verborrea directamente siendo más conscientes de cómo reaccionamos cuando nos ponen en un brete. El editor del *New York Times* Glenn Kramon aconseja a sus redactores que lean en voz alta sus textos para detectar aquellos fragmentos en los que se puede abreviar. Como hablantes, podemos hacer lo contrario. Si hablamos en una sala o en una videoconferencia por Zoom y alguien lo graba, después podemos repasarlo y analizar, en una transcripción, lo que hemos dicho (o consultar la propia grabación), detectar patrones en nuestro discurso (repetición de frases, exceso de detalle, etc.) que favorezcan una verborrea innecesaria. También podemos pedir a un compañero que nos haga preguntas, grabe nuestras respuestas espontáneas, y analizarlas después en busca de patrones. Antes de vernos en una situación en la que intuyamos que vamos a tener que improvisar alguna intervención oral, podemos recordarnos que no debemos repetir esos patrones. Y seguir viendo grabaciones nuestras cada cierto tiempo para comprobar los progresos.

Una forma aún más sencilla de autoevaluarse es revisar los mensajes de texto enviados durante la última semana. Seguramente la mayoría son comunicaciones espontáneas por tu parte, solo que escritas, en vez orales. ¿Son más largas o numerosas de lo necesario? ¿Dices más que las personas con las que te comunicas? ¿Qué patrones de verborrea detectas? Proponte, durante la próxima semana, escribir menos mensajes y más cortos pero más significativos, y observa cómo repercute en tu relación con los demás.

También te puede venir bien plantearte lo que llamamos un «reto de brevedad». La próxima vez que te estés preparando para una intervención oral imprevista, piensa en tus mensajes primarios y piensa en cómo quedarían en forma de tuit, ateniéndote al límite de 140 caracteres. Hacer esto de forma regular puede mejorar tu capacidad de centrarte en el mensaje y acortarlo todo lo posible. Además, puedes practicar escribiendo haikus, poemas de solo diecisiete sílabas. O probar a escribir un microrrelato (lo creas o no, hay gente capaz de escribir una historia completa con seis palabras) o hacer una presentación PechaKucha (un formato en el que estás limitado a veinte diapositivas y veinte segundos de explicación por diapositiva).[13]

PRUEBA ESTO

Haz tu primer reto de brevedad: resume este capítulo en veinticinco palabras como máximo. ¿Lo puedes hacer? Luego plantéate retos de brevedad en otros aspectos de tu vida.

Una compañía de 1,5 billones de dólares en solo diez palabras

A finales de 2023, Google (que ahora se llama Alphabet) es una de las empresas más valiosas del mundo, con un valor de mercado que supera 1,2 billones de dólares.[14] Cuenta con numerosos negocios, incluidas las búsquedas en internet, la informática en la nube, la electrónica de consumo, la IA, y hasta la informática cuántica. Opera desde doce sedes distribuidas por todo el planeta. Sin embargo, pese a la envergadura y complejidad de la compañía, la directiva de Google ha sabido resumir lo que hace la empresa en solo diez palabras. Como revela la declaración de objetivos de Google, la compañía se propone «organizar la información global y darle accesibilidad y utilidad universales».

Esa declaración de objetivos es algo que casi todo el mundo puede entender. Pero llegar a un enunciado tan extremadamente centrado no fue tan sencillo. Raymond Nasr contribuyó a dar forma a esa frase a principios de los años 2000, cuando era director de comunicación de la compañía. Según recuerda, otros compañeros y él se reunían tres horas (seguidas) al mes para decidir exactamente cómo expresar la finalidad de Google. Les supuso un gran desafío. Necesitaban una frase que no solo transmitiera de qué iba la empresa, sino que, además, fuera conciso, pegadizo y optimista, y que denotara pasión.

«Trabajamos tanto tiempo y con tanto empeño en ello que terminamos encariñándonos con la tarea —dice Nasr—. Lo repasamos y repasamos y requeterrepasamos hasta la extenuación. No fue divertido, pero, cuando adoras la empresa para la que trabajas, lo haces y punto.»[15] Por fin, después de muchos meses, consiguieron una frase que complacía a los fundadores de la firma, Larry Page y Sergey Brin, y la compañía adoptó «organizar la información global y darle accesibilidad y utilidad universales» como declaración de objetivos. Mientras escribo este libro, en 2023, Google sigue presentando públicamente esa misma fórmula en su página web.[16]

En la comunicación espontánea, conseguir el enfoque puede resultar más difícil de lo que parece. Puede que termines este capítulo preguntándote cómo lo vas a conseguir. Ya es bastante complicado mejorar en las otras áreas tratadas en este libro: controlar la ansiedad, renunciar al perfeccionismo, reformular nuestro planteamiento de la comunicación espontánea, escuchar mejor a los demás y estructurar lo que decimos. Ahora que ya estamos trabajando en todo eso, ¿cómo podemos trabajar también en las cuatro áreas adicionales relacionadas con el enfoque? ¿No nos abrumaremos y correremos el riesgo de perder el enfoque como comunicadores precisamente por empeñarnos en encontrarlo?

Es una pregunta muy válida para la que tengo una respuesta que espero que sea igualmente válida: tómatelo con calma. Aunque mejorar las cuatro dimensiones te va a ayudar a llevar al máximo el enfoque, tampoco hace falta que lo hagas todo de una vez. Ve trabajando las dimensiones una por una. Solo un poquito de atención en este aspecto puede potenciar la conciencia de ti mismo en el momento, y permitirte transmitir mensajes más claros y poderosos.

Recuerda que cuando se trata de comunicación, en general, y del enfoque en particular, no existe «la perfección». Podemos llevar cada una de las cuatro dimensiones del enfoque demasiado lejos. Si nos dejamos encorsetar por los objetivos, podríamos volvernos rígidos, incapaces de responder a las exigencias cambiantes de una intervención improvisada. Piensa en el político que, en un debate, repite todo el rato lo suyo sin prestar atención a las preguntas que hacen los otros. Si dedicamos demasiado tiempo a adaptar el mensaje a nuestro público, nos arriesgamos a que sea demasiado ajustado, pensado solo para ese público y del todo falto de interés para cualquier otro. Si nos excedemos con la accesibilidad, podría parecer que estamos simplificando demasiado nuestro mensaje. Si somos demasiado concisos, corremos el peligro de confundir al público, que no dispondrá de información o detalle suficiente para entender lo que pretendemos decir.

Tener siempre presente la clave de la comunicación y lograr que nuestro público se fije en lo que más importa mejorará notablemente la potencia de nuestros mensajes. Queremos que el público nos oiga, crear puntos de contacto con él, y depende de nosotros que su labor sea lo más fácil, indolora e interesante posible. Cuanto más compartamos nuestras ideas, escuchemos a nuestro público y aprendamos de él, más capaces seremos de enfocar nuestros mensajes para que resuenen poderosamente.

PRACTICA ESTO

1. Piensa en la última reunión a la que has asistido. Intenta resumirla en cincuenta palabras, luego en veinticinco y después en doce. ¿Qué has hecho para recortar? ¿Te has centrado en reducir la jerga? ¿En reducir la complejidad? ¿Cómo has priorizado lo que querías comunicar?
2. Elige un tema que te apasione y anota unas cuantas cosas que reflejen lo que dirías de ese tema si te dieran dos o tres minutos para hablar de él. Imagina que hablas para un grupo completamente implicado en el tema en cuestión, y luego que lo haces para uno que oye hablar del tema por primera vez. Piensa en cómo adaptarías las observaciones para reflejar las necesidades variables de esos públicos. ¿Qué más podrías añadir en cada caso y qué suprimirías para mantener a ambos públicos implicados e interesados?

3. Piensa en una tarea bastante compleja que hagas en tu vida cotidiana, como acostar a tu hijo, barajar las cartas, preparar tu plato favorito o negociar un acuerdo comercial. Busca una forma de describir esa tarea con una metáfora o una analogía (es decir, «Acostar al niño es como...»). Ensaya describiendo esa tarea delante de un espejo o una cámara. ¿Te ayudan la metáfora o la analogía a describir la tarea de manera más sencilla y con menos palabras?

Segunda parte

HABLAR MEJOR EN SITUACIONES CONCRETAS

Como hemos visto en el capítulo 5, entender la estructura es fundamental para hacerlo bien en la comunicación espontánea. La estructura funciona de forma muy parecida a la preparación para un chef. Si nos hemos tomado la molestia de buscar una receta con antelación (o sea, una estructura), de pensarla bien y de cortar, rebanar y organizar los ingredientes como corresponda, llegado el momento de cocinar, no tendremos más que montar el plato. Como es lógico, la receta que elijamos dependerá de la situación (no vamos a preparar un *filet mignon*, por ejemplo, para una cena desenfadada de fin de semana). En esta parte del libro examino una serie de retos corrientes de la oratoria y presento «recetas» sencillas, o formas de organizar lo que decimos, así como consejos adicionales para comunicarnos de la mejor forma posible. Si pones en práctica estas estructuras, les meterás el turbo a tus esfuerzos por pensar más rápido y hablar mejor.

Nota especial: puede que te hayas saltado la primera parte de este libro y hayas ido directamente a esta sección. Me parece genial, pero confío sinceramente en que, en algún momento, retrocedas y leas también la otra mitad. Lo que vas a encontrar aquí te ayudará a improvisar en situaciones de comunicación concretas. En la primera parte, en cambio, te enseño un método para que estés a gusto con la comunicación espontánea, independientemente del objetivo o de la situación. Esas técnicas generales son básicas si de verdad quieres dominar el arte de la comunicación improvisada.

CASO 1

Charla informal a lo grande

El concepto

Las situaciones en las que debemos socializar y hablar de cosas intrascendentes, paradigma de la comunicación espontánea, nos acobardan a todos. Entrar y salir de esos encuentros breves e informales nos puede resultar de lo más incómodo. Durante el encuentro en sí, la mayoría de nosotros tenemos la sensación de no saber qué decir ni cómo decirlo. Queremos parecer ingeniosos e interesantes, pero charlar despreocupadamente con otras personas, ya sea en un cóctel informal, reuniones generales de empresa, ágapes de congresos profesionales, actos en el colegio de los niños o cualquier otro evento, puede parecernos un partido de tenis interminable de observaciones, preguntas y comentarios espontáneos. No tiene por qué ser así. Con un replanteamiento cognitivo, una estructura útil y algunos principios orientativos concretos a mano, podemos aprender no solo a sobrevivir a la charla informal, sino también a disfrutarla de verdad.

Su importancia

La charla informal quizá parezca baladí, pero puede darnos grandes resultados. Primero, puede ayudarnos a forjar conexiones nuevas o más profundas con otras personas, permitiéndonos descubrir áreas inesperadas de interés común.[1] Segundo, puede darnos ocasión de testar nuestras relaciones potenciales, y ayudarnos así a decidir si queremos seguir adelante. Tercero, nos permite establecer o reforzar nuestra reputación personal, concediéndonos la oportunidad de demostrar simpatía y empatía, cualidades que los compañeros de trabajo y los amigos valoran muchísimo. Por último, la charla informal nos ayuda a ver si alguien más de los presentes comparte nuestros objetivos y aspiraciones personales y profesionales. Por todas esas razones, no nos conviene huir de la charla informal, sino más bien encontrar formas de cultivar el don de la palabra. Centrarse en la estructura es una forma excelente de avanzar.

Prepara bien tus contenidos

La fórmula que más me gusta usar cuando entablo conversaciones informales y espontáneas es una de la que hablamos en el capítulo 5: «¿Qué?-¿Y qué?-¿Y qué más?». Primero presentas un argumento (Qué), luego señalas la importancia de esa información (Y qué) y después sugieres a tus interlocutores qué hacer con ese nuevo conocimiento (Y qué más). Esta estructura viene muy bien para la charla intrascendente justo porque es general y versátil: puedes usarla en una gran variedad de contextos y entornos para favorecer el enfoque y aclarar tus observaciones. Además, el trampolín final se presta a que tu interlocutor te haga preguntas sobre lo que has contado, algo que, como veremos, nos permite proyectar empatía e interés en nuestros contertulios. Como ya hablamos de esta fórmula en el capítulo 5, no voy a dedicar mucho tiempo ahora a explicar cómo funciona. Centrémonos, en cambio, en la mejor forma de aplicarla a la cháchara.

El uso de esta estructura nos ayuda de dos formas. En primer lugar, si lo que buscamos es iniciar o continuar una conversación, basta con que hagamos a la otra persona esas tres preguntas para invitarla a hablar. Por ejemplo, podríamos decir: «¿Qué te ha parecido el ponente de la charla de esta mañana?» [Qué]. Cuando responda, pasamos a la segunda pregunta: «¿Qué crees que pueden aportar sus ideas a corto plazo?» [Y qué]. Es posible que, después de esas dos primeras preguntas, la conversación tome un rumbo inesperado e interesante, con lo que podríamos abandonar la fórmula sin más, pero, si detectamos que la energía de la conversación se disipa, atacamos con la tercera pregunta: «¿Vas a ir al encuentro que organiza el ponente después de la charla?» [Y qué más].

Esta estructura también nos puede servir si es otra persona la que inicia la conversación con nosotros y queremos favorecer el diálogo. Supongamos que asistimos a una convención de senderistas y otros entusiastas de la naturaleza y, como parte del acto, hay un ágape. Se nos acerca alguien y nos pregunta qué nos ha llevado a esa convención. Podemos responder: «Bueno, hace años que me apasiona el senderismo [Qué]. Me hace mucha ilusión conocer los nuevos equipos y herramientas que tienen aquí, porque busco formas de evitar las lesiones y poder hacer rutas más largas [Y qué]. ¿Haces muchas actividades al aire libre? [Y qué más]».

Por muy útil que nos resulte esta fórmula para iniciar una conversación, no siempre nos permite brillar en una charla informal. Si queremos convertirnos en amos de la cháchara, debemos prestar atención a nuestro papel minuto a minuto como oyentes y hablantes. Si lo piensas, una charla informal no es más que una conversación en la que quienes participan se turnan para hablar. Luego podemos desglosar esa conversación y ver la serie de turnos que se han ido produciendo a medida que los participantes hablaban de diversos temas.[2] Para hacerlo bien en una charla informal espontánea, debemos procurar aprovechar al máximo nuestro turno de hablar. Y la mejor forma de hacerlo es emplear lo que yo llamo «la primera enmienda de la charla informal», que es...

Céntrate en ellos, no en ti

A menudo damos por supuesto que debemos parecer ingeniosos e interesantes a los demás, que debemos hacernos los amos de la sala. Por eso tendemos a gesticular en exceso, dominando la conversación y dedicando demasiado tiempo a hablar de nosotros. Aunque la mayoría querrá saber de nuestra vida, seguramente les interesa más hablar de sí mismos y tener la sensación de que los escuchamos y los entendemos. Si centramos la conversación en nosotros, les negamos la oportunidad de sentirse escuchados y comprendidos. Resultamos egocéntricos, nada empáticos, arrogantes y puede que hasta un poco despistados. Y no es esa la impresión que la mayoría de nosotros quiere dar.

Cada vez que nos toque hablar, tenemos ocasión de orientar la conversación hacia nuestros interlocutores, en vez de hacia nosotros mismos. Los expertos distinguen dos tipos de respuestas: las que respaldan lo que la otra persona está diciendo y las que desvían de nuevo la conversación hacia ti.[3] Si tu amigo se queja de los vecinos molestos de arriba, le puedes decir: «Sí, ni te imaginas la tortura a la que me está sometiendo el mío. Anoche tuvo fiesta hasta las tres de la madrugada». Acabas de redirigir la conversación hacia tu persona y tus preocupaciones, en vez de invitar a tu interlocutor a que te dé más datos. Una respuesta de respaldo podría ser empatizar con tu amigo y pedirle más detalles sobre las molestias de su vecino y sobre cómo las lleva.

Un uso moderado de ese desvío no está mal: los demás también quieren saber cosas de nosotros y no nos interesa parecer demasiado retraídos, evasivos o reservados. Pero muchos de nosotros cometemos el error de reincidir demasiado a menudo en las respuestas que desvían la conversación hacia nuestra persona. Tomamos las anécdotas o los comentarios de los demás no como ocasiones de averiguar más cosas de ellos, sino como oportunidades de hablar de nosotros mismos.

Para prosperar en la charla informal, céntrate más en dar respuestas de respaldo.

Como celestina profesional y asesora de comunicación, Rachel Greenwald señala que hay muchas formas de hacer esto cuando nos toca hablar. Después de que nuestro interlocutor aporte una idea o anécdota, podemos decir algo tipo «¿Y qué es lo que te emocionó de eso?» o «¡Guau!, ¿y qué pasó después?» o «¿Cómo te sentiste cuando ocurrió?». Ese tipo de comentarios dan a tu interlocutor permiso para ahondar en lo que acaba de decir o facilitarte más detalles y pormenores. Cuanto más te orientes a respaldar lo que la otra persona está diciendo en vez de centrarte en tu propia experiencia similar, más fácil y natural te resultará.[4]

Mi suegra era cinturón negro en charla informal: le encantaban las conversaciones informales con otros y se le daban fenomenal. Tiraba mucho del «Cuenta, cuenta...», y a mí me impresionaba mucho. A la mayoría de los miembros de mi familia inmediata no se les daba tan bien hablar por turnos y escuchar activamente durante las conversaciones. Hablábamos todos a la vez sin escucharnos. Al que hablaba más alto y más tiempo se le oía; a los demás no. Imagina lo que impactaba ver a mi suegra ceder el turno y dar permiso a la otra persona para que hablara diciendo: «Cuenta, cuenta...». Me parecía un acto supergeneroso y superempático. Percibía de inmediato la fuerte conexión que forjaba con esas dos palabras, y veía todo lo que aprendía de las personas con las que conversaba. Sabía que quería seguir su ejemplo.

Centrar la charla en los demás y no en nosotros nos ayuda también con dos turnos especiales de la conversación: el principio y el final. Para iniciar una conversación informal, evita las generalidades o los comienzos triviales como «¿Qué tal?» o «¿A qué te dedicas?». Plantéatelo como una ocasión de mostrar curiosidad por la otra persona y por su perspectiva. Preguntar por la situación o el entorno puede funcionar bien, por ejemplo: «¿Alguna vez habías visto a tanta gente con camisa azul?» o «¿Qué te parece el número de ventanas de este edificio?». El objetivo es establecer una conexión desde el principio, y hacerlo mostrando interés por la otra persona o por la experiencia que compartís en ese momento.

Si te ves en una situación en la que anticipas que tendrás que mantener charlas informales, antes de entrar en el evento puedes pensar en un par de formas de arrancar la conversación a la vez que proyectas simpatía y curiosidad.

Si te toca responder a una pregunta corriente de inicio de conversación trivial, procura no hacerlo demasiado rápido, recurriendo a un sesgo cognitivo, porque eso podría derivar en lo que se conoce como «el bucle del qué tal» (uno dice: «¿Qué tal?», y el otro contesta: «Bien, ¿y tú?», que no es precisamente la más apasionante de las conversaciones). En cambio, intenta contestar de una forma interesante o cautivadora que invite a ulteriores preguntas. La clave está en ofrecer solo pequeños detalles de ti y de tus intereses. Si te preguntan qué tal, procura responder con algo tipo «Genial, porque esta mañana he conseguido batir un récord personal en el entreno». Puede que tu interlocutor quiera saber más y te siga preguntando, en cuyo caso puedes responder e, inmediatamente después, hacer una pregunta y respaldarla con tus respuestas de refuerzo.

También podemos salir de una conversación más fácilmente intentando que la otra persona se sienta valorada. Muchas personas se empeñan en terminar las conversaciones centrándose exclusivamente en sus propias necesidades, como «Perdona, que voy a por otra copa» o «Disculpa, que tengo que ir al baño». Como señala Greenwald, es preferible hacer saber que te vas y por qué debes hacerlo, pero mostrar curiosidad haciendo una última pregunta que indique que has estado escuchando lo que decía tu interlocutor y que conversar con esa persona te ha resultado interesante; por ejemplo: «Voy a echar un vistazo al bufé, pero me ha encantado hablar contigo y quería preguntarte, cuando fuiste a Marrakech,

¿qué restaurante te gustó más?, por si tengo ocasión de ir algún día».[5]

Greenwald llama a esto «la estrategia de la bandera blanca». En las carreras de coches, el comisario de pista agita la bandera blanca para señalar la última vuelta de la carrera. Nosotros podemos hacer algo parecido cuando estemos manteniendo una conversación informal con alguien, haciendo una salida elegante con la que nuestro interlocutor se sienta escuchado y valorado. Mi suegra terminaría su cháchara con elegancia diciendo algo del estilo de «Gracias por contarme tantas cosas que no sabía. He aprendido mucho de ti. Me tengo que ir, pero antes quiero preguntarte una cosa...».

Pongamos que estás en un acto profesional y te ves en medio de una conversación con alguien sobre una mudanza reciente. Podrías decir: «¿Y cómo es que te has mudado a esa parte de la ciudad? Me interesa». Cuando tu interlocutor te conteste, puedes terminar diciendo: «Entiendo tu decisión, tiene su lógica. Oye, me voy a acercar a hablar un rato con aquellos compañeros. Gracias por hacerme partícipe de la noticia. Ha sido un placer hablar contigo».

Afina los comentarios

La fórmula «Qué-Y qué-Y qué más» y la primera enmienda de la conversación informal son los fundamentos de la charla desenfadada. Según vayamos poniéndolos en práctica y dominándolos, podemos mejorar aún más nuestro rendimiento teniendo presentes los siguientes consejos:

Consejo 1: Busca niveles comparables de autorrevelación

Por importante que sea orientar la conversación a la otra persona, sigue siendo necesario, claro, incorporar información sobre nosotros. Greenwald propone apuntar a una ratio de tres a una respuestas de respaldo frente a las de desvío. Al hacer preguntas a los demás, debemos asegurarnos de proporcionar respuestas significativas e informativas sobre nuestra vida cuando nos pregunten.

Tampoco debe asustarnos hablar sucintamente de algunos de nuestros sentimientos y preocupaciones más íntimos. Tememos que, tanto a los extraños como a los conocidos, les incomoden nuestras revelaciones, pero, como demuestran los estudios, las conversaciones más profundas generan experiencias más gratificantes y un índice mayor de conexión entre los participantes que la charla más superficial.

Además, tendemos a encontrar más satisfactorias las conversaciones cuando conllevan cierto equilibrio, un intercambio bidireccional de información. No tomes la conversación informal por un sucedáneo de tu sesión de terapia semanal, pero tampoco hagas solo hincapié en la otra persona, te conviertas en un libro cerrado y la hagas sentir interrogada. Los seres humanos queremos saber cosas de nuestros interlocutores y también tener la certeza de que nos escuchan con atención.

Consejo 2: Evita poner en un aprieto a tu interlocutor

Como ya he indicado, centrar la conversación en nuestro interlocutor implica, por lo general, hacerle preguntas, pero hay que procurar hacerlo sin incomodar a la otra persona ni enfrentarse a ella. Una pregunta directa (como «¿Cuánto hace que trabajas para esa compañía?») puede producirle a tu interlocutor la sensación de que lo está interrogando un posible jefe en una entrevista de trabajo. En su lugar, haz preguntas abiertas que puedan generar conversación sobre un tema positivo, como «¿Qué te gusta hacer cuando no estás aquí?».

Al hacer preguntas abiertas, cedemos algo de control, porque no sabemos adónde va a llevar la conversación la otra persona, pero precisamente por eso son tan importantes las preguntas abiertas. Le damos a nuestro interlocutor la posibilidad de cocrear la conversación con nosotros. Y, como verás, pienso yo, una conversación cocreada suele ser mejor para todos los implicados.

Sobre todo, en un grupo de personas a las que no conoces bien, es importante observar a los presentes y ajustar lo que vas a decir hasta que tengas una idea clara de la personalidad de tus contertulios. Por ejemplo, aunque a ti te guste el sarcasmo y lo veas como una forma de humor, no es lo mismo para todo el mundo. Empieza más suave y asequible, en especial en las primeras etapas de una conversación, cuando estás empezando a conocer a la otra persona. Si dice algo que te indique que va a valorar el sarcasmo o el comentario jocoso, avanza en esa dirección, pero ándate con cuidado y fíjate bien en si hay reciprocidad en el tono.

Un comentario negativo por tu parte se te puede volver en contra y dar una mala imagen de ti. Si lo que pretendes es conectar con la otra persona y proyectar simpatía y empatía, la negatividad contradice esa imagen. Si la mordacidad te parece adecuada para la conversación, opta por ser discretamente autocrítico. Sin duda es más seguro, y a los demás les parecerá enternecedor. Los cómicos a menudo se ganan al público con un humor autocrítico, y tú también puedes hacerlo. En vez de decir: «No acabo de entender cómo han tardado tanto en traer una comida tan mala», podrías decir: «Es un alivio ver que no soy el único al que no le sale bien la salsa de la pasta».

Consejo 3: Aprende a trabajar en equipo

Muchas veces tendemos a abordar la charla informal como una competición entre nosotros y nuestro interlocutor. El rival nos lanza pelotas muy pegadas a la red y procuramos devolvérselas sin que lleguen a botar dos veces. Ambos nos empeñamos en conseguir el premio a la persona más interesante de la sala. Es como un partido que solo uno de los dos puede ganar, y más nos vale mirar por lo nuestro. Pero hay otra forma de ver la charla informal: como deporte de equipo en el que todos nos esforzamos por conseguir el mejor resultado. Esa es la filosofía que asemeja la charla informal al juego de darle al globo: todos intentamos que no toque el suelo y, cuando cae, pierde el equipo entero.

Como imaginarás, ese segundo planteamiento está más centrado en establecer relaciones con los demás. También es menos estresante y más divertido para nosotros, porque ya no nos sentimos tan solos ni tan obligados a «ganar». Pero, si la charla informal es un deporte de equipo, debemos hacer nuestra parte. Según vamos aprovechando nuestro turno para hablar, debemos esforzarnos por facilitarles la vida a nuestros interlocutores, preparándolos para que triunfen en su siguiente turno. En la medida que podamos, conviene que procuremos señalar las transiciones entre temas y recordar a nuestros interlocutores la lógica y la historia más amplias de la conversación.

Una forma de ejecutar esa tarea es empezar haciendo un comentario propio que parafrasee lo que acaba de decir nuestro interlocutor. Por ejemplo, si hablas con alguien que acaba de llegar a tu ciudad y que ha dedicado uno o dos segundos a expresar lo mucho que le gusta, podrías decir algo del estilo de «Me alegra saber que estás contento de haberte mudado de Baltimore aquí. ¿Qué fue lo que más te sorprendió de la ciudad cuando llegaste?». También podemos poner fin a nuestros comentarios con una pregunta que sirva para pasar de un tema o una idea a otro. Si estábamos hablando del triunfo reciente de haber conseguido cazar a un nuevo cliente, podríamos decir: «Y esa es mi buena noticia. ¿Qué es lo mejor que te ha pasado a ti la semana pasada, profesional o personalmente?».

Consejo 4: No descartes demasiado pronto

En los tiempos que vivimos, de decisiones abrumadoras y multitarea, a veces nos cuesta concentrarnos en la charla informal demasiado tiempo. Echamos un vistazo a la otra punta de la estancia y nos da el ataque de FOMO, ese miedo a perdernos algo (del inglés *Fear of Missing Out*), porque empezamos a preguntarnos si no lo pasaríamos mejor e invertiríamos nuestro tiempo de forma más productiva charlando con otra persona. Si cedemos a esas sensaciones, nos desconectamos de la conversación demasiado rápido y ofendemos a nuestros interlocutores. Además, abandonar conversaciones en curso por oportunismo puede salirnos caro y hacernos perder posibles contactos o conocimientos nuevos que podríamos haber adquirido.

Yo soy tan culpable como cualquiera de «deslizar a la izquierda» demasiado rápido. Mi mayor defecto en la charla informal es no ser capaz de estar completamente presente en la conversación. A menudo me sorprendo explorando distraído la estancia, preocupado de estar perdiéndome la ocasión de tener una charla aún más interesante con otra persona. De pronto me veo soltando a toda prisa respuestas estructuradas y mascullando una excusa cualquiera mientras me retiro de la conversación. Cuando lo hago demasiado a menudo, vuelvo de los eventos agotado y falto de inspiración. He pasado demasiado rato revoloteando por ahí, empeñado en no perderme nada, y no he dedicado a nadie en particular el tiempo suficiente para forjar una conexión significativa.

Si te empiezas a notar inquieto, resiste la necesidad de saltar a otra cosa y vuelve a centrarte en estar presente y escuchar con atención. Recuérdate que tu interlocutor necesita que le des unos minutos para relajarse, conectar contigo y decir algo interesante. Juega a lo siguiente: plantéate como desafío recordar un dato clave de cada persona que conozcas o invitar a esas personas a que te den su opinión sobre un tema en concreto.

Por mucho que nos empeñemos, no podemos manipular una charla informal para maximizar su productividad porque, si abandonamos demasiado pronto una conversación para saltar a otra, no sabemos lo que nos estamos perdiendo. Es preferible relajarse, centrarse y dejar que la conversación siga un curso más natural, y retirarnos si nos cansamos o tenemos la sensación de que la charla está perdiendo fuelle.

Consejo 5: Reflexiona, pregunta y parafrasea para reducir al mínimo las probabilidades de ofender a tus interlocutores

Con lo polarizado y acalorado que se ha vuelto el discurso público, puede parecer aterradoramente fácil sobrepasar el límite y convertirse en blanco de una crítica dura o algo peor. No olvidemos que el objetivo de la charla informal es conectar y congeniar con otras personas. Eso no implica que tengas que enterrar tus propias opiniones para que haya paz; la idea es abordar cada conversación como una oportunidad de construir una relación y encontrar puntos en común con tu interlocutor.

En primer lugar, cuando inicies una charla informal, evita dar por supuestas ideas que las otras personas puedan o no defender. Antes de introducir un tema o valorarlo, escucha lo que dicen los demás, valora la esencia de sus ideas, los detalles que aportan y el tono de voz. Cuando por fin empieces a hablar, tienta el terreno planteando preguntas genéricas en vez de ir directo a una declaración que exija una reacción directa. Supongamos que estás en un cóctel de un amigo y la conversación toma un rumbo político. En vez de intervenir por primera vez manifestando tu opinión sobre un candidato o un asunto concretos, escucha y observa lo que dicen los demás. Eso te permitirá recabar información sobre tu público y preparar un abordaje estratégico para compartir tus opiniones de la forma en que esas personas las vayan a recibir mejor.

Parafrasear viene bien. Puedes mantener viva la conversación e inyectar tus creencias con frases como «Dime, ¿qué te parece a ti [lo que sea]», y luego parafrasear lo que oigas.

De ese modo, sabrás por qué la persona con la que estás hablando piensa así, y podrás aportar algo o contradecirla reduciendo la temperatura emocional para todos.

Imagina que, en el curso de una conversación, afirmas que, a tu parecer, los equipos deportivos profesionales deberían cambiar sus mascotas para que resulten más políticamente correctas, y tu compañero de charla se opone con vehemencia. Igual te dan ganas de soltarle: «Pero ¿en qué cabeza cabe? ¡Hay mascotas superofensivas!». Pero, en realidad, es muy probable que esa respuesta no haga cambiar de opinión a tu interlocutor. En cambio, puedes disminuir la tensión y generar curiosidad si resumes los dos puntos de vista diciendo, por ejemplo: «Estamos como cuando el público protesta la decisión del árbitro: parece que no lo vemos igual».

Reflexionar en el momento, preguntar y parafrasear pueden contribuir a que una charla informal fluya mejor y que la angustia de ofender o que nos ofendan sea menor. De forma más general, la investigación parece indicar que cuanto más capaces seamos de transmitir nuestra disposición a valorar puntos de vista opuestos al nuestro, más probable es que conectemos, aprendamos y evitemos el conflicto durante una conversación. Tiene su lógica: si nos parece que los demás nos respetan lo suficiente como para escuchar con atención y con una mentalidad abierta lo que decimos, es menos probable que nos irrite lo que digan ellos. Diciendo explícitamente a los demás que los entendemos, señalando los puntos en común, suavizando nuestras exigencias y haciendo afirmaciones más positivas, podemos mostrar lo que los investigadores llaman «receptividad conversacional». Si nuestros interlocutores bajan la guardia, conectaremos con ellos de manera más productiva y agradable.[6] Es más probable que animemos a los demás a considerar sinceramente nuestro punto de vista si empezamos dejando claro que esperamos de verdad conocer el suyo.

Puesta en práctica

Sin perder de vista la primera enmienda de la charla informal, veamos cómo estructurar respuestas concretas cuando te toca hablar.

Situación 1

Estás en una boda en otra ciudad y empiezas a hablar con alguien a quien no conoces. Te preguntan de dónde eres.

> **Posible respuesta**
> «Pues nací en Omaha, pero me trasladé al sur y terminé instalándome en Houston [Qué]. Aunque lo hice por trabajo, he disfrutado mucho de la oportunidad de asistir a montones de eventos deportivos y comer cosas ricas [Y qué]. ¿Tú has vivido en Texas o has ido alguna vez? [Y qué más].»

Con una respuesta así, facilitamos datos sobre quién somos de un modo que no resulta banal ni trivial. Al mismo tiempo, en vez de seguir centrando toda la atención en nosotros, favorecemos la intervención de nuestro interlocutor haciéndole una pregunta que deriva de forma lógica de nuestra respuesta.

Situación 2

Asistes a una convención nacional de lo tuyo y has ido a un ágape. Te estás relacionando con un grupo de desconocidos que trabajan en distintas empresas y proceden de diferentes ciudades.

Posible respuesta
«Soy Matt Abrahams, de Silicon Valley, en California [Qué]. Me hizo mucha ilusión enterarme de esta ponencia, porque he escuchado varios episodios del pódcast del ponente [Y qué]. ¿Qué os interesaba de la charla de esta noche? [Y qué más].»

En esa respuesta, la pregunta de cierre sondea los puntos en común. Cuando invitamos a participar a otras personas del grupo, dejamos de ser el centro de atención. Si queremos, podemos explayarnos un poco con las partes de Qué e Y qué para revelar algo más de nosotros mismos y de nuestra personalidad. Por ejemplo, podríamos hacer una broma autocrítica sobre Silicon Valley cuando mencionemos nuestro lugar de residencia, o mencionar brevemente un par de nuestros episodios favoritos del pódcast del ponente. Cualquier detalle adicional puede incrementar las probabilidades de conectar con alguien que reaccione a nuestro comentario.

Situación 3

Estamos en una celebración familiar de Acción de Gracias y, de pronto, nos vemos plantados al lado de la vecina de nuestra tía abuela, a la que no conocemos. Nos cuesta iniciar una conversación y se hace un silencio ensordecedor. Casualmente, los dos lleváis un plato de maíz en la mano.

Posible respuesta
«Uf, este maíz está riquísimo [Qué]. Yo siempre ando buscando formas nuevas de prepararlo. A ver, hervido y asado no está mal, pero me gusta darle un toque especial [Y qué]. ¿Tiene alguna verdura favorita, una que le guste más cocinar o comer? [Y qué más].»

En esa respuesta, recurrimos a una experiencia compartida e invitamos a nuestro interlocutor a que hable de un tema del que sabemos que seguramente tiene una opinión. En cuanto esa persona haga su primera aportación, las siguientes serán más fáciles, y puede que, además, te enteres de algún dato adicional que te permita hacerle otras preguntas.

Para terminar

Mientras ordenaba mis ideas para este capítulo, tuve una experiencia interesante que dio una nueva perspectiva a todos estos conceptos. Asistí a una cena benéfica de un grupo de apoyo a pacientes con cáncer. En principio, la anfitriona me sentó a una mesa en la que la charla informal era sencillamente espectacular. Las alrededor de ocho personas que compartíamos mesa (contándome a mí) hablábamos con entusiasmo y respondíamos respaldándonos unos a otros. Hablábamos de cómo nos había afectado el cáncer en nuestra vida, de dónde vivíamos, de a qué colegios iban nuestros hijos... Nos reíamos, nos inclinábamos hacia delante al hablar, asentíamos con la cabeza, sonreíamos un montón... Como a la media hora o así, ya había conectado por LinkedIn con tres personas y quedado para tomar café con una cuarta. Daba la impresión de que los contactos que había hecho durante la velada perdurarían después de aquel acto importante.

Pero entonces la anfitriona me dio un toque en el hombro. Habían faltado algunos invitados y, en una mesa próxima, no había suficiente gente, así que me preguntó si me importaba cambiarme. Accedí, me despedí de mis nuevos amigos y me dirigí a mi nuevo sitio. Para decepción mía, me encontré con que el ambiente de mi nueva mesa no tenía nada que ver con el de la anterior. Allí los invitados estaban callados, evitaban mirarse a los ojos y paseaban la vista por todo el salón.

Cuando por fin habló uno de ellos, la conversación fue superficial y apenas duró. Los de aquella mesa hacían preguntas banales y genéricas, como «¿Qué has hecho este verano?», y la respuesta de su interlocutor provocaba un desvío y mataba por completo la conversación.

Envalentonado por todo lo que había estado pensando en la charla informal, decidí hacer uso de mis aptitudes para ayudar a los demás. Hubo un momento en que uno de los invitados respondió a una pregunta comentando que habían hecho un viaje a Hawái ese verano. La otra persona le respondió: «Ah, pues yo a Costa Rica», contestación que prometía encallar de nuevo la conversación. Vi la ocasión de intervenir y mejorar un poco la cosa. «Anda, mi mujer y yo fuimos de luna de miel a Costa Rica —le dije al que acababa de responder—. Viajamos por todo el país y nos encantó, sobre todo el bosque nuboso y el quetzal que vimos allí. ¿Por dónde fuisteis vosotros? ¿Qué os pareció más interesante?» Cuando respondió aquel invitado, le hice varias preguntas de respaldo y conseguí que volviera a salir el tema de los pájaros. Entonces intervino otro de los ocupantes de la mesa, diciendo que había viajado en busca de un águila calva.

Al cabo de apenas diez minutos, la conversación empezó a moverse. Aún no era tan animada ni interesante como la de la otra mesa, pero lo estábamos pasando bien. Los de mi antigua mesa reían y se acercaban aún más unos a otros. Una persona de mi nueva mesa me preguntó si podía conectar conmigo por LinkedIn. Otros dos que habían empezado a hablar intercambiaron datos de contacto.

Lo que quiero decir con esto no es que soy un amo de la charla informal y me tengas que invitar a todas tus fiestas (porque ya ha quedado claro que eso no es así y que tengo carencias que debo solventar), sino que pretendo exponer lo que podría suceder si trabajamos nuestras aptitudes para la comunicación espontánea. Con un poco de esfuerzo, no solo podemos manejarnos bien, sino también empezar a propagar la felicidad, la conexión y el compañerismo allá donde vayamos, inspirando a otros a abrirse a los que los rodean y aprender de ellos. Las ventajas de la charla informal pueden ser significativas de verdad, pero solo si nos liberamos de nuestros hábitos y desarrollamos una forma más útil, y estructurada, de conectar. Así que no vuelvas a pasarlo mal en un evento social, ¡sal ahí fuera y empieza a practicar lo aprendido!

CASO 2

Brindis (y homenajes) que deleitan

El concepto

Los brindis, los homenajes y las presentaciones son algunas de las formas de comunicación espontánea más corrientes que hay. Ya sea en lanzamientos de productos, mesas redondas, bodas, puestas de largo, funerales o almuerzos, a menudo nos vemos obligados a hablar en público para señalar acontecimientos de la vida, celebrar logros y presentar a otras personas. Casi por instinto, en esos momentos, casi todos solemos centrarnos en cómo nos perciben los demás. Sin embargo, esas situaciones no van de nosotros en absoluto. La finalidad de esos momentos públicos es decir algo significativo de otras personas, tanto si son individuos como equipos o empresas.

Para acabar con el hábito de centrarnos en nuestras propias preocupaciones y necesidades, podemos imaginar que los brindis, los homenajes y las presentaciones son obsequios que hacemos a nuestro público y a las personas o los grupos a los que estamos reconociendo. Del mismo modo que, cuando hacemos un regalo tangible, pensamos en los gustos, deseos o necesidades del receptor del regalo, sucede algo similar con los regalos orales. Al centrarnos en el destinatario, consideramos el mejor envoltorio para nuestro obsequio, y eso a su vez nos lleva a pensar en la estructura. A fin de cuentas, queremos que los demás accedan a nuestros regalos sin mucho esfuerzo, que disfruten de nuestra ofrenda verbal y la recuerden. Si empleamos una estructura, nuestros brindis, tributos y presentaciones estarán más centrados, serán más claros y concisos, y los destinatarios de nuestras palabras disfrutarán de lo que oyen y tendrán la sensación de que reciben lo que merecen.

Su importancia

Muchas veces los comentarios celebratorios parecen una obligación, o incluso un mal necesario, pero, en el fondo, sirven a una gran variedad de propósitos. Cuando honramos o reconocemos a una persona, un equipo o una organización que nos importan, mostramos el respeto, el cariño, la complicidad y el entendimiento que hay entre ambos. También podemos ajustar el tono al del evento en el que estemos participando, centrándonos en el público y calibrando sus expectativas para los que intervengan después de nosotros. Podemos establecer vínculos más estrechos con los homenajeados a la vez que potenciamos la sensación de compañerismo e inmediatez de nuestro público. Y con una estructura en la que apoyarnos, estas ocasiones resultan mucho menos abrumadoras de lo que pensamos.

Prepara bien tus contenidos

Una estructura muy útil a la que recurrir si te piden que hagas unos comentarios celebratorios o conmemorativos es una fórmula en cuatro partes a la que yo llamo QUAD:

- **Q** **qué** hacemos aquí: Primero, define el contexto del encuentro. Por ejemplo, quizá hayamos convenido en celebrar la vida de un difunto, honrar los grandes esfuerzos de un equipo, etc.
- **U** qué os **une**: Que el público sepa quién eres y por qué estás hablando.
- **A** **anécdotas** y aprendizajes: Ofrece al público algunas anécdotas y lecciones aprendidas que te relacionen con la persona, el grupo o el evento que se conmemora. Procura que esas anécdotas o lecciones sean relevantes, adecuadas y concisas.
- **D** **da** las gracias: Expresa gratitud y manifiesta tus buenos deseos hacia la persona, el grupo o el evento que se esté conmemorando.

Veamos cada uno de estos pasos con mayor detenimiento.

Paso 1: Qué hacemos aquí

Aclara el propósito del evento tal y como tú lo ves. Así ayudas a otros a centrarse y marcar sus expectativas para lo que está por venir. Además, definir el evento para tu público te permite expresar emoción, transmitir la importancia del acto y empezar a homenajear a los destinatarios de tu discurso.

Ejemplos
«Por sus múltiples logros profesionales, me hace muchísima ilusión oír a Shandra hablar hoy de la industria del entretenimiento y de su carrera inspiradora como artista discográfica que forma parte también de la escena de Broadway.»

«Esta boda reúne a dos de las personas más cariñosas y especiales que conozco.»

Paso 2: Qué os une

Ocurre a menudo que quien te escucha no sabe quién eres y cuál es tu papel en el evento. Dedica un momento a informar de la naturaleza de tu relación con los homenajeados. De ese modo, podrás, además, colar cierta información básica sobre el tema de tu intervención y a lo mejor incluso un poco de humor.

Ejemplos
«Shandra y yo estudiamos juntos en Juilliard durante seis meses cruciales, y terminamos grabando nuestro primer álbum juntos allá por 1994.»

«No solo conozco a los novios desde hace más de diez años, sino que fui yo quien los presentó, precisamente en una convención de *Star Trek*. ¿Quién iba a imaginar que un klingon y una romulana fueran a enamorarse y casarse?»

Paso 3: Anécdotas y aprendizajes

Este es el momento en el que sueltas todo el contenido interesante, incluidos el humor, la emoción y las lecciones aprendidas. Como ya te he aconsejado en otras partes de este libro, asegúrate de que tus anécdotas tienen estructura, son adecuadas, presentan un objetivo claro y no son demasiado largas. En lo relativo a la duración, piensa en minutos, no en cuartos de hora.

Ejemplos

«No deja de sorprenderme que Shandra sea capaz de coger un estándar de jazz que todos hemos oído ya cientos de veces y darle nueva vida. He aprendido muchas cosas de ella, pero quizá la más importante sea que una canción preciosa cantada con el corazón y con verdadera inteligencia te puede transportar de inmediato.»

«Cuando estos dos se conocieron, me pidieron por separado que interrumpiera su conversación sobre cuántos tribbles cabían en la nave *Enterprise*, para poder irse a casa temprano. Aunque los dos son trekkies empedernidos, no se lo estaban pasando bien. ¡Menos mal que no les hice ni caso!»

Paso 4: Da las gracias

Concluye expresando gratitud hacia el público y los homenajeados. También en este caso quizá encuentres ocasión de colar algún dato básico sobre las personas de las que hablas.

Ejemplos
«Quiero dar las gracias a Shandra por ser tan buena colaboradora y amiga. Sé que vais a aprender mucho de ella. Un aplauso, por favor, para la doblemente galardonada con un Grammy Shandra Delacorte.»

«Gracias por ser unos amigos tan maravillosos para mí y para todos los presentes. Todos os deseamos lo mejor en esta nueva etapa de vuestra relación y vuestra vida a la que os habéis lanzado con un *boldly go.*»

Afina los comentarios

Todos hemos pasado por brindis, homenajes y presentaciones que han salido mal. No solo estropean el ambiente, sino que, además, pueden perjudicar a los implicados y dañar su reputación. No siempre podemos prever cómo sentará lo que digamos. No obstante, con las siguientes directrices, podemos incrementar las probabilidades de que nuestros comentarios tengan el impacto positivo que deseamos.

Consejo 1: Sé breve y ve al grano

Los brindis, los homenajes y las presentaciones largos suelen ser malos. Si te empeñas en abarcar demasiados temas, reduces el impacto de tus observaciones. Si, además, no eres la única persona que va a hablar, procura encajar tus comentarios en el conjunto del evento. El público se inquietará si cada uno de los intervinientes se alarga, hace comentarios demasiado genéricos o desacertados, o repite lo que ya se ha dicho. Aún no he oído a nadie quejarse de que un homenaje a alguien se le hizo corto. Comparte solo la información imprescindible para honrar a los implicados, según el contexto en el que hables. Un buen homenaje reconoce de forma sucinta y memorable lo que hace especial a la persona objeto de dicho homenaje, porque de eso se trata.

Consejo 2: Prepárate para emocionarte

En muchos casos, los brindis, los homenajes y las presentaciones provocan emociones fuertes, tanto positivas (en el caso de las bodas, las graduaciones, las comuniones o las puestas de largo) como negativas (en los divorcios, los funerales y las jubilaciones). Piensa en cómo vas a reaccionar en una situación así si de pronto te emocionas. Si piensas que podrías perder el control, planifica con antelación la posibilidad de que alguien te socorra en caso necesario. O, si lo prefieres, prepárate una salida rápida que te permita retirarte a tiempo. Por tentador que resulte, leer de una chuleta en papel o en el móvil a menudo empeora las cosas si te pones sentimental. Es fácil distraerse y puede hacer que desconectes por completo de tu público.

Piensa también en el estado emocional de tu público y ajusta todo lo posible tus observaciones a dicho estado. Si estás en una boda y se espera que manifiestes tu afecto por los novios, ¿crees que podrían aflorar otras emociones cuando cuentes esa anécdota que tienes pensada? ¿Es el momento de liberar un poco de humor picante que podría no sentar bien a parte del público? Piensa bien en la forma más apropiada de expresar tus emociones en público teniendo presente tu relación con la persona o las personas a las que se homenajea y la diversidad de los asistentes al evento. El público de un acto corporativo en el que se celebra el lanzamiento de un producto espera, por lo general, que un jefe de proyecto sea más emotivo que un jefazo. A fin de cuentas, el primero se implica más con el equipo que hace el trabajo; si el segundo se emociona demasiado puede parecer falso o incluso resultar raro. Reflexiona un instante sobre lo que significas para la persona homenajeada y en lo que el público espera que signifiques para ella, y procura mantenerte dentro de los márgenes lógicos.

Consejo 3: No robes protagonismo al homenajeado

Cuando cuentes una anécdota sobre la persona a la que homenajeas, reduce al mínimo los detalles sobre ti y tu propia implicación. Evita expresar tu opinión. Una buena forma de valorar qué tal lo estás haciendo en ese sentido es observar si usas mucho la primera persona en tus comentarios. Si es así, intenta devolver el protagonismo al sujeto de tu discurso.

Consejo 4: Procura que tus anécdotas sean accesibles y oportunas

A nadie le gusta sentirse excluido. Evita las anécdotas que solo parte del público entienda y valore. Asegúrate de que tanto el contenido de tus relatos como las palabrotas que uses son adecuados para tu público. Si consideras necesario o deseable emplear algún tecnicismo o acrónimo, explica brevemente a tu público lo que significa facilitándole antecedentes.

Consejo 5: Intenta aglutinar

El mundo está cada vez más polarizado y muchas personas tienen opiniones muy apasionadas. Como probablemente buscas forjar relaciones y contactos más profundos, los comentarios públicos destinados a homenajear a otra persona o a un grupo son el momento perfecto para buscar puntos en común. Haz comentarios que todo el público pueda respaldar, sin comprometer tus propios valores. Puede que parezca complicado, pero sé por experiencia que, si buscas bien, siempre se puede encontrar un punto intermedio.

Supón que estás celebrando la fusión satisfactoria de un equipo. Si ese equipo lo dirige una persona cuyos planteamientos y creencias políticas son contrarias a las tuyas, céntrate en lo mucho que ha reflejado el equipo los valores corporativos, en vez de los valores personales del jefe. Seguramente ese discurso no es el mejor momento para reprocharle a esa persona sus ideas. Si lo ves inevitable o te parecería que haces el paripé si pronuncias un discurso en el que evites señalar las diferencias, quizá es preferible que propongas la intervención a otra persona. Si, por el contrario, te ves capaz de hacerlo, aprovecha la ocasión para tender un puente con el que hablar de los valores y las prioridades de la empresa que quieres que adopte el equipo recién fusionado. Eso, a su vez, podría generar una ocasión para mantener una conversación más íntima y sincera con ese jefe o ese equipo más adelante.

Consejo 6: Facilita el éxito a otros

Considérate el acto inaugural de quien vaya detrás de ti (el siguiente ponente, la persona a la que presentas, etc.). Haz todo lo posible por facilitarle el éxito. A esto lo suelo llamar «despejar la pista» para que los que te siguen despeguen puntualmente y sin incidentes. Proporciona la logística, la agenda y los datos de gestión interna. Concluye tus comentarios con optimismo, de forma que el público se sienta implicado y emocionado por lo que viene a continuación. Imagina cómo te gustaría que te presentaran a ti y haz lo mismo. Di, por ejemplo, antes de presentar formalmente al próximo interviniente: «Juana tiene muchas cosas interesantes que contar. Antes de presentarla, quería comentarios que, al final de la charla, repartiremos apuntes de lo que haya dicho y esta noche, cuando acabemos, habrá un ágape en la zona del bar».

Puesta en práctica

Los brindis, los homenajes y las presentaciones pueden variar, dependiendo de una serie de factores, como si la persona a la que homenajeas tiene autoridad sobre ti, si se trata de un evento profesional o personal, y si lo que se está conmemorando es una ocasión triste o feliz. En las siguientes situaciones tipo puedes ver cómo se aplicaría correctamente la fórmula QUAD:

Situación 1

Te diriges a tu equipo de una decena de personas y les presentas a dos jefazos de la sede corporativa.

Posible respuesta
«Sy y Jeanne han venido a vernos para pasar tiempo con el equipo [Q]. Llevo ya tres años trabajando con ellos y me ilusiona que podamos estar un rato en persona con los dos [U]. La última vez que Sy y Jeanne estuvieron aquí, pudimos repasar nuestros planes para el trimestre y priorizar nuestros esfuerzos. Esta vez esperan ver nuestros progresos o transmitirnos algunas ideas de la central [A]. Sy y Jeanne, os agradecemos mucho que hayáis hecho hueco para esta visita [D].»

Esa presentación no solo proporciona contexto, sino que marca las expectativas en relación con la importancia y la calidad de las interacciones que están por venir.

Situación 2

Tu equipo ha logrado un gran éxito, y quieres dedicar un momento a celebrarlo con él.

Posible respuesta
«¡Genial! Hemos cerrado el último contrato del trimestre tres días antes de lo previsto [Q]. He estado entre bambalinas viendo cómo lo dabais todo para rematar este contrato [U]. Me acuerdo de hace tres meses, cuando nos entera-

mos de esta oportunidad y os seleccioné para que formarais parte del equipo porque confiábamos en que lo haríais bien [A]. La directiva y yo queremos felicitaros por vuestra creatividad y tenacidad a la hora de completar este proyecto. Gracias [D].»

Aquí, como elemento extra, quien habla resalta el trabajo en equipo y un planteamiento que le gustaría ver repetido en el futuro.

Situación 3

Una compañera tuya cumple cinco años en la empresa y te toca a ti homenajearla.

Posible respuesta
«Ting, felicidades por tus cinco años en la empresa [Q]. Hemos trabajado juntos en muchos proyectos y he aprendido mucho de ti [U]. Recuerdo aquella vez que pedimos las camisetas para el congreso y nos llegaron del color y la talla equivocados. Mantuviste la calma y el sosiego de una forma asombrosa mientras que yo iba por ahí desesperado [A]. Gracias, Ting, por ser tan buena compañera, mentora y amiga [D]. Feliz aniversario.»

En este ejemplo, resaltamos los puntos fuertes de la persona homenajeada a la vez que contamos una anécdota detallada y autocrítica.

Para terminar

No hace mucho, una compañera muy querida falleció de cáncer. Su muerte fue bastante repentina y la noticia me conmocionó. Edwina era un personaje destacado de la escuela universitaria en la que yo daba clases y muchas personas recurrían a ella en busca de orientación y sabios consejos. Fue mi mentora durante años y yo la consideraba una fuente de energía positiva y sabiduría en mi vida. Al enterarme de su muerte, me entristecí mucho y sentí la necesidad de homenajearla de alguna forma significativa.

Se me presentó la ocasión unos días después, cuando unos compañeros que también la conocían se reunieron de manera informal por Zoom para recordarla. Cada uno de nosotros fue expresando sus sentimientos y recordando cosas de Edwina; ninguno se había preparado los comentarios con antelación. Como éramos muchos, acordamos ser breves y hablar un minuto o así cada uno. El ambiente era sombrío, pese a que un par de nosotros aprovecháramos la ocasión para evocar recuerdos y reflexiones más ligeros. Cuando me tocó hablar a mí, confié en ser capaz de decir algo que transmitiera mi respeto y admiración profundos por Edwina sin alargarme mucho ni angustiar demasiado a los demás.

Aplicando la fórmula QUAD, terminé diciendo algo así:

> Edwina era una persona asombrosa cuyo sabio consejo buscábamos muchos [Q]. Tuve la fortuna de seguirla en dos puestos de liderazgo que ocupó [U]. Recuerdo vivamente haber formado parte de sesiones acaloradas de toma de decisiones en las que yo, como muchos de vosotros probablemente aún hacéis, me dije: «¿Qué haría Edwina?». Pensar en su actitud

y su planteamiento me ayudó a realizar contribuciones útiles en esas situaciones [A]. Os invito a todos a recordar a Edwina por cómo influyó en nuestra vida y en la de muchísimas otras personas con las que se relacionó [D].

Aunque mis observaciones fueron breves, me permitieron decir algo significativo sin acaparar la conversación. En vez de caer en clichés o lugares comunes, logré transmitir algo sobre Edwina que me importaba (es cierto que pienso en ella cuando me veo en apuros, y recuerdo sus sabias palabras y su forma de abordar la vida). La anécdota que conté era adecuada, dado que el público era una mezcla de buenos compañeros, jefes inmediatos y supervisores, y mi mensaje permitió triunfar a otros al invitarlos a compartir su opinión sobre cómo influyó Edwina en nosotros.

Contar con una estructura en la que apoyarme no fue decisivo en este caso (seguramente me habría apañado igual sin ella), pero esa fórmula me ayudó a mantenerme centrado y evitar que los sentimientos me distrajeran. Confío en que saques provecho al QUAD y que también tú empieces a ver el homenaje a otros como un obsequio que haces, más que como una tarea engorrosa. La vida es corta y, a la hora de la verdad, los regalos significativos que hacemos son los más importantes y satisfactorios, no solo para los demás, sino también para nosotros mismos.

CASO 3

Haz esa presentación (im)perfecta

El concepto

Cuando entablamos conversaciones espontáneas con otros, a menudo confiamos en hacer algo más que simplemente informarles de nuestros pensamientos, ideas y opiniones. Queremos convencerlos de que vean el mundo como nosotros o actúen de la forma que, a nuestro juicio, más les conviene. Puede que queramos que nuestros compañeros coincidan con nuestras ideas, que nuestros clientes nos compren los productos que les vendemos, que la persona que nos gusta salga por fin con nosotros, que nuestros hijos se porten bien y respeten las normas y nuestros vecinos no dejen que el perro se les escape a nuestro jardín. Se han escrito libros sobre cómo comunicarse de forma más persuasiva, y yo te recomiendo encarecidamente que los leas,[1] pero, para ser más convincentes, debemos entender también cómo ejercer nuestra influencia en el momento.

Una cosa es prepararse un discurso estelar con antelación y otra muy distinta ser capaz de adaptar una presentación sobre la marcha para que se ajuste a lo que vamos descubriendo de nuestro público y sus necesidades. Una preparación exhaustiva puede ayudarnos a anticipar lo que va a conmover al público, pero debemos ser capaces de escuchar en el momento, interpretar las pistas que nos dan y satisfacer las necesidades de nuestros interlocutores de un modo que resulte auténtico. Contar con una estructura de respaldo nos libera para que podamos prestar más atención y adaptarnos en tiempo real. Además, una estructura nos permite asegurarnos de que la presentación espontánea es lógica y coherente con lo que vamos averiguando de los demás y de sus necesidades.

Su importancia

Si estamos atentos a cómo presentamos nuestras ideas a otros en el momento, responderemos mejor a sus necesidades. Ellos a su vez nos percibirán como más creíbles, auténticos y empáticos, y verán más relevante nuestro mensaje. Tendremos más posibilidades de granjearnos todo su apoyo y su favor.

Prepara bien tus contenidos

Para hacer una presentación potente que responda a las necesidades de tu público, prueba una estructura de la que hablamos en el capítulo 5: problema-solución-ventaja.

> **Problema:** Primero, detecta un desafío, un problema o un punto crítico que vayas a abordar, uno que compartas con tu público.
> **Solución:** Segundo, presenta una solución al problema, desglosando los pasos concretos, el proceso/producto o el método con el que remediar ese problema.

Ventaja: Por último, describe las ventajas y beneficios que generará la adopción de la solución que propones.

Como creo que tú mismo verás, esta estructura funciona bien en una gran variedad de situaciones en las que te propongas convencer a otros. A continuación detallo mejor esos tres pasos.

Paso 1: Señala el problema concreto

Con toda la claridad y concisión que te sea posible, expón de forma directa el problema en cuestión en términos que tu público sepa apreciar. Unas veces te será posible plantearlo de forma positiva, como oportunidad de mejorar una situación actual o emprender un nuevo proyecto; otras, tendrás que presentar el problema de forma más directa como una situación desafortunada o un punto crítico que precisa atención. Puedes prepararte investigando qué tipo de presentación ha calado bien en tu público en otras ocasiones.

Ejemplos

Si quieres que, en una cena informal, tus amigos respalden tu idea de que es necesario solucionar el problema de la indigencia en tu ciudad, podrías decir: «Es un problema acuciante en nuestra ciudad, como se ha visto recientemente en las noticias».

Si quieres que tus compañeros de trabajo adopten una nueva conducta, podrías decir: «¿No estáis hartos de que os minusvaloren y os desconecten de lo que hace el resto del equipo?».

Al señalar el problema o la oportunidad, piensa en qué clase de pruebas resonarán más en tu público. Por ejemplo, si sabes que le importan los datos, facilita estadísticas que respalden tu afirmación; si tu público es más dado a favorecer ejemplos concretos, cuenta historias y anécdotas relevantes o haz una demostración. Habrá públicos que prefieran que abordes el problema de forma directa y contundente; otros querrán que seas más suave, que emplees, quizá, un toque de humor cuando presentes el problema. Como decíamos en el capítulo 6, es importante crear con tu público un espacio común, y eso lo puedes hacer reflexionando sobre unas preguntas básicas: ¿estará familiarizado todo el mundo con el problema del que quiero hablar o será nuevo para ellos?, ¿qué relación personal podrían tener con el tema?... Espolvoreando unos cuantos antecedentes, empleando términos familiares o haciendo referencia a conexiones personales, puedes conseguir que el problema que presentas resulte más relevante.

Mientras presentas el problema, podrías señalar también los inconvenientes que han impedido que se aborde. Cuando presentó la batería Powerwall del Tesla, Elon Musk no se limitó a señalar el problema: el calentamiento global descontrolado que provocan las emisiones de combustibles fósiles, sino que, además, expuso las barreras que impiden ahora mismo a la humanidad la transición a la energía solar: las variaciones en la producción de energía, que hacen necesario el uso de baterías, la tecnología deficiente de las baterías actuales, etc. Dar ese paso extra de retratar los desafíos concretos que impiden solucionar el problema puede hacer que este parezca más complicado y que la solución que propones (que, por supuesto, superará todos esos desafíos) resulte mucho más interesante.[2]

Paso 2: Detalla la solución

Presenta una solución que parezca viable y razonable para el problema o la oportunidad que se debate. Consultando el capítulo 6, comunica la solución de una forma que un público concreto encuentre centrada y accesible. Si tu solución es más compleja, desglósala para que los demás la entiendan bien.

Ejemplos
«Las políticas modeladas conforme a nuestros programas actuales tienden a asociar a los funcionarios municipales con negocios locales. La adopción de esas políticas nos permitirá encontrar más oportunidades de empleo para las personas sin hogar, con lo que podrán rehacer su vida.»

«Cread paneles en los que se vean vuestros progresos frente a vuestros objetivos. La puesta en común de esos progresos antes de nuestra reunión semanal permitirá al resto del equipo comprobar el valor de vuestro trabajo.»

Paso 3: Expón las ventajas

Especifica y ordena las ventajas que tu solución aportará, empezando por las de mayor valor e importancia.

Ejemplo:
«Al favorecer un conocimiento mayor del problema de la indigencia y fomentar la conexión fundamental entre la empresa y el gobierno, no solo podremos ofrecer a más personas el cobijo y el apoyo que necesitan, sino que tendremos de

nuestro lado a la comunidad y más personas podrán trabajar juntas.»

«Demostrar tu valía no solo te conectará más con el equipo, sino que también incrementará la relevancia de tu trabajo y posiblemente contribuya a que consigas ese ascenso que buscas.»

Si prevés que te vas a encontrar con una fuerte oposición a tu propuesta o piensas que tu público no va a aceptar tu visión del problema, puedes ajustar el orden de estos elementos. En esos casos, es preferible anteponer la ventaja al problema. La respuesta que podrías dar en el momento sería algo así: «¿Y si pudiéramos aumentar las ventas a la vez que reducimos los costes de producción? [Ventaja]. Depender de un solo proveedor nos impide obtener esos beneficios [Problema]. Si externalizamos nuestras necesidades a dos proveedores, podemos alcanzar, de forma fácil y rápida, los objetivos de ventas y rentabilidad que nos hemos propuesto [Solución]».

Estructura extra

Pues sí, ¡hay más! Si estás haciendo una presentación con el fin de obtener el apoyo de otras personas para un proyecto comercial nuevo o en crecimiento, podrías proceder completando las siguientes frases:

- ¿Y si pudierais...?
- De ese modo...
- Por ejemplo...
- Es más...

Ejemplo

«¿**Y si pudierais** dar entrada a los pedidos de los clientes a la vez que ofrecéis una experiencia más personalizada? **De ese modo**, los clientes recibirían los artículos más rápido y vosotros cobraríais antes. **Por ejemplo**, usando nuestra plataforma, la empresa Tal ahora está procesando los pedidos un 50 por ciento más rápido y cobrando una semana antes, y sus clientes se muestran más satisfechos. **Es más**, con todos los datos que recabamos y analizamos, podemos facilitar recomendaciones a los clientes, con lo que comprarán más productos vuestros.»

Afina los comentarios

El uso de la estructura problema-solución-ventaja te puede venir muy bien para conseguir que tu público vea las cosas como tú. Si quieres aumentar tus opciones de éxito, valora los siguientes consejos:

Consejo 1: Usa analogías

Las analogías o comparaciones ayudan a tus interlocutores a entender los distintos elementos de esta estructura. Podrías, por ejemplo, comparar la relevancia y la repercusión del problema/de la oportunidad que presentas con una situación anterior que esas personas ya conozcan. En un entorno comercial, podrías decir algo así como «El problema que tenemos ahora con la cadena de suministro se asemeja a los desafíos a los que nos enfrentamos con nuestra otra línea de productos» o «La transición de la oferta *in situ* a la oferta en la nube equivale a lo que sucedió cuando la industria pasó de los ordenadores de sobremesa a los dispositivos móviles».

Del mismo modo, podrías comparar la solución que propones con una solución satisfactoria de otro dominio. Si trabajas, por ejemplo, en el ámbito de la sanidad y pretendes convencer a un paciente de que coma menos hidratos de carbono, podrías decirle «Reducir los hidratos es como cuando, hace unos años, bajaste el consumo de vino entre semana». También puedes encontrar analogías para las ventajas que defiendes. Hablando con un compañero de trabajo de una empresa tecnológica, por ejemplo, sería «Atlassian mejoró diez veces el tiempo de respuesta implantando una solución similar».

Consejo 2: Ofrece soluciones coherentes

Si demuestras que la solución que propones es coherente con medidas o formas de abordar el problema anteriores, a tus interlocutores les costará menos confiar en ti. En ventas, eso es lo que se conoce como la técnica de «colar un pie en la puerta».[3] Nos conviene dar una imagen de coherencia y que los demás nos vean así también. Además, es más probable que accedamos a algo si detectamos algún precedente. Si sostienes que el Gobierno debería bajar los impuestos con el fin de favorecer el crecimiento económico, comenta que ya lo hizo con éxito para combatir recesiones económicas previas. Si lo que sostienes es que mereces un aumento o un ascenso, señala a otras personas que hayan recibido uno con un rendimiento comparable al tuyo. Demostrando que tu solución encaja en otras anteriores consigues que la respuesta afirmativa parezca la más lógica.

Consejo 3: Plantea las ventajas en términos positivos[4]

El modo de decir las cosas importa. Si piensas en formas de expresar una ventaja, te costará menos convencer a tu público. Cuando una solución concreta haya funcionado el 75 por ciento de las veces, podemos resaltar eso en vez de decir que tiene un índice de fracaso del 25 por ciento, porque a casi todo el mundo le interesa más saber de una solución que ha funcionado tres cuartas partes de las veces. En el capítulo 6 ya hablamos de cómo despertar la curiosidad de tu público añadiendo tensión a tu discurso. Si recurres a ese planteamiento, es muy importante que estés preparado para plantear una solución en términos positivos con el fin de aliviar la tensión del problema.

Procura también exponer soluciones destacando sus beneficios. Según la teoría popular de la aversión a la pérdida, solemos tender, por defecto, a evitar riesgos y que pasen cosas malas, a veces sacrificando incluso más para lograr algo bueno. Si mentas el riesgo señalando lo que esas personas pueden llegar a perder, es muy posible que, sin quererlo, termines consiguiendo que rechacen esa solución más de lo que lo harían en circunstancias normales.

Uno de mis ejemplos favoritos para ilustrar esto tiene que ver con la venta de coches. Podrías mencionar que se trata de un coche «usado» cuando expongas sus características y sus ventajas, desde luego, pero eso hará que tu interlocutor piense en los posibles inconvenientes de los coches usados: escasa fiabilidad, alto coste de las reparaciones, etc. Es preferible decir que «otros lo han disfrutado antes». La diferencia es sutil, pero seguro que esa última forma de decirlo no le suena tanto a riesgo al comprador, sino al contrario, le indica que va a disfrutarlo como ya lo han hecho otras personas antes.

Consejo 4: No ignores los obstáculos

Muchas personas quieren comer más frutas y verduras y menos dulces y grasas. Saben que un cambio así en su dieta las beneficia, que con una alimentación más sana perderán peso, se sentirán mejor, les bajará la tensión y alcanzarán objetivos de salud. Es muy posible que tengan intención de cambiar la dieta para mejor, incluso que estén animadas a hacerlo.

Pero entonces se topan con algunos obstáculos. Quizá vivan en una zona de bajo suministro donde conseguir frutas y verduras sea complicado. Tal vez viajen demasiado y rara vez encuentran opciones de alimentación saludable. Por mucho que se empeñen, esos obstáculos podrían dificultar el cambio de conducta, aunque haya buena voluntad. Se encuentran subsistiendo a base de hamburguesas, patatas fritas y refrescos, como siempre.

Cuando pretendemos influir en otros, a menudo nos centramos exclusivamente en las ventajas de nuestra solución y, por importantes que sean, debemos prestar también atención a las barreras que impiden a los demás pensar o hacer lo que queremos. De lo contrario, podríamos perder credibilidad con nuestro público. Imagina lo frustrante que podría ser que alguien intente convencerte de lo estupenda que es una medida y, sin embargo, omita los verdaderos inconvenientes de aplicarla. Te estarían poniendo delante algo atractivo sin llegar a permitirte alcanzarlo. Muy desconsiderado por su parte. Y a ti no te haría ninguna gracia.

Debemos hacer un esfuerzo por que las solicitudes de los demás (nuestras soluciones) sean prácticas a la vez que atractivas. A veces eso implica proponer algunas ideas sobre cómo salvar los obstáculos del camino; otras, significaría plantear nuestras soluciones teniendo en cuenta las barreras que van a encontrar los demás. Si pretendes convencer a alguien de que juegue contigo al tenis y sabes que tiene que cuidar de sus hijos los fines de semana porque su pareja trabaja, proponle quedar una tarde entre semana, a última hora, en vez de mencionarle la posibilidad de veros el fin de semana. Si intentas venderle a alguien un producto, pero sabes que tiene un presupuesto limitado, le puedes ofrecer un plan de pago por uso como forma de abordar tu solución. También puedes suavizar directamente el impacto del precio comentándole que otros productos terminan saliendo más caros, porque el tuyo le durará más y, a la larga, le habrá costado menos.

No podemos limitarnos a promover los cambios que queremos ver. Tenemos más posibilidades de triunfar si llevamos la empatía a otro nivel, teniendo además presente lo que podría impedir que otras personas acepten ese cambio, y abordando esas preocupaciones como parte de tu mensaje.[5]

Consejo 5: Modera el perfeccionismo

Cuando intentamos influir en otros mediante un discurso improvisado, a veces tenemos la sensación de que lo que digamos debe ser perfecto. Como ya hemos visto a lo largo de este libro, ese empeño de perfección puede, en cambio, llegar a agarrotarnos y acobardarnos, porque nos aterra meter la pata.

Si se trata de presentar ideas, algo de imperfección no viene mal. Como profesor de marketing, Baba Shiv nos cuenta que las presentaciones muy pulidas suelen suscitar críticas: el público quiere encontrarle defectos a lo que oye. Por naturaleza, los seres humanos somos escépticos cuando oímos las propuestas de otros. Defendemos nuestras creencias y actitudes, y tememos adoptar unas nuevas. En muchos casos, también nos gusta tener la sensación de que se valida nuestra perspectiva, que aportamos algo valioso, y hacer críticas o sugerencias es una forma poderosa de conseguirlo.

Shiv hace referencia a un antiguo dicho de Silicon Valley: si eres un empresario que aborda a un inversor en busca de financiación, «solo vas a conseguir asesoramiento; si lo que buscas es asesoramiento [porque tu idea aún no es perfecta], te van a dar dinero». Cuenta una historia del mundo de la publicidad en la que un ejecutivo presenta a un cliente una campaña publicitaria, pero fracasa, porque la campaña es demasiado perfecta. Su jefe le aconseja que, en la campaña audiovisual, incluya a alguna persona con demasiado vello en los brazos. De ese modo, el cliente podrá aceptar la campaña, pero también tendrá ocasión de opinar y pedir que haya menos vello. Al generar ocasiones de que los demás aporten algo y colaboren, incrementas también tu posible influencia y aceptación.

La moraleja es que un poco de perfección no viene mal, pero, con demasiada, te puede salir el tiro por la culata.

Puesta en práctica

¿La fórmula problema-solución-ventaja funciona realmente en una gran variedad de circunstancias con la que podríamos toparnos? Por supuesto. Estudia los tres casos siguientes, que van de lo profesional a lo personal. Cada uno de ellos va acompañado de un pequeño análisis de en qué medida la respuesta que proponemos podría beneficiarte.

Situación 1

Estás entrevistando a alguien para un empleo, intentando convencer a esa persona para que forme parte de tu empresa.

> **Posible respuesta**
> «No solo afinarás tus aptitudes como gestor de proyectos, sino que tendrás acceso a la directiva e influencia en ella [Ventaja]. En este puesto definirás y pondrás en marcha nuestro plan de comercialización, con lo que tendrás un gran impacto tanto dentro como fuera del ámbito corporativo [Oportunidad]. Todos los que te hemos entrevistado confiamos en que decidas formar parte de nuestro equipo [Solución].»

En este caso, damos prioridad a las ventajas. Al hacerlo, planteamos la decisión en relación con los beneficios que puede obtener el candidato, y evitamos que piense en posibles pérdidas en un puesto distinto donde quizá no tenga el mismo acceso. Al centrarnos tanto en una ventaja formativa como en una interpersonal, reforzamos la idea de que se trata de un buen trabajo.

Situación 2

Quieres que alguien te haga un favor.

Posible respuesta
«Necesito recolocar dos librerías grandes, porque así me cabría la alfombra nueva y vería mejor la tele de pantalla grande [Problema]. Como yo te ayudé a subir a casa el sofá nuevo, esperaba que pudieras pasarte esta noche a devolverme el favor ayudándome a mover esas librerías [Solución]. Así luego vemos mejor el partido y disfrutamos más del refrigerio [Ventaja].»

Aquí, recordar a otra persona la posible reciprocidad puede favorecer su disponibilidad. También se puede conseguir centrándose en las ventajas para «la víctima».

Situación 3

Sales a cenar con tu pareja y quieres convencerla de que el restaurante que tú has elegido es la mejor opción.

Posible respuesta
«Sé que habías propuesto un italiano, pero me han dicho que en el chino acaban de cambiar la carta porque al chef le han dado un premio muy prestigioso [Oportunidad]. ¿Qué te parece si hoy vamos al chino y entre semana hacemos comida italiana? [Solución]. Así podemos probar la carta nueva del chino y, al cocinar italiano en casa, nos aseguramos de que sobrará un montón y nos ahorraremos unos cuantos almuerzos [Ventaja].»

En este ejemplo, valorar el punto de vista de la otra persona te hace parecer más razonable y empático. Dejas claro que prestas atención y registras los deseos y las preocupaciones de la otra persona, y no pretendes únicamente imponer como sea tu voluntad. Plantear la ventaja como triunfo a largo plazo para tu interlocutor también puede ayudar.

Para terminar

Siempre me ha fascinado la facilidad que tienen los niños para hacer uso de la persuasión en el momento. Cuando el mayor de mis hijos tenía doce años, nos preguntó a mi mujer y a mí si podíamos comprarle una guitarra eléctrica carísima. Por entonces, tenía el armario repleto de juguetes y equipos apenas utilizados. No me apetecía concederle ese capricho para ver poco después como lo abandonaba también, así que le dije que no. Acto seguido nos soltó un discurso espontáneo perfectamente estructurado.

«Papá —dijo—, ¿no me estáis animando siempre mamá y tú a que sea más creativo?» Con esa entrada, articuló una oportunidad que se nos presentaba a los tres. Luego nos ofreció una solución: «Si me compráis esa guitarra, puedo aprender por mi cuenta a leer partituras, y ensayar en mi cuarto». Después vino la ventaja, tanto para él como para nosotros: «El primer tema que aprenderé a tocar será uno de tus favoritos de Carlos Santana. Además, mi amigo me ha dicho que aprender a tocar la guitarra a él le ayudó a entender mejor las mates en clase».

A mi mujer y mí nos impresionó bastante aquel ruego tan persuasivo, y le condecimos el deseo. Nos impresionó aún más que, a las pocas semanas, tocara ya una música superguay con su guitarra nueva. El niño consiguió convencernos, sobre todo, porque supo abordar nuestras preocupaciones de forma clara, sucinta y lógica. Tus discursos también pueden triunfar. Sirviéndote de esquemas de persuasión, aumentarás las probabilidades de conseguir lo que deseas no insistiendo machaconamente, sino sintonizando con las necesidades de tu interlocutor y abordándolas.

CASO 4

Domina la ronda de preguntas[1]

El concepto

Lucirse dando una charla formal es una cosa, pero ¿cómo manejar esas rondas de preguntas, mucho menos estructuradas, de después? ¿Y cómo manejar esas preguntas improvisadas en reuniones y situaciones de tú a tú como las entrevistas? Muchos temen estas rondas porque las perciben como un desafío y piensan que cualquier error que cometan podría minar su credibilidad. Si nos planteamos las rondas de preguntas como un diálogo con el público en vez de pensar que estamos jugando al balón prisionero, podemos desbloquear nuevas oportunidades de implicar a otros y expandir y esparcir nuestro contenido. Podemos ponernos al mando de la sala y mantener el control.

Su importancia

Quizá resulte en exceso optimista describir una ronda de preguntas como una oportunidad, pero es cierto que esas sesiones te proporcionan una serie de ventajas que la parte formal de la presentación o el encuentro no te ofrece. Para empezar, tienes ocasión de proyectar en tu público un aire de autenticidad y veracidad. Saben que ya no estás leyendo el texto en un papel, que está quedando al descubierto tu verdadera personalidad, con sus rarezas y todo. Al dejar aflorar tu yo (más o menos) sin pulir, estableces una relación más estrecha con el público, y te haces asequible y humano. Como interactúas de forma individual con el público o con los asistentes a una reunión, también conoces mejor sus creencias y sus cualidades.

Las rondas de preguntas te permiten aclarar ideas y explicar con mayor detalle puntos que a lo mejor no has podido abordar durante tu comunicación inicial. Cuando demuestras cierta habilidad para contestar preguntas sobre la marcha, transmites tu dominio de la materia, lo que aumenta tu credibilidad en lugar de reducirla.

El resultado final es que el público se implica más, tú te centras más en tu contenido, y se humanizan y personalizan tus mensajes.

Prepara bien tus contenidos

Cuando contestes preguntas sobre la marcha, puedes aportar algo más al público siguiendo un método sencillo al que yo llamo COS:

- **C** **Contesta la pregunta**: primero, responde con una sola frase clara y enunciativa.
- **O** **Ofrece un ejemplo detallado**: segundo, facilita pruebas concretas y específicas que respalden tu respuesta.
- **S** **Señala su valor**: por último, expón las ventajas por las que tu respuesta es relevante y destacada para quien te ha preguntado.

No es necesario ejecutar esos pasos en orden. Una buena contestación a una pregunta proporciona sencillamente una respuesta, detalles concretos y una afirmación sobre su relevancia y su valor. Los detalles concretos son cruciales. Como oyentes, solemos recordar mejor los detalles que las generalidades. Al añadir comentarios coloridos ayudamos al público a recordar nuestra respuesta, y procurando establecer la relevancia, logramos que nuestro mensaje les resulte aún más perentorio y atractivo.

Esta fórmula me ha parecido siempre tan útil que se la enseñaba a los candidatos a futuros puestos de trabajo cuando era director de contrataciones. Al principio de las entrevistas les comentaba que iba a hacerles una serie de preguntas y quería que me dieran una respuesta, que la respaldaran con algún detalle y después me explicaran la relevancia de dicha contestación (para qué iba a servirles en el puesto si lo conseguían). Los resultados eran asombrosos. Los candidatos me daban respuestas mucho más claras, y se les veía menos agobiados sabiendo que tenían un formato que seguir. Además, para mí era mucho más fácil decidir cuál era el mejor fichaje para el equipo.

Veamos con detenimiento los pasos de esta fórmula.

Paso 1: Da una respuesta

Con la mayor claridad y concisión posibles, da una respuesta directa a la pregunta que te hacen. No hacen falta preámbulos ni antecedentes pormenorizados. Ve a la respuesta directamente. Las tácticas dilatorias o las desviaciones del tema podrían socavar la transparencia y la autenticidad de tu contestación, y reducir así tu credibilidad.

Ejemplos

Si has hecho una presentación formal como parte de una entrevista de trabajo y alguien del público te pregunta por tu experiencia, contesta: «Tengo quince años de experiencia en este campo».

Si presentas un informe de los progresos de tu equipo en una gran reunión de la empresa y un ejecutivo del público te pregunta por qué el proyecto lleva retraso, responde: «Los problemas con la cadena de suministro y las demoras logísticas nos han retrasado».

Paso 2: Ofrece un ejemplo concreto

Piensa en un ejemplo clave que respalde tu respuesta. No te excedas con los detalles. Aunque viene bien que te expliques un poco, el exceso podría aburrir al público, distraerlo y hacer que desconecte. Procura que esta parte de la respuesta no supere una frase con un puñado de detalles.

Ejemplos

«He trabajado en tres empresas [nómbralas], definiendo el ámbito de aplicación de nuevos proyectos, organizando equipos multifuncionales y presentando resultados a los directivos.»

«Por ejemplo, los materiales que usamos para la fabricación de la base del producto quedaron retenidos en el puerto diez días más por problemas de aduanas.»

Paso 3: Describe las ventajas y la relevancia para quien pregunta

A menudo damos por sentado que la gente entiende de inmediato por qué nuestra respuesta es importante y relevante. Por desgracia, eso no siempre es así. Para ayudar a nuestro público a entender el valor de nuestra respuesta e incrementar la percepción de nuestra competencia, debemos ser explícitos sobre las ventajas más importantes en las que debe reparar.

Ejemplos

«De ese modo, puedo identificar mejor los desafíos y ofrecer posibles soluciones a los problemas que se os planteen a vosotros y vuestros equipos.»

«Ya estamos negociando contratos con otros proveedores y hemos estudiado sistemas de transporte alternativos para evitar futuras demoras.»

A diferencia del primer ejemplo, este segundo aborda una cuestión negativa. En esas circunstancias, podemos recurrir al paso de «la relevancia detallada» y comunicar de ese modo lo que estamos haciendo para remediar el problema en cuestión. Supongamos que nos presentamos como candidatos a un puesto de trabajo y alguien nos plantea un problema y nos pide que señalemos un área personal en la que necesitemos mejorar. Podríamos contestar lo siguiente:

> «Me puedo liar contestando correos electrónicos y mensajes de Teams y distraerme de mi trabajo [Respuesta]. Por ejemplo, a menudo tengo una veintena de mensajes en la bandeja de entrada al comienzo de cada turno, y eso hace que empiece más tarde mis tareas [Detalle]. Ahora me programo una alarma a los diez minutos en el móvil. Cuando suena, sé que tengo que dejar de responder mensajes y ponerme con otras cosas [Ventajas/Relevancia]».

Afina los comentarios

La fórmula COS nos permite responder con brevedad cuando nos preguntan. Vamos al grano y con rotundidad, y le damos a nuestro público solo lo que necesita para que nuestra contestación sea significativa y memorable. Si te interesa potenciar la utilidad de esta fórmula y aportar aún más con tus respuestas, prueba lo siguiente:

Consejo 1: Prepárate con antelación para posibles preguntas

Aunque las rondas de preguntas sean espontáneas, no hay por qué ir completamente en blanco. Piensa con antelación posibles preguntas. ¿Cuáles son los temas que más tiempo has dedicado a preparar en tu presentación inicial? ¿Cuáles son los interrogantes más difíciles que se te ocurren? ¿Hay alguna cosa que tengas la certeza de que te van a preguntar? ¿Sabes algo del público que pueda ayudarte a deducir el tipo de preguntas que te harán?

Una vez identificadas las preguntas probables, organízate con la herramienta COS la forma más convincente de responderlas. Luego ve más allá y plantéate esas preguntas como ocasiones de ahondar en tu material. ¿Cuáles de tus temas o puntos favoritos podrías abordar mientras resuelves esas dudas? Piensa también en si podrías ajustar tu presentación formal o tu agenda de encuentros de modo que impidan esas preguntas o te sitúen en mejor posición para contestarlas.

Si, durante esa preparación, te cuesta encontrar respuestas convincentes, busca el modo de encontrar una respuesta rápida, quizá contactando con algún entendido al que conozcas o investigando unos minutos en internet. Según vayas encontrando respuestas satisfactorias, dilas en voz alta. También te puedes grabar y luego reproducirlo para ver cómo suena. Si no encuentras respuestas, piensa en cómo podrías responder en el momento. Cuando no sé qué contestar a una pregunta después de una ponencia, siempre reconozco que no lo sé y prometo al público que contestaré dentro de un tiempo.

Consejo 2: Ajusta la duración de la ronda de preguntas según te convenga

Las rondas de preguntas suelen hacerse después de las presentaciones o las reuniones, pero no siempre. Si tu presentación abarca temas diversos o está organizada al menos en dos partes, quizá merezca la pena hacer una pausa para preguntas, a modo de transición entre una parte y la otra. En general, no conviene que hables más de diez minutos seguidos sin interactuar con el público. Con las preguntas, el público se implica y tú puedes comprobar si te siguen. Por otro lado, si haces demasiadas pausas, puede que la presentación o la reunión se alarguen demasiado. Además, las interrupciones frecuentes impiden centrarse. En cambio, si tu presentación no dura más de cinco minutos, es preferible que respondas a las preguntas al final.

Si el tema es nuevo para ti o estás nervioso, yo te aconsejaría dejar las preguntas para el final. Puede que te vayas sintiendo más cómodo según avances, e incluso que el público te vaya dando pistas de cuáles de tus argumentos ha encajado especialmente bien. Esos datos te permitirán responder mejor a las preguntas más adelante, y tratar el material que más te has preparado. De ese modo, si te lanzan una pregunta inesperada al final, no tendrás la sensación de que te están desviando del rumbo previsto para tu discurso.

Siempre que accedas a contestar preguntas, indica al público desde el principio cuáles son tus expectativas. Si saben con antelación que vas a contestar preguntas cuando termines, reduces la probabilidad de que levanten la mano para interrumpirte en plena ponencia. También puede que anoten las preguntas para hacértelas cuando termines. Al estructurar de forma clara tu presentación, incluyendo las pausas para preguntas, marcas el ritmo de lo que está por venir, y todo el mundo se relaja.

Consejo 3: Mantén el control estableciendo límites

Cuando te enfrentas a una ronda de preguntas, tienes más control del que piensas. Indicando previamente a tu público lo que puede esperar, decides el número de preguntas que vas a contestar, de cuánto tiempo dispones para ese diálogo espontáneo y qué clase de temas son aceptables como pregunta. Asegúrate de marcar bien esos límites, porque así puedes negarte a contestar cualquier pregunta que no encaje en los parámetros prestablecidos.

Podrías decir, por ejemplo: «Al final de la charla dedicaré unos diez minutos a contestar las preguntas que se os ocurran sobre el nuevo proyecto en el que ha estado trabajando mi equipo y su mercado potencial». O, si estás en una entrevista de trabajo: «Responderé encantado cualquier pregunta relacionada con mis empleos anteriores».

Cuando llegue el momento de contestar las preguntas, sé firme con el procedimiento. Muchos ponentes inician la ronda de preguntas diciendo: «¿Alguna pregunta?». ¡Mala idea! Habrá quien se crea con derecho a hacer cualquier tipo de pregunta, por peregrina que sea y aunque no tenga nada que ver con tu presentación. Si marcas las pautas al principio, recuérdaselas al público: «¿Alguien tiene alguna pregunta sobre el nuevo proyecto? Como he dicho antes, dispongo de unos diez minutos».

Consejo 4: Termina la ronda de preguntas con un signo de admiración

Supongamos que has aplicado la fórmula COS y el resto de los consejos y que, en consecuencia, lo estás petando con la ronda de preguntas. Lo último que quieres es acabar la ronda sin pena ni gloria. Muchos ponentes terminan raro, mascullando un «Gracias» o «Bueno, pues creo que esto es todo», y luego abandonan el estrado. Hay que dar las gracias al público por su atención, desde luego, pero dale un empujoncito a tu salida recordando al público una vez más tu mensaje o ideas clave. Por ejemplo: «Gracias por las preguntas. Está claro que debemos invertir en este proyecto si queremos alcanzar nuestros objetivos» o «Agradezco muchísimo las preguntas y los comentarios. Juntos podemos lanzar con éxito esta iniciativa». Piensa en la idea que quieres que extraigan quienes escuchan tu presentación o en una reunión, y termina con eso. Si maduras con antelación los posibles cierres, sabes que podrás terminar en alto pase lo que pase.

Consejo 5: Haz de director de orquesta cuando contestes a los demás

En las mesas redondas, las reuniones de equipo y otras situaciones, a menudo no es un solo individuo el que presenta el material al público, sino que son varios ponentes que trabajan juntos como equipo. Cuando llega la ronda de preguntas con múltiples ponentes, el debate se puede desmembrar por falta de coordinación: o no se ofrece nadie a contestar o lo hacen varias personas a la vez, disputándose la palabra.

Puedes gestionar mejor esta situación si adoptas el planteamiento del director de orquesta. Antes de que dé comienzo la ronda de preguntas, asigna a uno de los ponentes el papel de director de orquesta. Según vayan surgiendo las preguntas, esa persona las irá recibiendo y respondiéndolas o pasándoselas a otros miembros del equipo, según la especialidad de cada ponente, su categoría en el grupo o su nivel de interés. Un buen director de orquesta se asegurará de que todos los participantes hablan el mismo rato. Con un director de orquesta organizando las preguntas y, en algunos casos, señalando literalmente como lo hace uno de verdad, la ronda entera parecerá más organizada, fluida y controlada.

Consejo 6: Si no hay preguntas, hazte una tú

Cuando empieza la ronda de preguntas, no siempre es fácil conseguir que el público se arranque a hacer la primera. Es comprensible: como tú, tus interlocutores pasan de lo que ha sido hasta entonces un monólogo a un diálogo. Puede que les dé reparo hablar, sobre todo si se trata de un público numeroso. A lo mejor alguna persona quiere preguntar algo, pero se resiste a ser la primera.

Si invitas al público a hacer preguntas y nadie levanta la mano ni se acerca al micro enseguida, haz una pausa y espera. Los ponentes nerviosos no suelen hacerlo: se apresuran a observar que no hay preguntas y dan por terminado el evento. A mí eso me parece un error. ¡Seguro que alguien tiene algo que preguntar!

En algunos casos, puede que esa persona tengas que ser tú. Si ya has hecho una pausa de varios segundos (yo aconsejo esperar al menos cinco) y nadie ha levantado la mano, haz lo que yo llamo la «pregunta de reserva». Ten siempre a punto una pregunta para situaciones como esta. Que sea una pregunta que quieres hacer y que puedas manejar bien. Puedes introducirla diciendo: «Una pregunta que suelen hacerme es...» o «Cuando empecé a investigar este tema, me tenía perplejo que...».

Muchas veces basta con plantear y responder esa primera pregunta para romper el hielo y aumentar las probabilidades de que otra persona haga la segunda. Si nadie más se anima a preguntar nada, entonces ya puedes dar por terminado el acto. No será una ronda de preguntas de las que hacen historia, pero al menos se habrá hecho una pregunta que habrá tenido su respuesta.

Puesta en práctica

Como ya he comentado, podríamos vernos contestando preguntas en muy diversas situaciones: cuando participamos en una mesa redonda de un congreso profesional, nos entrevistan para un pódcast, nos reunimos con el jefe para hablar de los últimos proyectos o incluso al salir por primera vez con esa persona que nos hace tilín. Las propuestas que hago a continuación plantean esas situaciones e indican cómo podría aplicarse la fórmula COS para responder de forma sucinta y contundente. Observa cómo la inclusión de detalles y la atención que se presta a la relevancia generan respuestas más satisfactorias en el momento.

Situación 1

Estás en una entrevista de trabajo y el responsable de contratación que tienes sentado enfrente te pide que le hables de un reto que hayas superado recientemente.

Posible respuesta
Primero marca un límite señalando que te vas a centrar en los retos de tu puesto de trabajo más reciente, no en otras áreas de tu vida profesional. Luego contesta. La respuesta podría ser algo así: «Hace unos seis meses, trabajé con un compañero que nunca hacía su trabajo a tiempo y a menudo ponía en peligro la capacidad del equipo de completar las tareas [C]. No presentaba el informe de usuario que servía de base para nuestro plan de medidas correctoras [O]. Para resolver el problema, lo llevé a un aparte y me ofrecí a ayudarlo con sus entregas. Le pedí que nos avisara con dos días de antelación si necesitaba refuerzos. Procuro siempre ser directo en las situaciones complicadas y ofrecerme a ayudar [S]». No olvides que, cuando te hagan una pregunta sobre alguna situación complicada o una posible área de mejora, puedes usar la parte de relevancia de la respuesta (la segunda S) para exponer la medida correctora o el plan, de forma que quien te entrevista vea cómo actuarías en el futuro.

Situación 2

Te entrevistan para un pódcast o una charla informal. El entrevistador te invita a que comentes un poco tu relación con el tema del que se habla.

Posible respuesta
La clave aquí es conectar de verdad con el público que escucha. ¿Qué valor sacarán de tu intervención en el acto? Tu respuesta podría ser algo así: «Me apasiona la comunicación [C]. Llevo más de veinticinco años estudiando, enseñando y orientando sobre técnicas de comunicación en muy diversos entornos [O]. Me hace mucha ilusión compartir lo que he aprendido en todos estos años para ayudaros y ayudar a vuestro público a sentirse más cómodo y seguro en sus comunicaciones [S]».

Situación 3

Estás en un ágape y has conocido a alguien. Os hacéis preguntas genéricas para romper el hielo. La otra persona te pregunta qué te ha llevado hasta allí ese día.

Posible respuesta
«Bueno, disfruto aprendiendo cosas nuevas y conociendo gente [C]. El objetivo de este encuentro me pareció interesante y educativo [O]. Confío en poder compartir experiencias pasadas y aprender de personas como tú [S].»

Situación 4

Estás en una reunión con tu jefe, que te está interrogando sobre el enfoque y la productividad de tu equipo.

Posible respuesta

«Estas últimas dos semanas nos hemos centrado en las preocupaciones de atención al cliente [C]. Hemos recibido un veinte por ciento más de llamadas sobre dos funcionalidades concretas de nuestro producto desde que lanzamos la nueva actualización [O]. Recientemente hemos colgado en internet unos tutoriales que ofrecemos a los clientes que nos llaman por primera vez. Así el equipo puede volver a centrarse en sus otras tareas. Tenemos pensado subir otros tutoriales más adelante y enviárselos a los clientes por iniciativa propia antes de la siguiente actualización [S].»

Fíjate cómo en esta respuesta la mención de datos y cifras concretos resulta particularmente útil. Esta es otra de esas formas en que el uso de detalles puede reforzar y consolidar nuestra pregunta.

Para terminar

Hace un tiempo, un antiguo alumno mío montó una pequeña consultoría que ayudaba a las empresas a digitalizar sus archivos y pasarlos de las instalaciones físicas a la nube. Con el tiempo, mi alumno cayó en la cuenta de que su negocio podía crecer más rápido si automatizaba el proceso de transición vendiendo herramientas que hicieran el trabajo para los clientes en vez de usar asesores humanos. Bajo su liderazgo, la empresa dejó de vender servicios de consultoría y pasó a vender software.

Como te podrás imaginar, los consultores y otros profesionales que trabajaban para mi alumno se alarmaron. Algunos temían perder su empleo, mientras que otros se preguntaban si se les daría tan bien vender el software de la compañía después de haber estado tanto tiempo vendiendo servicios de consultoría. Para mantener unida la compañía, mi alumno tendría que comunicar a sus empleados las decisiones estratégicas de la empresa, y exponerse en ocasiones a preguntas muy francas y directas.

Trabajé con él para ayudarlo a potenciar sus aptitudes en rondas de preguntas espontáneas. Le enseñé la fórmula COS y ensayamos el manejo de determinado tipo de preguntas. La estructura COS le pareció muy útil. La claridad de sus posturas apuntalaba su credibilidad, igual que su dominio del detalle. Que se molestara en explicar en qué medida eran relevantes sus respuestas para los empleados, para los clientes y para los objetivos y la visión de la empresa supuso una gran diferencia. Aunque a sus empleados no les gustara lo que estaba diciendo, les daba la impresión de que les hablaba a ellos y abordaba sus preocupaciones. Tenían la sensación de que su jefe estaba siendo directo, y de que sus respuestas estaban enfocadas y bien meditadas.

Las respuestas de mi alumno no eran solo humo; aportaban algo.

En consecuencia, no solo sobrevivió al difícil interrogatorio durante aquel capítulo tan emotivo de la historia de su empresa, sino que convirtió esas preguntas espontáneas en una oportunidad de establecer vínculos más fuertes con su gente, transmitir los mensajes correctos e incrementar su talla como líder.

No permitas que las preguntas espontáneas te acobarden. Deja que los tres sencillos pasos de la fórmula COS te ayuden a tomar el control y entablar un diálogo con los otros. En vez de ponerte a la defensiva, puedes reforzar tus ideas y transmitirlas de formas más significativas. En vez de reducir tu credibilidad, puedes aportar valor.

CASO 5

Comentarios que triunfan

El concepto

Cuando hacemos comentarios, a menudo juzgamos a los demás, nos proponemos impartir sabiduría o decir a los otros qué hacer. Si, en cambio, nos planteamos los comentarios como una forma de resolver problemas colaborativamente, veremos que la mayoría de las veces obtenemos mejores resultados a corto plazo, a la vez que reforzamos nuestra relación con los demás a largo plazo.

Su importancia

Cuando nos centramos en contarles a los demás lo que opinamos, corremos el riesgo de establecer o perpetuar una dinámica de poder que impide a otras personas oírnos de verdad. Al posicionarnos como jueces autoritarios de los demás, hablamos desde lo alto, y situamos a los destinatarios de nuestros comentarios en la posición de meros oyentes pasivos. En el mejor de los casos, transmitimos la información que queremos, pero perdemos la ocasión de trabajar en equipo. Peor aún, nos arriesgamos a que el destinatario del comentario se ponga a la defensiva, se muestre inflexible y presione o exija.

Cuando consideramos los comentarios una invitación para resolver conjuntamente un problema, alteramos la dinámica de la conversación. En vez de provocar una reacción defensiva, generamos una sensación de propiedad, receptividad y responsabilidad compartidas. Ya no dirigimos a los demás ni les decimos qué hacer, sino que nos unimos a ellos al mismo nivel, y trabajamos como equipo para mejorar nuestra labor o nuestra conducta. Si procedemos conforme a esta base, tenemos muchas más posibilidades de favorecer un progreso real y reforzar, en vez de debilitar, nuestras relaciones.

Prepara bien tus contenidos

Una estructura útil para hacer en un momento dado comentarios que a un tiempo sean atractivos e inviten a la colaboración es lo que yo llamo las cuatro íes:

- **Información:** Primero, haz observaciones concretas y específicas de la medida o el planteamiento que comentarás.
- **Impacto:** Segundo, explica el efecto que esa medida o ese planteamiento tienen en ti.
- **Invitación:** Tercero, propón una colaboración para abordar esa medida o ese planteamiento que vas a comentar.
- **Implicaciones:** Cuarto, detalla las consecuencias positivas/negativas de adoptar o no los cambios que sugieres.

Cubriendo estas cuatro íes una por una puedes presentar un mensaje claro y constructivo que, con suerte, favorecerá un resultado futuro positivo.

Paso 1: Facilita información

Inicia tus observaciones presentando un análisis objetivo de la otra persona o de su trabajo. Por difícil que parezca, deja a un lado las emociones y atente a los hechos evidentes y verificables.

Ejemplos

Si eres un jefe que se dirige a un subordinado que ha presentado tarde un informe reciente, podrías decirle: «Como posiblemente habrás visto, tu informe sobre valoración del cliente llegó tarde y no ha entrado en el dosier de la próxima junta».

Si eres un profesor que comenta a un alumno, podrías decir: «Sacaste sobresaliente en el primer examen, pero has tenido un aprobado raspado en los dos últimos».

Procura dejar bien claro de qué no vas a hablar. En el primer ejemplo, podría ser: «No quiero hablarte de la calidad del informe, sino de tu impuntualidad» y, en el segundo, «Tu participación en clase es excelente, pero me gustaría hablar contigo de tu rendimiento en los exámenes». Al plantear de este modo la conversación, te centras mejor y ayudas a tu interlocutor a centrarse también.

Paso 2: Explica el impacto

Una vez expuestos los hechos destacados, explica lo que piensas y sientes sobre el cambio que quieres ver en el trabajo o la conducta de la otra persona. Habla directamente usando la primera persona del singular (pienso, me parece...). Te conviene admitir tus ideas y pareceres, porque eso te permitirá demostrar lo que te importa el asunto. Además, si te haces responsable de tu reacción, reduces las probabilidades de que tu interlocutor se ponga a la defensiva y se sienta culpable.

Ejemplos

«Me consta que la junta no tiene claro el progreso que hemos hecho en satisfacción del cliente durante el último trimestre, y temo que hayamos perdido una ocasión de demostrarles que nuestras iniciativas han dado sus frutos.»

«Me preocupa que no estés cumpliendo los objetivos que propusimos para este semestre, y que no vayas a sacar una nota final del curso que te permita acceder a tus universidades favoritas.»

Cuando plantees el problema que debes comentar y resolver, sé explícito sobre por qué importa. Puede que tus subordinados no entiendan cómo encaja su trabajo en el conjunto de la empresa, y todos los miembros del equipo se van a beneficiar de un mensaje claro sobre la importancia de lo que hacen. Un alumno quizá no tenga la experiencia ni el bagaje necesarios para comprender hasta qué punto puede repercutir en su futuro el no tomarse en serio sus estudios.

Paso 3: Cursa una invitación

Pídele algo a tu interlocutor, algo conciso y concreto y que, si se cumple, vaya a generar el cambio o la mejora que buscas. Puedes plantear esa petición como una pregunta, para favorecer una mayor implicación, o como una afirmación que represente mejor el rumbo de tu colaboración.

Ejemplos
«¿Cómo podemos asegurarnos de que tu informe le llega al jefe de gabinete del director antes de que acabe el plazo?» o «Te aconsejo que hagas llegar tu informe al jefe de gabinete del CEO veinticuatro horas antes de que se cierre el dosier de la junta».

«¿Cómo podríamos hacer para procurar que estés mejor preparado para el siguiente examen?» o «Quiero que vengas a mi tutoría de los viernes antes del próximo examen».

La elección de palabras es importante en todas las comunicaciones, y más aún cuando se hacen comentarios. El uso de la primera persona del plural y el planteamiento de una pregunta os pone a los dos al mismo nivel, con lo que el cambio deseado pasa a ser el fruto de un esfuerzo conjunto. Permite al destinatario de los comentarios cierto dominio de la situación o autonomía a la hora de resolverla. Le estás insinuando que su perspectiva también importa, que es una parte de la solución que se agradece y no una parte del problema que haya que dejar de lado.

Del mismo modo, plantear la invitación en modo afirmativo, en vez de interrogativo, puede contribuir a aclarar o potenciar tu invitación. Ser directo conviene especialmente cuando ya has comentado antes el problema o el tiempo apremia.

Paso 4: Detalla las implicaciones

Por último, expón lo que ocurrirá si la otra persona decide hacer uso de tus comentarios o, por el contrario, ignorarlos. Puedes explicarle las consecuencias positivas, las negativas o una combinación de ambas.

> **Ejemplos:**
> «Al asegurarnos de que la valoración del cliente figura en el dosier, demostramos nuestro compromiso con el cliente y resaltamos la importante labor que desarrolla tu equipo» o «Si la junta no ve la valoración del cliente en el dosier, posiblemente cuestione nuestra voluntad de satisfacer al cliente, y puede que decida reestructurar nuestra plataforma de soporte».
>
> «Si sacas un sobresaliente en el examen, tu media final será de notable alto. Piensa en lo bien que te sentirás si terminas el trimestre así» o «Si no encontramos un modo de que saques mejor nota en los exámenes, te va a costar sacar la media necesaria para dedicarte al deporte que te gusta».

Afina los comentarios

Si tenemos a mano las cuatro íes cuando hagamos comentarios sobre la marcha, estos pueden ser más acertados, más claros y colaborativos. Pero también es importante la precisión con la que apliquemos esa fórmula. Ten en cuenta los siguientes consejos:

Consejo 1: Prepárate

Si nos vemos de pronto en una coyuntura en la que pensamos que quizá tengamos que dar nuestra opinión, podemos pulir el mensaje haciéndonos unas preguntas de antemano:

- ¿Por qué se estará comportando esa persona de una forma que no nos gusta?
- ¿Qué ganamos o perdemos comentándoselo, o absteniéndonos de hacerlo?
- ¿Qué conducta nos gustaría ver?

Cuando empecemos una conversación en la que vamos a dar nuestra opinión, podemos preguntarnos qué nivel o tipo de comentarios convienen o interesan a esa persona. Al hacerlo, no solo centramos nuestras observaciones, sino que, además, demostramos que estamos dispuestos a colaborar. También conviene que nos preguntemos si nuestros comentarios van a servir de algo. Si no, a lo mejor en el último momento preferimos no hacerlos. Por ejemplo, si un compañero me comunica su frustración respecto a una reunión a la que hemos asistido los dos, puedo enterarme primero de si lo que busca es apoyo y consejo o solo desahogarse. Entender sus necesidades en el momento me ayuda a decidir cuál es la mejor forma de responder.

Cuando mi mujer me pide opinión sobre algo que ha hecho, a menudo termina ofreciéndome ella a mí ideas «constructivas» sobre la mejor forma de darle mi opinión. Yo le expongo mis impresiones y procuro ofrecerle sugerencias y alternativas. Ella prefiere que me centre en cómo se siente. Por eso, ahora, antes de darle mi opinión, tengo por costumbre preguntarle primero qué tipo de comentario le apetece escuchar.

Consejo 2: Sé oportuno

Podemos conseguir mejores resultados con comentarios oportunos, ya sean espontáneos o no. Si hay que comentarle a alguien que ha hecho algo mal, deberíamos hacerlo lo más pronto posible. También hay que dejar que se enfríen un poco los sentimientos fuertes que nos haya provocado, desde luego. Opta por la primera ocasión en que puedas comentárselo con calma y eficacia. Si, por la razón que sea, no puedes comentárselo inmediatamente después del suceso, procura al menos alertar a la persona o las personas implicadas de que te gustaría hablar de lo ocurrido cuanto antes. Si «señalas» de esa forma el suceso, tu interlocutor lo tendrá presente.

Consejo 3: Respeta el contexto

Algo que no hay que olvidar sobre los comentarios oportunos es que también importa el entorno en el que se hagan. ¿Estamos en el sitio adecuado para dar nuestra opinión y conseguir el impacto deseado? ¿Es buen momento teniendo en cuenta lo que nuestro interlocutor está experimentando entonces o la situación con la que está lidiando?

Los comentarios suelen ser mejor recibidos cuando todos los implicados están preparados y se encuentran en el lugar y el estado anímico más adecuados para escucharlos. Igual nos topamos con un amigo o un compañero en un espacio público abarrotado de gente y sentimos la tentación de hacerle el comentario. Si el asunto es grave, quizá no sea buena idea. Puede que la persona esté distraída con otras tareas. A lo mejor se sentiría más cómoda hablando en privado. Quizá tenga un mal día y no pueda hablar contigo tranquila y pausadamente; habrás llegado en un «momento de receptividad cero», como lo llama el veterano entrenador de voleibol Ruben Nieves.[1] Tal vez lo inesperado del comentario dificulte su recepción.

Cuando pensemos en el contexto, deberíamos procurar también manifestar nuestra opinión en persona, en vez de por medios virtuales. Por internet, por escrito o por teléfono, puede resultar más complicado dar una opinión de forma eficaz, porque no siempre sintonizamos con la forma en que está recibiendo nuestro interlocutor lo que decimos, ni podemos ajustar demasiado el entorno al mensaje que queremos transmitir.[2]

Consejo 4: Adopta el tono adecuado

Usar el tono preciso puede cambiar por completo el significado de los comentarios que hagamos siguiendo la fórmula de las cuatro íes. Pongamos que, por tercera vez consecutiva, un compañero llega diez minutos tarde a una reunión. Aplicando las cuatro íes, podríamos decir: «Oye, he visto que has llegado diez minutos tarde, y ya es la tercera vez. Tengo la sensación de que no das a esta reunión la misma importancia que yo. ¿Puedo ayudarte en algo para que llegues a tiempo y no se nos retrase el proyecto?».

Si queremos añadir urgencia al comentario, podríamos aplicar las cuatro íes adoptando un tono más grave: «Has llegado diez minutos tarde a la reunión. Me parece que no le estás dando la importancia que merece. Para la próxima, vente diez minutos antes. Si no, tendremos que sacarte del equipo».

Observa la diferencia. En el primer caso, adoptamos un tono colaborativo porque hacemos una pregunta y nos ofrecemos a tomar parte en la solución; en el segundo, el comentario es una afirmación rotunda que resulta más cruda porque señalamos las repercusiones negativas que habrá si la otra persona no cumple. Saber que el tono importa y que podemos modularlo en el momento nos ayuda a transmitir el mensaje con mayor claridad.

Consejo 5: Mantén el equilibrio

En todos los encuentros espontáneos, deberíamos esforzarnos no solo por ofrecer opiniones críticas, sino también comentarios positivos. Antes de abalanzarte sobre las cuatro íes, conviene que digas algo positivo sobre tu interlocutor. Empezar con un comentario positivo no solo refuerza la idea de que valoras a esa persona y su esfuerzo, sino que, además, seguramente aumentará su receptividad a tu comentario constructivo. También es posible, claro, que para otros tus elogios tengan la misma importancia que tus comentarios constructivos. Si elogias el atuendo de alguien y acto seguido le comentas que la calidad de su trabajo deja mucho que desear, tu elogio puede sonar raro, forzado y falso. Es preferible que elogies las aportaciones que de verdad haya hecho, como plantear preguntas importantes en una reunión reciente o apoyar de forma constante a los nuevos fichajes de la empresa.

Consejo 6: Controla tus emociones

Cuando damos nuestra opinión, deberíamos prestar mucha atención a la reacción de nuestro interlocutor. Si se pone a la defensiva, se emociona o se distrae, tendremos que ajustar el mensaje. Del mismo modo, debemos estar pendientes de nuestro estado emocional durante la conversación. ¿Nos estamos acalorando demasiado para que la comunicación resulte eficaz? ¿Podríamos reducir o aumentar el contenido emocional de lo que estamos diciendo para transmitir nuestras ideas de forma más eficaz? Si la situación se empieza a sobrecargar en el aspecto emotivo, valora la posibilidad de reconocer esas emociones sin nombrarlas y retoma luego asuntos más objetivos. Mencionar las emociones puede ser arriesgado. Si te comento que pareces disgustado, puede que me repliques: «No, no es eso; me siento frustrado». Y entonces terminamos hablando de cómo te sientes en vez de centrarnos en resolver el problema que nos ocupa. Para reconocer una emoción sin nombrarla, podrías decir algo del estilo de «Te noto en la voz lo importante que es esto para ti. Sé que podemos encontrar una buena solución centrándonos en un calendario claro».

Consejo 7: Mantente enfocado

Puede que tengamos varios comentarios que hacer en el momento, no solo uno. Una regla que funciona en estos casos es la de menos es más. Procura no ahogar a tu interlocutor en un mar de comentarios, porque quizá le cueste digerirlos. ¿Cuál es el cambio, o el par de cambios, que más nos gustaría ver en la otra persona, o la cosa, o el par de cosas, más importante que quieres que sepa? Céntrate en esas y deja el resto para otra ocasión.

Puesta en práctica

Las tres situaciones siguientes plantean las distintas circunstancias en que puedes verte a la hora de dar tu opinión, incluidas las ocasiones en que otros te la piden y esas en las que crees necesario darla por conductas de las que estás siendo testigo. He procurado también indicarte cómo podrías responder cuando tienes más o menos poder o estatus que tu interlocutor. En todas esas circunstancias, dispones de varios recursos, como la elección de palabras, la formulación de las propuestas (como pregunta, sugerencia, aseveración...) y dónde o delante de quién haces ese comentario. Cuanto más cómodo estés con las cuatro íes, más podrás centrarte en esos recursos para comunicarte con el detalle apropiado.

Situación 1

Te llama un compañero y te pide que revises un correo electrónico que tiene pensado enviar a un posible cliente. El correo, tal y como está escrito, resulta vago y confuso.

Posible respuesta
«Veo que tu correo tiene tres párrafos de longitud, pero no termina con una petición clara [Información]. Si me lo mandaras a mí, me confundiría [Impacto]. Tengo dos propuestas: (1) quita el resumen de tu última reunión y añade solo un enlace a las notas de esa reunión y (2) mete lo que esperas que haga en el asunto del mensaje [Invitación]. Creo que, con esos cambios, el posible cliente te responderá antes [Implicación].»

Situación 2

Siempre que tu jefe se dirige a tu equipo, tiende a centrarse en los hombres del equipo y a favorecer sus opiniones, ignorando a las mujeres. Eso hace que muchas de ellas se sientan incómodas y se desanimen.

Posible respuesta
«Solo quería comentarte que, cuando has pedido opinión hoy, solo se la has pedido a los hombres y no has dado lugar a que las mujeres levantaran la mano para hablar [Información]. Temo que estés dando a las mujeres de mi equipo la impresión de que no valoras su trabajo tanto como el de los hombres [Impacto]. ¿Puedo hacer algo para que impliques más a las mujeres de mi equipo? [Invitación]. Si resolvemos ese problema, verás que to-

dos los miembros de mi equipo tienen ideas útiles con las que abordar los retos concretos que nos planteas [Implicación].»

Situación 3

Tu hijo y tú asistís juntos a un acto. Otros invitados socializan y se conocen, pero a tu hijo lo tiene absorto el móvil y no se implica.

Posible respuesta
«Estabas mirando el móvil y no has respondido a las dos últimas personas que te han saludado [Información]. Me parece de mala educación que no te relaciones con las personas que tienes alrededor [Impacto]. Por favor, silencia el móvil y guárdatelo durante los próximos diez a quince minutos [Invitación]. Como sigas con el móvil, te lo voy a tener que confiscar hasta que volvamos a casa [Implicación].»

Para terminar

En los últimos años, he ayudado a asesorar a una alumna de posgrado de Stanford que fue a dar clases de comunicación en una escuela universitaria de prestigio. Alice y yo nos llevamos muy bien y colaboramos de formas diversas. Poco después de empezar a dar clases, me llamó para decirme que estaba muy disgustada: había recibido el primer lote de valoraciones de sus alumnos y eran muy malas. Aunque sus alumnos apreciaban lo que les enseñaba, tenían la sensación de que les estaba dando mucha materia de golpe, y muy árida. Alice quería mi opinión:

¿debía tomarse a pecho las críticas de sus alumnos? y ¿qué me parecía a mí su reacción a aquellas valoraciones negativas?

Aplicando la fórmula de las cuatro íes en el momento, señalé que, en su plan de estudios, había muchos trabajos y lecturas de golpe, y que la fecha de entrega era siempre un lunes, con lo que sus alumnos seguramente invertían el fin de semana en esos trabajos [Información]. Luego le comenté que, con unos ajustes sencillos, podía tunear al programa para que se ajustara mejor a los horarios de sus alumnos. Le dije que no tenía por qué sentirse amenazada por las valoraciones negativas de sus alumnos [Impacto]. Instándola a resolver el problema, le pasé mi plan de estudios a modo de ejemplo de cómo podía programar mejor las fechas de entrega de sus trabajos [Invitación]. Por último, le sugerí que, si hacía algo con las valoraciones de sus alumnos, probablemente mejorarían sus clases y también las valoraciones posteriores [Implicaciones].

Alice se tomó muy en serio mis comentarios y cambió la forma de ver las reacciones de sus alumnos y de organizar los trabajos y las lecturas de sus clases. Un semestre más tarde me llamó para decirme que le había llegado otro lote de valoraciones de los alumnos y estaba eufórica, porque esa vez la reacción a su forma de dar las clases había sido mucho más positiva. Me agradeció los comentarios y el apoyo. Como consecuencia de este episodio, nuestra relación se fortaleció y se presentaron nuevas ocasiones de colaborar.

Dar nuestra opinión es una forma de demostrar a los demás que nos importan y nos preocupan. Si, además, nos tomamos la molestia de hacerlo de forma que aterrice bien, podemos ayudar a los demás en el momento y favorecer la complicidad, el respeto y la credibilidad a largo plazo. Instar a la colaboración supone una gran diferencia.

CASO 6

El arte de la disculpa

El concepto

Muchas de las técnicas que hemos visto en este libro te han servido para empezar con el pie derecho cuando tengas que improvisar una intervención oral, pero ¿y cuando cometas un error? ¿Cómo abordar y gestionar una situación si, por lo que sea, has ofendido a alguien o te has conducido de forma inadecuada?

Saber disculparse también es una aptitud útil, sobre todo cuando nos la jugamos con la comunicación espontánea para poder lucirnos. Sin embargo, muchos de nosotros no sabemos pedir perdón. Si hemos ofendido a alguien y pedimos perdón de una forma equivocada o inoportuna, o no lo hacemos, la situación se puede complicar. La persona afectada se frustrará y pensará que somos unos insensibles, unos falsos o unos irrespetuosos. Cuando no somos capaces de abordar los deslices propios que suceden (inevitablemente), en vez de lograr comunicarnos eficazmente con nuestros interlocutores, forjar vínculos y lograr la colaboración, podemos generar conflictos y resentimiento. Eso puede evitarse entendiendo los componentes clave de una disculpa sincera y tejiéndolos todos en un solo marco coherente.

Su importancia

«No se disculpe nunca, caballero, es un signo de debilidad.»[1] Eso pensaba el personaje al que interpretaba John Wayne en la película de 1949 *La legión invencible*. Es un error común, uno que adoptan ahora muchas figuras públicas, bien porque se niegan a ofrecer disculpas bien porque lo hacen a regañadientes. Que quede claro: disculparse no es un signo de debilidad, sino una muestra de valentía y de fortaleza. Demuestra que nos importan nuestras relaciones, incluso las que mantenemos con conocidos y extraños, y que estamos dispuestos a dejar de lado el ego en favor de un entorno agradable y constructivo para todos.

Las disculpas pueden servir una gran variedad de propósitos en el contexto de las relaciones humanas. El más evidente es que reducen la rabia y la frustración que otros sienten hacia nosotros y las probabilidades de que intenten devolvérnosla. Valen para asegurar a los demás que no volveremos a ofenderlos y, de paso, invitan a la confianza y a la interacción futuras. Una disculpa bien elaborada ayuda a la otra persona a ver que, en realidad, no somos mala gente, y que nuestra conducta fue circunstancial, que la intención era buena, pero, en esa ocasión, no supimos hacerlo bien. Las disculpas nos ayudan también a proyectar empatía y a reforzar el vínculo que tenemos con la persona a la que hemos ofendido.

Prepara bien tus contenidos

Para asegurarte de que la disculpa es acertada, estructúrala con una fórmula a la que yo llamo AAA. Considérala una especie de asistencia en carretera, que viene bien cuando estás en un aprieto. La fórmula es la siguiente:

- A **Admisión**: Primero, identifica la ofensa y responsabilízate de ella.
- A **Aprecio**: Segundo, reconoce públicamente que tu ofensa a afectado a otros.
- A **Arrepentimiento**: Tercero, detalla de qué forma vas a compensar esa ofensa, concretando qué vas a hacer o dejar de hacer para remediar la situación o cómo vas a cambiar de parecer.

No hay una disculpa de talla única que valga para todo. Los individuos a los que hayamos ofendido valorarán nuestra disculpa a la luz de lo graves que hayan sido nuestros errores o del impacto que hayan tenido en ellos. Aunque con una disculpa bien estructurada bastaría si, por ejemplo, llegamos cinco minutos tarde a una reunión, no sería el caso si hemos insultado o avergonzado a alguien sin quererlo. Independientemente de la gravedad de nuestras transgresiones, aquellos a los que hayamos ofendido quieren vernos admitir lo que hemos hecho, reconocer el impacto que ha tenido en ellos, sobre todo a nivel emocional, y entender cómo nos proponemos resarcirlos. Al combinar esos tres elementos en una estructura, nos aseguramos de que todas las disculpas que ofrecemos tienen todas las papeletas para limar asperezas y proyectar nuestra empatía. Veamos detenidamente esos elementos y cómo ejecutarlos.

Paso 1: Reconoce tu error y acepta tu responsabilidad

A menudo oímos a la gente proferir falsas disculpas con las que no reconocen el error ni aceptan claramente su responsabilidad. Por ejemplo: «Siento que te haya ofendido lo que he dicho», como si todo lo que decimos fuera de lo más normal y ninguna persona razonable tuviera por qué ofenderse con nuestros comentarios. Otro ejemplo sería: «A veces no pienso antes de hablar», en cuyo caso no se especifica directamente que uno se disculpa por el comentario concreto con el que ha ofendido. Otro: «Siento haberte ofendido, pero es que me ha molestado mucho lo que has dicho de mí», con lo que se ofrece una explicación que parece culpar a otros o a la situación en cuestión, y eximir al ofensor de toda o parte de la responsabilidad.

Cuando te disculpes, no intentes justificar, minimizar ni explicar tu conducta. No te disculpes por cómo has hecho sentir a la otra persona. Para que la disculpa sirva, debes reconocer lo que has hecho o dejado de hacer. Describe claramente eso que has hecho o dejado de hacer. Concreta, no te escondas detrás de generalidades. Recuerda que disculparse requiere valentía. No te escaquees ofreciendo una falsa disculpa sutil o escurridiza.

Ejemplos

«Siento haber esperado al último momento para poner a prueba el sistema.»

«Perdona que haya usado solo pronombres y nombres masculinos en mis ejemplos.»

«Siento haber puesto en duda tu compromiso con nuestro proyecto delante de otros.»

Paso 2: Reconoce las repercusiones

Una vez hayas especificado lo que lamentas, ya puedes proyectar empatía hacia los demás. Debes dejar claro que lo que has hecho no solo está mal, sino que, además, resulta dañino de alguna forma. Conviene que demuestres a los otros que tienes muy claras las consecuencias de tus actos, o de la ausencia de estos, incluidos los daños emocionales que hayas podido causar a las personas a las que has ofendido.

Quizá te veas tentado de minimizar esas repercusiones, pero eso sería un gran error. La persona a la que ha perjudicado lo que has hecho o dejado de hacer lleva la marca emocional de tu conducta. Cualquier intento de «ponerlo en perspectiva» no solo devaluaría su reacción, sino que reduciría tu culpa. Si te disculpas con tu hijo adolescente por darle un beso en la mejilla delante de sus amigos al dejarlo a la puerta del colegio y le dices que «tampoco ha sido para tanto», recuerda que ese beso bien podría ser terrible para él, hacerle perder su estatus social y avergonzarlo. Parecerá que te pones a la defensiva y resultarás insensible, con lo que tal vez empeores aún más la situación. Siempre que ofrezcas una disculpa, demuestra lo mejor que puedas que, de verdad, «pillas» por qué tu comportamiento ha sido tan problemático y ofensivo.

Ejemplos
«Tener que esperar a que se instalase una actualización de software larga te ha robado un tiempo muy valioso que necesitabas para tu proyecto.»

«El uso de terminología masculina reduce el valor de las aportaciones de las mujeres a este trabajo y resulta desmotivador.»

«Al poner en duda tu compromiso públicamente, te he hecho quedar mal delante del equipo y he dado a entender que tu aportación era menos valiosa que la de los otros miembros del equipo.»

Paso 3: Detalla de qué forma vas a resarcir a la persona a la que has ofendido

Si te haces responsable de un error y reconoces sus consecuencias, pero no indicas tu voluntad de enmendarlo, la disculpa no tendrá mucho peso. Las empresas mal dirigidas cometen ese error constantemente. Proyectan empatía y asumen su responsabilidad cuando sus productos fracasan o causan daños, pero luego ofrecen solo declaraciones vagas sobre su intención de «hacerlo mejor». No dejan claras las medidas que van a adoptar. De algún modo, parece que nada va a cambiar. Eso, a su vez, hace que los clientes pierdan la fe en esas compañías y se vuelvan desconfiados.

Evita dañar tus relaciones especificando lo que vas a hacer en el futuro inmediato para que tu ofensa no se repita. Si concretas, demuestras a la persona a la que has ofendido que de verdad te propones rectificar, y la invitas, de forma implícita, a hacerte responsable.

Ejemplos:
«Para que esto no vuelva a ocurrir, pondré a prueba el sistema una hora antes de que hagamos las demostraciones. Y lo haré a partir de la próxima semana.»

«Para nuestra próxima reunión, procuraré buscar ejemplos más diversos, y así no recurro solo a las anécdotas y los nombres masculinos.»

«La próxima vez que tenga queja de tu rendimiento, te lo diré en privado.»

Afina los comentarios[2]

Si usas la fórmula AAA para presentar tus disculpas, tanto tú como la persona a la que has ofendido procesáis lo ocurrido de forma eficaz y productiva. Sin embargo, no basta con usar correctamente la estructura. También influyen la forma y el momento en que las presentemos. A continuación expongo algunas ideas más sobre cómo potenciar el uso de la fórmula AAA y mejorar el impacto de tus disculpas.

Consejo 1: No te disculpes de antemano

Cuando te ves en una situación en la que crees que podrías cometer un desliz, puede resultar tentador intentar reducir las pérdidas pidiendo perdón por adelantado con algo tipo «Igual llego como media hora tarde, así que me disculpo de antemano» o «Voy a andar muy liado socializando durante el cóctel, perdona si no te hago mucho caso» o «Tengo mucho material aquí, puede que nuestro Zoom se alargue» o «Estoy muy nervioso, disculpadme si me atasco».

Aunque, con esas disculpas previas, quizá pretendas mostrar consideración por los sentimientos de tus interlocutores, esas afirmaciones suelen resultar contraproducentes. Normalmente hacen que la otra persona se cuestione tu sinceridad: si sabes que tus horarios no cuadran con los de la reunión, ¿por qué no lo has arreglado con tiempo o has ajustado la presentación al tiempo asignado? Si de verdad te importa la persona, ¿no es más lógico que corrijas la conducta? Además, la disculpa previa hace que el público se centre en la ofensa, y que la busque y la recuerde mejor cuando se produce.

Si sospechas que podrías ofender a alguien, pon orden en tus prioridades. Cuando puedas cambiar de planes o de comportamiento, sin perjudicarte demasiado, para no ofender a nadie, hazlo. Cuando no, haz lo que puedas y discúlpate después.

Consejo 2: No esperes demasiado para disculparte

Es cierto que es preferible disculparse tarde que no hacerlo en absoluto y que determinadas circunstancias pueden impedir que te disculpes de inmediato. Si faltas al respeto a un compañero robándole el turno de palabra en una reunión con el CEO, quizá sea preferible esperar a que termine la reunión para decirle algo, en vez de hacerlo en el momento. Si le has dicho algo ofensivo a uno de tus hijos cuando lo has dejado a la puerta del colegio, tal vez tengas que esperar a que vuelva a casa esa tarde para arreglarlo.

No obstante, en general, como ya he dicho cuando hablábamos de los comentarios, cuanto antes podamos disculparnos después de ofender a alguien, mejor. De ese modo, evitamos que el resentimiento y la rabia se enconen. Si nos disculpamos tan rápido que a los demás les da tiempo a vernos enmendar el error y responsabilizarnos de él, quizá les queden más claras nuestras buenas intenciones. Además, una disculpa oportuna nos libera de la angustia que puede producirnos esa desazón de haber hecho daño a alguien. Si decimos algo enseguida, los dos podemos pasar página.

Consejo 3: Sé concreto, claro y breve

Cuando se trata de disculpas, con lo justo suele ser más que suficiente. Si nos sentimos culpables por algo que hemos hecho, la angustia que nos genera pensar en cómo hemos quedado o cómo hemos hecho sentir a otras personas a veces nos desborda. Como nos morimos de vergüenza por lo que hemos hecho y nos agobia el daño que hemos causado, no paramos de disculparnos con la esperanza de lograr por fin nuestro objetivo. Puede que repitiendo la disculpa nos sintamos mejor en el momento, pero a la persona a la que hemos ofendido quizá le resulte molesto o incluso lo considere una forma de acoso. Al hacer demasiado hincapié en nuestro error, nos arriesgamos a magnificarlo a los ojos de la otra persona y que esta se ofenda aún más de lo que se habría ofendido en circunstancias normales. Si nos empeñamos en evaluar con precisión el daño causado, al disculparnos en exceso no concedemos a la otra persona la oportunidad de serenarse, y empeoramos la situación.

Por mucho que nos cueste, debemos ofrecer una sola disculpa sincera y bien estructurada, y olvidarnos del asunto. Hay que confiar en que la otra persona será lo bastante misericordiosa y razonable como para aceptar nuestro arrepentimiento, si no en el momento, después, cuando haya podido digerirlo y distanciarse un poco de lo ocurrido.

Podemos disculparnos en exceso repitiendo la misma disculpa reiteradamente, y también sintiéndonos obligados a pedir perdón hasta por el más nimio de nuestros errores. Sin embargo, no todo lo que consideramos transgresiones por nuestra parte, por minúsculas que sean, merecen una disculpa. ¿Hay que tirar de la fórmula AAA cada vez que llegamos uno o dos minutos tarde a una reunión? ¿Y cuando decimos algo que es cierto, completamente razonable y bien intencionado pero tememos que no vaya a sentar muy bien? Si nos disculpamos a todas horas, nuestras disculpas pierden valor. Aborda las disculpas de forma equilibrada y sensata. Cuando tengas la sensación clara de que te has excedido de forma considerable, reacciona como corresponde. Seguramente la regla que mejor funciona en estos casos es la de tratar a los demás como te gustaría que te tratasen a ti.

Puesta en práctica

La fórmula AAA nos sirve en gran variedad de circunstancias, y para transgresiones grandes y pequeñas. Las situaciones que expongo a continuación pueden darte una idea de cómo aplicarla correctamente.

Situación 1

La situación en el trabajo es complicada y el estrés se ha apoderado de ti. Has perdido los nervios en una reunión y reaccionado mal, faltando al respeto a un compañero. Esa misma tarde te lo cruzas en un pasillo y notas que está molesto.

> **Posible respuesta**
> «Siento mucho haberte levantado la voz y haberte interrumpido cuando estabas dando tu opinión. No ha estado bien por mi parte [Admisión]. Sé que mi tendencia a discutir es inaceptable y que hace que los miembros de nuestro equipo se sientan menos a gusto y con menos ganas de colaborar [Aprecio]. A partir de hoy, cuando me altere, esperaré mi turno, hablaré más bajito y resumiré lo que han dicho los demás antes de aportar mi perspectiva [Arrepentimiento].»

Quien habla aquí no intenta justificar su comportamiento. Se limita a exponer lo que ha hecho, la causa de la ofensa. Al describir el impacto, no solo hace referencia a cómo podría verse la parte ofendida, sino también a las consecuencias negativas para todo el equipo. Eso aumenta las probabilidades de que la persona ofendida perciba que la otra entiende perfectamente lo dañino que ha sido su comportamiento. Además, es importante evitar exponer a la otra persona en público y disculparse en privado. En una situación como esta, una disculpa pública y a tiempo supone una gran diferencia.

Situación 2

Estás colaborando en un proyecto con un compañero cuya lengua materna no es la tuya. La brecha lingüística te lleva a dejar de pedir su intervención a esa persona, que manifiesta su frustración por sentirse excluida.

> **Posible respuesta**
> «Perdóname. Como me costaba entenderte, empecé a prestar más atención y buscar el consejo de otras personas [Admisión]. Veo que eso te ha dejado fuera de la conversación y que no te ha sentado bien [Aprecio]. La próxima vez pediré que todos aportéis ideas en la ventana del chat para poder ver todas las aportaciones por igual. De ese modo, podré concentrarme más y entender mejor lo que me decís, tú y el resto [Arrepentimiento].»

En este caso, el objetivo del que habla es práctico: asegurarse de que todo el mundo se siente cómodo aportando algo, aunque le cueste entender a los que no son nativos. Observa que el segundo paso transmite empatía, pero de forma sutil. El que habla reconoce que no debe de ser agradable sentirse excluido, que tiene que desanimar y hasta parecer ofensivo.

Situación 3

Estás en una llamada virtual, participando en una reunión de negocios de mucha presión, y te comen los nervios. Acabas de darte cuenta, para bochorno tuyo, de que has pronunciado mal el nombre de una persona. No quieres darle demasiada importancia, pero sientes la necesidad de disculparte.

Posible respuesta

«Perdona que no haya dicho correctamente tu nombre. ¿Cómo se pronuncia? [Admisión]. Supongo que debe de incomodar que no sepan decir tu nombre y te darán ganas de corregirme [Aprecio]. En el futuro, echaré un vistazo a la lista de participantes y preguntaré cómo se pronuncian los nombres antes de empezar la reunión [Arrepentimiento].»

Aquí es importante que el que habla no solo reconoce su error públicamente, sino que, además, le pregunta a la persona cuál es la forma correcta de pronunciar su nombre. Al hacerlo, demuestra que le interesa enmendar su error y se asegura de que no lo cometa nadie más. La clave es reconocer el error y que tiene que resultar desagradable andar corrigiendo a quienes lo pronuncian mal.

Para terminar

No hace mucho, metí la pata hasta el fondo cuando impartía un curso de comunicación junto con un compañero. Hablábamos de lo importante que es poner en contexto los datos que facilitamos, porque puede aturdir al público encontrarse de golpe con un chorro de cifras sin información suficiente para evaluarlas y darles sentido. No es un tema que, de por sí, pudiera parecer particularmente ofensivo, pero agárrate.

Para probar mi argumento, le conté a la clase una anécdota de un ejecutivo al que había asesorado hacía unos años y que era un alto cargo de uno de los mayores bancos del mundo. Como parte de su presentación, mencionaba la cantidad astronómica de dinero que pasaba por su banco todos los días. Les conté a mis alumnos que había aconsejado a este cliente que no mencionase solo la suma de dinero, sino que ofreciera también a su público una forma de entender lo descomunal que era aquella cifra. El ejecutivo hizo unos cálculos y terminó diciendo en su presentación que la suma de la que hablaba equivalía al 25 por ciento del dinero del mundo.

Al presentar aquel ejemplo, en principio me sentí muy satisfecho de mí mismo: mis alumnos ya no se iban a olvidar de conseguir que sus datos significaran algo para su público. Pero entonces vi que uno de mis alumnos se cruzaba de brazos y miraba ceñudo a la pared. Durante el resto de la clase, aquel alumno por lo general apasionado y parlanchín estuvo callado y pensativo. Algo de lo que había dicho no había sentado muy bien a mi público.

Después de clase, lo abordé para preguntarle si le pasaba algo. Me dijo que acababa de embargarles la casa precisamente el banco que yo acababa de usar en mi ejemplo. Saber cuánto dinero pasaba por ese banco a diario le recordó una situación personal muy difícil y le hizo pasar un mal rato.

Me sentí fatal y le ofrecí una disculpa ajustada a la fórmula AAA. Le dije que sentía mucho haber mencionado aquel banco y sus ingresos, que entendía que mi ejemplo le hubiera despertado sentimientos negativos, y le prometí poner especial cuidado en futuras ocasiones para evitar ejemplos que pudieran ofender o incomodar a mi público.

Sin una estructura en la que apoyarme, podría haberme olvidado de alguna parte del mensaje que quería transmitir, o haber terminado divagando. La fórmula AAA me ayudó a centrarme y a presentar una disculpa rápida y concisa que hacía hincapié en el impacto que mi ofensa había tenido en el alumno. El alumno, que apreció mi sensibilidad y lo oportuno de mi respuesta, me perdonó enseguida. En la siguiente clase, volvió a implicarse con el entusiasmo de siempre. También yo aprendí una lección valiosa.

Todos cometemos errores, con lo que todos tenemos algo que ganar aprendiendo el arte de la disculpa. La fórmula AAA nos empuja a la empatía y la responsabilidad cuando metemos la pata, independientemente de las emociones que sintamos en esos momentos. Nos insta a dar un paso al frente, dejar de lado el ego y la actitud defensiva, y mostrar un poco de humildad y autoconciencia cuando remendamos un roto en nuestras relaciones. En contra de la creencia popular, disculparse no es un signo de debilidad, sino una de las mejores herramientas de que disponemos para demostrar que las cosas y las personas nos importan y que ansiamos mejorar.

Epílogo

Durante el verano de 2022, una antigua alumna mía, la nadadora australiana Annabelle Williams, se vio de pronto en una tesitura de comunicación espontánea que para la mayoría de las personas sería una pesadilla imposible de manejar. Williams, medalla de oro paralímpica con cinco récords mundiales, participaba como analista deportiva de la emisión televisiva en directo de unas pruebas de natación celebradas como parte de los Juegos de la Commonwealth. Un día recibió una llamada urgente de la cadena: una compañera les había fallado en el último momento como copresentadora de su programa en horario de máxima audiencia.

Era una oportunidad extraordinaria para Williams, que nunca había copresentado un programa de ese calibre. Esa sección contaba con más de un millón de espectadores. Le entró el agobio. Los comentaristas suelen pasar semanas investigando para prepararse la presentación de un evento deportivo importante. De ese modo, cuando empieza la acción o hay tiempos muertos que rellenar, saben qué responder, enseguida se les ocurre qué decir. Williams había investigado extensamente las competiciones de natación, pero, como copresentadora del programa principal, tendría que hablar y comentar sobre muy distintos deportes. Iba a entrar a pelo, con poco más que sus conocimientos generales de atletismo.

Al final accedió. Como su primera intervención tendría lugar ese mismo día, solo disponía de cuatro horas para prepararse. Llevó a sus dos hijos pequeños a casa de su madre, se fue corriendo a los estudios de televisión e hizo todo lo posible por coordinar el vestuario y el maquillaje con el repaso de los horarios de emisión con el equipo de producción de la cadena. Para calmar los nervios, decidió anotar sus observaciones iniciales y leerlas del *teleprompter*. Supuso que, superados esos primeros minutos, le cogería el tranquillo y todo iría bien.

Esa tarde, cuando su copresentador le dio la bienvenida al programa, Williams estaba serena y tranquila. Pero, un segundo después, cuando se encendieron las luces y las cámaras, sucedió el desastre. Su copresentador leyó el texto del *teleprompter* que ella había preparado. Ella quiso seguir leyendo, pero ya no había nada: la pantalla estaba en blanco.

Durante los siguientes minutos, mientras la observaba un millón de espectadores, Williams tendría que encontrar el modo de improvisar sobre vóley-playa y la carrera de cien metros vallas, pruebas de las que no sabía prácticamente nada.

El apuro en el que se encontró Williams fue extremo: pocos de nosotros nos hemos visto alguna vez obligados a poner a prueba nuestras aptitudes en un escenario global como lo hizo ella. Pero, como hemos visto en este libro, a diario nos surgen ocasiones complejas de improvisar en público, en muy diversos contextos sociales. Sin previo aviso, se nos pide que demos un paso al frente y nos expresemos delante de compañeros, jefes, clientes, familiares e incluso absolutos desconocidos. Aunque es posible que nuestros miedos y nuestras experiencias pasadas nos hagan temer esas situaciones, no tienen por qué impedir que nos luzcamos en el momento. Por muy afables, sociables y parlanchines que nos consideremos, todos podemos sentirnos más cómodos y seguros usando el método «Piensa rápido, habla mejor» que he esbozado aquí, así como las estructuras específicas para cada contexto que he facilitado.

Ese método, como ya hemos visto, consta de seis pasos.

En primer lugar, debemos reconocer lo que ya sabemos: que la comunicación en general y las improvisaciones orales en particular nos inquietan. Hay que crear un plan de gestión de la ansiedad personalizado con el que controlar los nervios [**Cálmate**].

En segundo lugar, debemos reflexionar sobre nuestro planteamiento de la comunicación y la forma en que nos juzgamos y juzgamos a los demás, y ver esas situaciones como oportunidades de conectar y colaborar [**Desbloquéate**].

En tercer lugar, hay que darse permiso para adoptar nuevas actitudes, asumir riesgos y reformular los errores como tomas falsas [**Redefínete**].

En cuarto lugar, debemos prestar atención a lo que nos dicen (o tal vez dejan de decirnos) los demás al tiempo que sintonizamos con nuestra vocecilla interior y nuestra intuición [**Escucha**].

En quinto lugar, hay que estructurar el relato para que nuestras ideas sean más inteligibles, más claras y atractivas de lo que habrían sido de otro modo [**Organízate**].

Y en sexto lugar, debemos centrar al público todo lo posible en la esencia de lo que estamos diciendo, cultivando la precisión, la relevancia, la accesibilidad y la concisión [**Céntrate**].

Podemos ejecutar parte del trabajo que exigen esos seis pasos en el momento, mientras hablamos, adoptando una serie de tácticas útiles, pero básicamente esos seis pasos representan aptitudes que nos conviene cultivar con tiempo, cuando nos preparemos para situaciones en las que intuyamos que vamos a tener que improvisar. Muchas personas dan por sentado que hablar bien cuando te ves obligado a improvisar requiere un talento natural, cierta agudeza mental y el don de la palabra. Aunque algunos de nosotros sin duda poseamos ese talento, el verdadero secreto de la improvisación es la práctica y la preparación. Todos podemos llegar a ser grandes improvisadores si le dedicamos tiempo, aprendemos a deshacernos de viejos hábitos y tomamos decisiones más meditadas. Paradójicamente, para improvisar bien hay que prepararse con antelación, trabajar mucho las aptitudes que sabemos que nos liberan y nos permiten dar salida a nuestras ideas y nuestra personalidad.

Como cuando se aprende cualquier habilidad nueva, reducir la presión a la que te sometes siempre ayuda. No hace falta que te estreses queriendo dominar la comunicación espontánea de golpe. Es más, el solo hecho de que te centres en mejorar de este modo ya es digno de celebración. La mayoría de la gente no piensa en la comunicación espontánea y, si lo piensa, no tiene el valor necesario para hacer nada al respecto. Tú eres consciente y valiente, como demuestra el que hayas elegido este libro. Y me apuesto lo que sea a que ya has empezado a hacer progresos. Con suerte, la lectura de este libro y la práctica de algunos de sus ejercicios te ha permitido relajarte y comunicarte espontáneamente un poco mejor que antes.

Te invito a que en las próximas semanas, en los próximos meses y años, sigas centrándote en la comunicación espontánea y practicando las técnicas de las que hemos hablado. Procura ponerte en situaciones sociales en la que puedas experimentar con algunas de esas aptitudes y técnicas. No te pongas a prueba solo una vez o de cuando en cuando, practica varias veces a la semana si puedes, con plena conciencia. Plantéate la posibilidad de asistir a alguna clase de improvisación cómica, aunque no tengas previsto convertirte en el próximo miembro del elenco de *Saturday Night Live*. Apúntate a Toastmasters, escucha pódcast como el mío, haz cursos por internet y que tus amigos más íntimos te comenten tus progresos. Este libro es solo el comienzo y puede servirte para iniciar un proceso de crecimiento y desarrollo constantes como comunicador. Confío en que lo repases a menudo según vayas avanzando o cuando necesites refrescar conceptos. Como creo que descubrirás, una vez que empieces a mejorar, sabrás valorar la importancia de pensar más rápido para hablar mejor, y te verás con ganas de continuar.

Volverse experto en comunicación espontánea requiere paciencia, compromiso y dedicación, pero, como han descubierto las personas a las que enseño y asesoro, su impacto te puede cambiar la vida.

Annabelle Williams es un gran ejemplo. No se quedó bloqueada ni decayó bajo la presión de tener que improvisar delante de un público televisivo en directo. Como ya llevaba años controlando la ansiedad, reformulando las tareas de comunicación de formas útiles y hablando de forma centrada, tuvo la confianza en sí misma necesaria para adaptarse enseguida a aquella situación inesperada y salir adelante. Manteniendo la calma, pensó en un par de datos sueltos que sabía de casualidad sobre el vóley-playa y los cien metros vallas. Se replanteó aquel momento difícil como una oportunidad de compartir esos datos e improvisó unos comentarios rápidos. Luego pasó la conexión al estadio para una entrevista *in situ* y todo fue de maravilla: el momento pasó y ella lo hizo bien. Terminó siendo copresentadora en horario de máxima audiencia de las cuatro últimas noches de retransmisiones de los Juegos de la Commonwealth, una experiencia que le resultó emocionante y, según declaró ella misma, «extraordinaria».[1] Quién sabe adónde la llevará ese éxito.

Me gustaría terminar con una pequeña anécdota a la que le tengo un cariño especial. Cuando me dieron mi primer cinturón negro, mi *sensei* me estrechó la mano y me dijo: «Enhorabuena, lo has hecho muy bien. Ahora toca empezar». Yo pensaba que recibir un cinturón negro era un logro gigantesco, la culminación de un largo periodo de estudio. En realidad, no era más que el primer paso, aún quedaba muchísimo por aprender. La comunicación espontánea es así. Enhorabuena, ya te has terminado el libro. Ya sabes más sobre cómo estar presente en el momento, proyectar tu personalidad y comunicarte bajo la mirada atenta de un público.

Ahora toca empezar.*

* Una forma estupenda de seguir aprendiendo es visitar el sitio web del que hablo en el apéndice 2, unas páginas más adelante.

Apéndice 1

Estructuras para usar en situaciones concretas

Aplicación práctica	**Posible estructura**
Aplicación 1: Conversación informal	**Qué-Y qué-Y qué más:** expón un argumento o una idea **(Qué)**; señala la importancia de esa información **(Y Qué)**; indica a tu interlocutor lo que podría hacer con ese nuevo dato **(Y qué más)**.
Aplicación 2: Brindis	**QUAD:** explica a **q**ué hemos venido, comparte qué os **u**ne, cómo estáis conectados, ofrece **a**nécdotas y lecciones aprendidas que encajen con la persona, el grupo o el evento que conmemoras, **d**a las gracias a la persona, al grupo o al evento que conmemoras, o desea lo mejor.
Aplicación 3: Presentación	**Problema-Solución-Ventaja:** señala el reto, dilema, punto crítico o **problema** que vas a abordar, uno que compartas con el público; presenta una **solución** al problema, especificando los pasos concretos, el proceso/producto o el método con el que remediar dicho problema; indica qué **ventajas** generará la adopción de la solución que propones. **Estructura extra:** Cuando hagas una presentación a fin de conseguir el respaldo de otros para un negocio nuevo o creciente, completa **las siguientes frases:** **¿Y si pudierais...?** **De ese modo...** **Por ejemplo...** **Es más...**

Aplicación práctica	**Posible estructura**
Aplicación 4: Ronda de preguntas	**COS: C**ontesta la pregunta en una sola frase. **O**frece un ejemplo que respalde tu respuesta. **S**eñala las ventajas por las que tu respuesta es relevante para quien pregunta.
Aplicación 5: Opinión	**Las cuatro íes:** Facilita **i**nformación, explica el **i**mpacto, extiende una **i**nvitación, señala las **i**mplicaciones.
Aplicación 6: Disculpas	**AAA: A**dmite la ofensa y responsabilízate de ella; **a**precia el impacto que ha tenido tu ofensa en los demás; manifiesta tu **a**rrepentimiento, concretando lo que vas a hacer o dejar de hacer para remediar la situación o cómo va a cambiar tu parecer.

Apéndice 2

Página web con material nuevo*

Para que disfrutes de mayor confianza y eficacia en la comunicación espontánea, he creado una página web de «Piensa rápido, habla mejor» que iré actualizando de forma constante con ideas, sugerencias, herramientas y consejos nuevos para ayudarte en tu labor. Allí encontrarás artículos y vídeos que ahondan en los conceptos tratados en este libro, así como otros que amplían y detallan lo que ya digo aquí. Igual que espero que retomes el libro una y otra vez cuando necesites ayuda, te animo a que eches un vistazo con frecuencia a esta página web.

Para acceder a este recurso tan útil, basta con que leas el código QR con la cámara del móvil.

* Solo disponible en inglés.

Agradecimientos

Este proyecto nació después de una llamada inesperada de Leah Trouwborst, que al final consiguió que le dijera «Sí, claro...» después de unos cuantos «Sí, puede...». Mi agente, Christy Fletcher, y su equipo, en especial Sarah Fuentes, me ayudaron en particular a llegar a ese «Sí, claro...», y yo les estoy inmensamente agradecido. Además, Christy me enseñó que «Aún no» no solo es el mantra de una actitud de crecimiento, sino también una excelente táctica de negociación. Nuestra negociación tuvo sus recompensas, porque he podido trabajar con el asombroso equipo de Simon Element, formado entre otros por Richard Rhorer, Michael Andersen, Elizabeth Breeden, Jessica Preeg, Nan Rittenhouse, Ingrid Carabulea, Clare Maurer y mi increíblemente útil, paciente y perspicaz editora Leah Miller. Por último, he tenido la inmensa fortuna de colaborar con mi sherpa narrativo y amigo recién descubierto Seth Schulman. Este libro es mucho mejor gracias a la experiencia y la pericia de Seth, y yo también.

Muchas personas me han ayudado a reunir las ideas, la consciencia y el conocimiento práctico que se reflejan en este libro. En primer lugar, quisiera dar las gracias a todos mis alumnos, los clientes de mi consultoría y los invitados y seguidores de mi pódcast. He aprendido tanto de vosotros como vosotros de mí, si no más. Gracias también a los lectores de mis borradores: Lain Ehmann, David Paul Doyle, Bonnie Wright, Serene Wallace y Clint Rosenthal. Os agradezco a todos y cada uno de vosotros que hayáis hecho hueco para leer estas páginas.

También quisiera poner de manifiesto mi aprecio por Adam Tobin, con quien imparto mi clase de improvisación oral, *Improvisationally Speaking*, mi amigo y mi mentor. Gracias, Adam, por mostrarme el potencial de la improvisación para mejorar la comunicación y la vida de las personas. Estoy también inmensamente agradecido a los profesores con los que doy conjuntamente mis clases, Kristin Hansen, Lauren Weinstein, Shawon Jackson y Brendan Boyle, y a J. D. Schramm, Allison Kluger y Burt Alper por su apoyo y por compartir conmigo sus conocimientos. Gracias a la Graduate School of Business de Stanford y al programa de estudios de posgrado (Continuing Studies) por animarme constantemente a innovar y crear contenidos relevantes para nuestros alumnos, y al rectorado de la GSB, que ha respaldado mis clases, mis talleres y mi pódcast.

En lo tocante a *Think Fast, Talk Smart: The Podcast*, me siento en deuda con mi increíble productora ejecutiva, Jenny Luna, y con el equipo entero de comunicación de marketing de la GSB, del que forman parte, entre otros, Sorel Denholtz, Page Hetzel, Kelsey Doyle, Neil McPhedran, Cory Hall, Tricia Seibold, Sacha Ledan, Aileen Sato Chang, Michael Freedman y Shana Lynch. Más allá del pódcast, agradezco, además, de manera especial, las aportaciones y el asesoramiento de varios autores de Stanford, como Jennifer Aaker, Naomi Bagdonas, Bob Sutton, Tina Seelig, Jeremy Utley, Sarah Stein Greenberg, Carole Robin y Patricia Ryan Madson.

Richard Arioto, mi *sensei* desde hace más de cuarenta años, me ha dado lecciones que siguen orientando mi vida fuera del centro de artes marciales. También quiero darle las gracias a Phil Zimbardo por demostrarme que la enseñanza tiene que resultar atractiva a los alumnos y que la investigación puede ser un arte creativo; a mis profesores de posgrado, que me ayudaron a reforzar mi convicción sobre el valor de la comunicación aplicada como objetivo académico; y a mis amigos y compañeros de los clubes de libros, cocina, SINners y Old Dudes, y del Team Onagadori, porque todos ellos me han proporcionado opiniones, distracción, apoyo y «terapia» supernecesarios.

Quisiera expresar mi más profunda gratitud a mi familia inmediata y periférica. Gracias a mis padres y a mi hermano por animarme a perseguir mis sueños y ayudarme a recordar que todos debemos cometer errores para poder aprender y crecer. A mis hijos, gracias por vuestra paciencia, y por vuestro respaldo técnico y emocional. Agradezco ese empeño en aseguraros de que no me pongo en ridículo por internet.

A mi mujer, muchísimas gracias por tu amor infinito, por tus ánimos, tus consejos y tus sugerencias. Y por la elegancia con que has apoyado mi «afición» a escribir. Gracias no solo por recordarme que debo poner en práctica mis enseñanzas, sobre todo en lo que respecta a escuchar, sino también por ser paciente conmigo mientras sigo puliendo mi forma de comunicarme.

En el desarrollo de nuestra comunicación, a todos nos va mejor si le dedicamos tiempo, nos arriesgamos y somos clementes con nosotros mismos cuando los experimentos no nos salen bien.

Notas

Introducción

1. Christopher Ingraham, «America's Top Fears: Public Speaking, Heights and Bugs», *Washington Post*, 30 de octubre de 2014, <https://www.washingtonpost.com/news/wonk/wp/2014/10/30/clowns-are-twice-as-scary-to-democrats-as-they-are-to-republicans/>.

2. «Why Are Speakers 19% Less Confident in Impromtu Settings?», *Quantified*, 13 de septiembre de 2016, <https://www.quantified.ai/blog/why-are-speakers-19-less-confident-in-impromptu-settings/>.

3. Verge, «Michael Bay CES Meltdown», vídeo de YouTube, 1:19, 6 de enero de 2014, <https://www.youtube.com/watch?v=23ypkgYO4Rc>; Rory Carroll, «Michael Bay Walks Off CES Stage After Autocue Fails at Samsung TV Talk», *Guardian*, 6 de enero de 2014, <https://www.theguardian.com/film/2014/jan/07/michael-bay-walks-out-ces-samsung-presentation>.

1. Domina a la fiera de la ansiedad

1. La investigación demuestra que la ansiedad puede «reducir el rendimiento en tareas cognitivamente exigentes y hacer que

el individuo rinda por debajo de su capacidad». Lo hace debilitando la memoria funcional y sobrecargando partes del cerebro responsables del pensamiento. Véase Erin A. Maloney, Jason R. Sattizahn y Sian L. Beilock, «Anxiety and Cognition», *WIREs Cognitive Science* 5, n.º 4 (julio/agosto de 2014), pp. 403-411, <https://doi.org/10.1002/wcs.1299>.

2. Kenneth Savitsky y Thomas Gilovich, «The Illusion of Transparency and the Alleviation of Speech Anxiety», *Journal of Experimental Social Psychology* 39, n.º 6 (noviembre de 2003), p. 619, <https://doi.org/10.1016/S0022-1031(03)00056-8>.

3. Alyson Meister y Maude Lavanchy, «The Science of Choking Under Pressure», *Harvard Business Review*, 7 de abril de 2022, <https://hbr.org/2022/04/the-science-of-choking-under-pressure>. Más información sobre los mecanismos de asfixia bajo presión en Marcus S. Decaro *et al.*, «Choking Under Pressure: Multiple Routes to Skill Failure», *Journal of Experimental Psychology* 140, n.º 3, pp. 390-406, <https://doi.org/10.1037/a0023466.>

4. Ann Pietrangelo, «What the Yerkes-Dodson Law Says About Stress and Performance», *Healthline*, 22 de octubre de 2020, <https://www.healthline.com/health/yerkes-dodson-law>. Véase también Nick Morgan, «Are You Anxious? What Are the Uses of Anxiety, if Any?», *Public Words*, 17 de mayo de 2022, <https://publicwords.com/2022/05/17/are-you-anxious-what-are-the-uses-of-anxiety-if-any/>.

5. Elizabeth D. Kirby *et al.*, «Acute Stress Enhances Adult Rat Hippocampal Neurogenesis and Activation of Newborn Neurons via Secreted Astrocytic FGF2», *eLife* 2: e00362. Puede encontrarse un resumen de este estudio en Robert Sanders, «Researchers Find Out Why Some Stress Is Good for You», *Berkeley News*, 16 de abril de 2013, <https://news.berkeley.edu/2013/04/16/researchers-find-out-why-some-stress-is-good-for-you/>.

6. Los expertos han ideado sistemas de clasificación similares para la ansiedad producida por las intervenciones orales en

público. Véase Graham D. Bodie, «A Racing Heart, Rattling Knees, and Ruminative Thoughts: Defining Explaining, and Treating Public Speaking Anxiety», *Communication Education* 59, n.º 1 (2010), pp. 70-105, <https://doi.org/10.1080/03634520903443849>.

7. Otros recomiendan esto también. Véase Alyson Meister y Maude Lavanchy, «The Science of Choking Under Pressure», *Harvard Business Review*, 7 de abril de 2022, <https://hbr.org/2022/04/the-science-of-choking-under-pressure>.

8. S. Christian Wheeler (Profesor de Dirección de Empresas en StrataCom y profesor de Marketing en la Graduate School of Business de Stanford), entrevista con el autor, 7 de junio de 2022.

9. *La tribu de los Brady*, temporada 5, episodio 15, «The Driver's Seat», dirigido por Jack Arnold, emitido por primera vez en Estados Unidos el 11 de enero de 1974.

10. Alison Wood Brooks, «Get Excited: Reappraising Pre-Performance Anxiety as Excitement», *Journal of Experimental Psychology: General* 143, n.º 1 (2013), DOI:10.1037/a0035325.

11. Andrew Huberman, entrevista con Matt Abrahams, «Hacking Your Speaking Anxiety: How Lessons from Neuroscience Can Help You Communicate Confidently», *Think Fast, Speak Smart: The Podcast*, 14 de mayo de 2021, <https://www.gsb.stanford.edu/insights/hacking-your-speaking-anxiety-how-lessons-neuroscience-can-help-you-communicate>.

12. Huberman, «Hacking Your Speaking Anxiety».

13. También podemos usar mantras con otros fines, como ser más inclusivos y acogedores. Véase Deborah Gruenfeld, «Using a Mantra to Be a More Inclusive Leader», *Harvard Business Review*, 24 de febrero de 2022, <https://hbr.org/2022/02/using-a-mantra-to-be-a-more-inclusive-leader>.

14. Thomas Gilovich *et al.*, «The Spotlight Effect Revisited: Overestimating the Manifest Variability of Our Actions and Ap-

pearance», *Journal of Experimental Social Psychology* 38, n.º 1 (enero de 2002), pp. 93-99, <https://www.sciencedirect.com/science/article/abs/pii/S0022103101914908>.

2. Maximiza la mediocridad

1. Keith Johnstone, *Impro: Improvisation and the Theatre* (Nueva York, Routledge, 1987).

2. Federica Scarpina y Sofia Tagini, «The Stroop Color and Word Test», *Frontiers in Psychology* 8, artículo 557 (abril de 2017), <https://doi.org/10.3389/fpsyg.2017.00557>.

3. Para más información sobre la teoría de la carga cognitiva, véase Fred Paas y Jeroen J. G. van Merriënboer, «Cognitive-Load Theory: Methods to Manage Working Memory Load in the Learning of Complex Tasks», *Current Directions in Psychological Science* 29, n.º 4 (8 de julio de 2020), <https://doi.org/10.1177/0963721420922183>; George Christodoulides, «Effects of Cognitive Load on Speech Production and Perception» (tesis doctoral, Universidad Católica de Lovaina, 2016), <https://www.afcp-parole.org/doc/theses/these_GC16.pdf>; Paul A. Kirschner, «Cognitive Load Theory: Implications of Cognitive Load Theory on the Design of Learning», *Learning and Instruction* 12, n.º 1 (febrero de 2002), pp. 1-10; y «What to Do When Cognitive Overload Threatens Your Productivity», Atlassian.com, descargado el 24 de octubre de 2022, <https://www.atlassian.com/blog/productivity/cognitive-overload>.

4. Para más información sobre sesgos cognitivos, véase Steve Dale, «Heuristics and Biases: The Science of Decision-Making», *Business Information Review* 32, n.º 2 (2015), pp. 93-99, <https://doi.org/10.1177/0266382115592536>; y Fatima M. Albar y Antonie J. Jetter, «Heuristics in Decision Making», *Proceedings of Portland International Conference on Management of Engineering & Tech-*

nology (2009), pp. 578-584, DOI:10.1109/PICMET.2009.5262123. Para el papel que desempeñan los sesgos cognitivos en el alivio de la carga cognitiva, véase Justin Sentz y Jill Stefaniak, «Instructional Heuristics for the Use of Worked Examples to Manage Instructional Designers' Cognitive Load while Problem-Solving», *TechTrends* 63 (2019), <https://doi.org/10.1007/s11528-018-0348-8>.

5. Susan Weinschenk, «The Power of the Word "Because" to Get People to Do Stuff», *Psychology Today*, 15 de octubre de 2013, <https://www.psychologytoday.com/us/blog/brain-wise/201310/the-power-the-word-because-get-people-do-stuff>.

6. Mi relato de esta anécdota se basa en el de Tina Seelig, «Tina Seelig: Classroom Experiments in Entrepreneurship», vídeo de YouTube, 6:11, 31 de mayo de 2011, <https://www.youtube.com/watch?v=VVgIX0s1wY8>.

7. Maura Cass y Owen Sanderson, «To Transform Your Industry, Look at Someone Else's», *IDEO*, mayo de 2019, <https://www.ideo.com/journal/to-transform-your-industry-look-at-someone-elses>.

8. Mi primer recuerdo del «atrévete a ser soso» es del libro de Tina Fey, *Bossypants*. Aludimos a este concepto a menudo en la clase de improvisación oral (*Improvisationally Speaking*) que imparto, para ayudar a nuestros alumnos a entender mejor que no es necesario que estén siempre «activos» y aporten en todo momento algo asombroso a sus interacciones. Véase Tina Fey, *Bossypants* (Nueva York, Little, Brown and Company, 2011).

9. Matt Abrahams, «Speaking without a Net: How to Master Impromptu Communication», *Stanford Business*, 17 de enero de 2020, <https://www.gsb.stanford.edu/insights/speaking-without-net-how-master-impromptu-communication>. Klein hacía alusión a las enseñanzas de otro maestro de la improvisación, Keith Johnstone.

10. Matt Abrahams, «Managing in the Moment: How to Get

Comfortable with Being Uncomfortable», *Stanford Business*, 28 de agosto de 2020, <https://www.gsb.stanford.edu/insights/managing-moment-how-get-comfortable-being-uncomfortable>.

11. Véase Matt Abrahams, «The Trick to Public Speaking Is to Stop Memorizing», *Quartz*, actualizado el 20 de julio de 2022, <https://qz.com/work/1642074/the-trick-to-public-speaking-is-to-stop-memorizing/>.

12. «Our Mission», *FLS Academy*, acceso el 28 de noviembre de 2022, <https://fls.academy/our-mission>.

13. Anthony Veneziale, «"Stumbling Towards Intimacy": An Improvised TED Talk», vídeo de YouTube, 11:02, <https://www.ted.com/talks/anthony_veneziale_stumbling_towards_intimacy_an_improvised_ted_talk>.

14. Vivek Venugopal (vicepresidente de ventas de Mindless Inc.), entrevista con el autor, 20 de mayo de 2022.

15. El experto en improvisación Adam Tobin sostuvo argumentos similares durante su aparición en mi pódcast. Véase Matt Abrahams, «Speaking without a Net: How to Master Impromptu Communication», *Stanford Business*, 17 de enero de 2020, <https://www.gsb.stanford.edu/insights/speaking-without-net-how-master-impromptu-communication>.

3. Controla tu actitud

1. Puedes oír a Dan relatar su experiencia en Matt Abrahams, «Speaking without a Net: How to Master Impromptu Communication», *Stanford Business*, 17 de enero de 2020, <https://www.gsb.stanford.edu/insights/speaking-without-net-how-master-impromptu-communication>.

2. Dan Klein (experto en improvisación y docente de la Graduate School of Business de Stanford), entrevista con el autor, 19 de junio de 2022.

3. Trevor Wallace, entrevista con el autor, 22 de junio de 2022.

4. Clay Drinko, «Is the "Yes, And" Improv Rule a Rule for Life?», *Play Your Way Sane* (blog), 2 de septiembre de 2020, <https://www.playyourwaysane.com/blog/is-the-yes-and-improv-rule-a-rule-for-life>.

5. Craig O. Stewart *et al.*, «Growth Mindset: Associations with Apprehension, Self-Perceived Competence, and Beliefs about Public Speaking», *Basic Communication Course Annual* 31, n.º 6 (2019), <https://ecommons.udayton.edu/bcca/vol31/iss1/6>.

6. Carol Dweck, *Mindset: The New Psychology of Success* (Nueva York, Ballantine Books, 2016); «The Power of Believing That You Can Improve», vídeo de TEDxNorrkoping, 10:11, <https://www.ted.com/talks/carol_dweck_the_power_of_believing_that_you_can_improve>. También he extraído cosas de este apartado del resumen de la obra de Dweck que se ofrece en «Carol Dweck: A Summary of Growth and Fixed Mindsets» (blog de Farnam Street), <https://fs.blog/carol-dweck-mindset/>.

7. Jennifer Aaker, «Step by Step: Think of Goals as Part of the Journey, Not the Destination», *Character Lab*, 22 de mayo de 2022, <https://characterlab.org/tips-of-the-week/step-by-step/>.

8. Szu-chi Huang y Jennifer Aaker, «It's the Journey, Not the Destination: How Metaphor Drives Growth After Goal Attainment», *American Psychological Association* 117, n.º 4 (2019), pp. 697-720, <https://doi.org/10.1037/pspa0000164>.

9. Patricia Ryan Madson (experta en improvisación y profesora emérita de la Universidad Stanford), entrevista con el autor, 27 de mayo de 2022.

10. Patricia Madson, correspondencia por correo electrónico con el autor, 19 de junio de 2022.

11. Kathy Bonanno, entrevista con el autor, 17 de junio de 2022.

12. Kelly Leonard, *Yes, And: How Improvisation Reverses "No,*

But" Thinking and Improves Creativity and Collaboration (Nueva York, Harper Business, 2015).

13. Patricia Ryan Madson (experta en improvisación y profesora emérita de la Universidad Stanford), entrevista con el autor, 12 de junio de 2022. Madson cuenta esa anécdota en su libro *Improv Wisdom: Don't Prepare, Just Show Up* (Nueva York, Bell Tower, 2005).

14. Michael Kruse, «The Next Play: Over 42 Years, Mike Krzyzewski Sustained Excellence by Looking Ahead», *Duke Magazine*, 16 de marzo de 2022, <https://alumni.duke.edu/magazine/articles/next-play>.

15. Kruse, «The Next Play».

16. Véase, por ejemplo, Maitti Showhopper, «New Choice», *Improwiki*, actualizado el 23 de septiembre de 2015, <https://improwiki.com/en/wiki/improv/new_choice>.

17. Tie Kim (director financiero de la California Health Care Foundation), entrevista con el autor, 27 de mayo de 2022.

18. Jade Panugan, «"The Story of the Chinese Farmer" by Alan Watts», *Craftdeology*, <https://www.craftdeology.com/the-story-of-the-chinese-farmer-by-alan-watts/>.

4. No te limites a hacer algo... ¡Defiéndelo!

1. Fred Dust, *Making Conversation: Seven Essential Elements of Meaningful Communication* (Nueva York, HarperBusiness, 2020).

2. Fred Dust (antiguo socio fundador y gerente de IDEO), entrevista con el autor, 17 de junio de 2022.

3. Ari Fleischer (ex secretario de prensa de la Casa Blanca durante el mandato de George W. Bush), entrevista con el autor, 17 de junio de 2022.

4. Matt Abrahams, «Speaking without a Net: How to Master Impromptu Communication», *Stanford Business*, 17 de enero

de 2020, <https://www.gsb.stanford.edu/insights/speaking-without-net-how-master-impromptu-communication>.

5. Guy Itzchakov y Avraham N. (Avi) Kluger, «The Power of Listening in Helping People Change», *Harvard Business Review*, 17 de mayo de 2018, <https://hbr.org/2018/05/the-power-of-listening-in-helping-people-change>.

6. Para más información sobre el protocolo de intercambio de tarjetas de visita en Japón, véase «Business Card Etiquette in Japan–How to Exchange Business Cards», *Japan Living Guide*, 21 de junio de 2021, <https://www.japanlivingguide.net/business/business-in-japan/japan-business-card-etiquette/>.

7. Collins Dobbs y Matt Abrahams, «Space, Pace, and Grace: How to Handle Challenging Conversations», *Stanford Business*, 15 de octubre de 2021, <https://www.gsb.stanford.edu/insights/space-pace-grace-how-handle-challenging-conversations>.

8. Debra Schifrin y Matt Abrahams, «Question Everything: Why Curiosity Is Communication's Secret Weapon», *Stanford Business*, 12 de marzo de 2021, <https://www.gsb.stanford.edu/insights/questioneverything-why-curiosity-communications-secret-weapon>.

9. Guy Itzchakov y Avraham N. (Avi) Kluger, «The Power of Listening in Helping People Change», *Harvard Business Review*, 17 de mayo de 2018, <https://hbr.org/2018/05/the-power-of-listening-in-helping-people-change>.

10. Tania Israel, «How to Listen—Really Listen—to Someone You Don't Agree With», *Ideas.Ted*, 12 de octubre de 2020, <https://ideas.ted.com/how-to-listen-really-listen-to-someone-you-dont-agree-with/>.

11. Guy Itzchakov (profesor del claustro de Administración de Empresas de la Universidad de Haifa, en Israel), entrevista con el autor, 24 de junio de 2022.

12. Bob Baxley (antiguo diseñador jefe de Apple, Pinterest y Yahoo), entrevista con el autor, 23 de junio de 2022.

13. Matt Abrahams, «Speaking without a Net: How to Master Impromptu Communication», *Stanford Business*, 17 de enero de 2020, <https://www.gsb.stanford.edu/insights/speaking-without-net-how-master-impromptu-communication>.

14. Matt Abrahams, «Building Successful Relationships: How to Effectively Communicate in Your Professional and Personal Life», *Stanford Business*, 18 de febrero de 2021, <https://www.gsb.stanford.edu/insights/building-successful-relationships-how-effectively-communicate-your-professional-personal>.

15. Kim Zetter, «Robin Williams Saves the Day at TED When Tech Fails», *Wired*, 28 de febrero de 2008, <https://www.wired.com/2008/02/robin-williams/>. Para ver un vídeo de la intervención de Williams, consúltese Garr Reynolds, «Robin Williams on the TED Stage», *Presentation Zen*, agosto de 2014, <https://www.presentationzen.com/presentationzen/2014/08/robin-williams-on-the-ted-stage.html>.

5. Estructura tu espontaneidad

1. Meghan Talarowski (diseñadora de juegos y fundadora de Studio Ludo), entrevista con el autor, 29 de julio de 2022.

2. Sue Stanley (diseñadora jefa de metodología en Toastmasters International), entrevista con el autor, 29 de junio de 2022.

3. «Music 101: What Is Song Structure?», *Masterclass*, 9 de agosto de 2021, <https://www.masterclass.com/articles/music-101-what-is-song-structure>.

4. Sobre la estructura ABDCE, véase, por ejemplo, Avani Pandya, «Understanding the ABDCE Plot Structure (with Some Context on Mentoring a Course)», LinkedIn, 21 de octubre de 2021, <https://www.linkedin.com/pulse/understanding-abdce-plot-structure-some-context-mentoring-pandya/>.

5. David Labaree (profesor de pedagogía de la Universidad Stanford), entrevista con el autor, 2 de agosto de 2022.

6. Dalmeet Singh Chawla, «To Remember, the Brain Must Actively Forget», *Quanta*, 24 de julio de 2018, <https://www.quantamagazine.org/to-remember-the-brain-must-actively-forget-20180724/>.

7. Rachel Barclay, «Your Memory Is Unreliable, and Science Could Make It More So», *Healthline*, 13 de septiembre de 2013, <https://www.healthline.com/health-news/mental-memory-is-unreliable-and-it-could-be-worse-091313>.

8. «Brains Love Stories: How Leveraging Neuroscience Can Capture People's Emotions», *Stanford Business*, 2 de septiembre de 2021, <https://www.gsb.stanford.edu/insights/brains-love-stories-how-leveraging-neuroscience-can-capture-peoples-emotions>.

9. «Jennifer Aaker–Persuasion and the Power of Story», *Future of Storytelling*, vídeo, 5:08, <https://futureofstorytelling.org/video/jennifer-aaker-the-power-of-story>.

10. Frank Longo (profesor de medicina y neurocirugía de la Universidad Stanford), entrevista con el autor, 21 de julio de 2022.

11. Jennifer Aaker, «Faculty Profile», *Stanford Business*, acceso el 4 de octubre de 2022, <https://www.gsb.stanford.edu/faculty-research/faculty/jennifer-aaker>; «Jennifer Aaker–Persuasion and the Power of Story».

12. «Jennifer Aaker–Persuasion and the Power of Story».

13. Raymond Nasr (exdirector de comunicaciones ejecutivas de Google), entrevista con el autor, 8 de junio de 2022.

14. Myka Carroll, *New York City for Dummies* (Hoboken, Nueva Jersey, Wiley, 2010).

15. Myka Carroll (director editorial de la serie de manuales *For Dummies* y autor de *New York City for Dummies*), correspondencia por correo electrónico el 19 de diciembre de 2022.

16. Josef Parvizi (profesor de neurología de la Universidad Stanford), entrevista con el autor, 5 de agosto de 2022.

17. James Whittington (profesor de improvisación y de teatro, y director de Second City), correspondencia por correo electrónico con el autor, 12 de julio de 2022.

18. He extraído material de las siguientes fuentes: Matt Button, «Impromptu Speaking Techniques», Mattbutton.com, 23 de febrero de 2019, <https://www.mattbutton.com/2019/02/23/impromptu-speaking-techniques/>; Leah, «4 Ways Structure Can Improve Your Communication», *Userlike*, 4 de septiembre de 2019, <https://www.userlike.com/en/blog/talk-with-structure>; y «How to Use the STAR Interview Technique in Interviews», *Indeed*, actualizado a 23 de septiembre de 2022, <https://uk.indeed.com/career-advice/interviewing/star-technique>.

19. Estas herramientas están disponibles, respectivamente, en «Table Topics», *Virtual Speech*, acceso el 4 de octubre de 2022, <https://virtualspeech.com/tools/table-topics>, e «Interview Warmup», *Google* (certificate), acceso el 4 de octubre de 2022, <https://grow.google/certificates/interview-warmup/>.

20. Karen Dunn (socia del bufete Paul, Weiss, Rifkind, Wharton & Garrison, y experta en preparación de debates presidenciales), entrevista con el autor, 6 de junio de 2022.

21. Raymond Nasr (exdirector de comunicaciones ejecutivas de Google), entrevista con el autor, 8 de junio de 2022.

22. Andrew Bright, «The Story Spine», *Panic Squad Improv Comedy*, acceso el 4 de octubre de 2022, <https://careynieuwhof.com/wp-content/uploads/2016/08/Improv-Story-Spine.pdf>.

6. La clave de la improvisación oral

1. Joshua VanDeBrake, «Steve Jobs' Blueprint for Revolutionary Marketing», *Better Marketing*, 24 de agosto de 2019, <https://bettermarketing.pub/steve-jobs-blueprint-for-revolutionary-marketing-b88ec38f335>; Vejay Anand, «Iconic Ads: iPod–Thousand

Songs in Your Pocket», *Only Kutts*, 30 de julio de 2021, <https://onlykutts.com/index.php/2021/07/30/ipod-a-thousand-songs-in-your-pocket/>.

2. Baba Shiv, entrevista con Matt Abrahams, «Feelings First: How Emotion Shapes Our Communication, Decisions, and Experiences», *Think Fast, Talk Smart: The Podcast*, 20 de noviembre de 2020, <https://www.gsb.stanford.edu/insights/feelings-first-how-emotion-shapes-communication-decisions-experiences>.

3. Scott Magids, Alan Zorfas y Daniel Leemon, «The New Science of Customer Emotions», *Harvard Business Review* (noviembre de 2015), <https://hbr.org/2015/11/the-new-science-of-customer-emotions>. Los investigadores han descubierto también que la publicidad política «motiva y persuade a los votantes apelando a sus emociones». Véase Youn-Kyung Kim y Pauline Sullivan, «Emotional Branding Speaks to Consumers' Heart: The Case of Fashion Brands», *Fashion and Textiles* 6, n.º 2 (febrero de 2019), <https://doi.org/10.1186/s40691-018-0164-y>.

4. Jim Koch, *Quench Your Own Thirst: Business Lessons Learned over a Beer or Two* (Nueva York, Flatiron Books, 2016), pp. 72-74.

5. Me topé por primera vez con este término en el capítulo 2 del libro de Chip y Dan Heath *Made to Stick: Why Some Ideas Survive and Others Die* (Nueva York, Random House, 2007), pp. 31-32.

6. Carmine Gallo, «Neuroscience Proves You Should Follow TED's 18-Minute Rule to Win Your Pitch», *Inc.*, acceso el 6 de octubre de 2022, <https://www.inc.com/carmine-gallo/why-your-next-pitch-should-follow-teds-18-minute-rule.html>.

7. «Glossary of Demographic Terms», *PRB*, acceso el 6 de octubre de 2022, <https://www.prb.org/resources/glossary/>.

8. Justin Kestler (vicepresidente de producto y operaciones de Course Hero), entrevista con el autor, 4 de agosto de 2022.

9. Anthony Dalby (diseñador de LEGO Group), entrevista con el autor, 10 de agosto de 2022.

10. Para más información sobre ese tipo de estrategias, véase Matt Abrahams, «Hit the Mark: Make Complex Ideas Understandable», *Stanford Business*, 29 de marzo de 2018, <https://www.gsb.stanford.edu/insights/hit-mark-make-complex-ideas-understandable>.

11. Este argumento se lo debo a Zakary Tormala. Para más detalles, véase, por favor, Richard E. Petty *et al.*, «Motivation to Think and Order Effects in Persuasion: The Moderating Role of Chunking», *Personality and Social Psychology Bulletin* 27, n.º 3 (marzo de 2001), pp. 332-344, DOI:10.1177/0146167201273007.

12. Josef Parvizi (profesor de neurología de la Universidad Stanford), entrevista con el autor, 5 de agosto de 2022.

13. «About», *Six Word Stories*, 28 de diciembre de 2008, <http://www.sixwordstories.net/about/>.

14. «Largest Companies by Market Cap», *Companies Market Cap*, acceso el 6 de octubre de 2022, <https://companiesmarketcap.com/>.

15. Raymond Nasr (exdirector de comunicaciones ejecutivas de Google), entrevista con el autor, 8 de junio de 2022.

16. «Maximize Access to Information», *Google*, acceso el 4 de octubre de 2022, <https://www.google.com/search/howsearchworks/our-approach/>.

Caso I. Charla informal a lo grande

1. Cuanto más revelemos de nosotros mismos, más revelarán los otros también. Véase Elizabeth Bernstein, «Have Better Conversations with Friends–or Anyone», *The Wall Street Journal*, 26 de julio de 2022, <https://www.wsj.com/articles/have-better-conversations-with-friends-or-anyone-11658845993>.

2. Los expertos describen las conversaciones como una sucesión de turnos de intervención. Véase Michael Yeomans *et al.*,

«The Conversational Circumplex: Identifying, Prioritizing, and Pursuing Informational and Relational Motives in Conversation», *Current Opinion in Psychology* 44 (2022), pp. 293-302, <https://doi.org/10.1016/j.copsyc.2021.10.001>.

3. Celeste Headlee, «Why We Should All Stop Saying "I Know Exactly How You Feel"», *Ideas.Ted*, 21 de septiembre de 2017, <https://ideas.ted.com/why-we-should-all-stop-saying-i-know-exactly-how-you-feel/>.

4. Correspondencia por correo electrónico con Rachel Greenwald, 12 de agosto de 2022 y 2 de diciembre de 2022.

5. *Ibidem*.

6. Michael Yeoman *et al.*, «Conversational Receptiveness: Improving Engagement with Opposing Views», *Organizational Behavior and Human Decision Processes* 160 (septiembre de 2020), pp. 131-148, <https://doi.org/10.1016/j.obhdp.2020.03.011>.

Caso 3. Haz esa presentación (im)perfecta

1. Por ejemplo, Robert B. Cialdini, *Influence* (Nueva York, Collins, 2007); Chip Heath y Dan Health, *Switch: How to Change Things When Change Is Hard* (Nueva York, Broadway Books, 2010); y Zoe Chance, *Influence Is Your Superpower: The Science of Winning Hearts, Sparking Change, and Making Good Things Happen* (Nueva York, Random House, 2022).

2. Andy Raskin, «Want a Better Pitch?», *Medium*, 13 de julio de 2015, <https://medium.com/firm-narrative/want-a-better-pitch-watch-this-328b95c2fd0b>.

3. Véase J. L. Freedman y S. C. Fraser, «Compliance without Pressure: The Foot-in-the-Door Technique», *Journal of Personality and Social Psychology* 4, n.º 2 (1966), pp. 195-202.

4. En este consejo y en el siguiente, expongo material extraído de mi libro *Speaking Up without Freaking Out: 50 Techniques*

for Confident and Compelling Presenting (Dubuque, Iowa, Kendall Hunt, 2016).

5. Para más ideas sobre cómo abordar los obstáculos, véase Andy Raskin, «The Greatest Sales Deck I've Ever Seen», *Medium*, 15 de septiembre de 2016, <https://medium.com/the-mission/the-greatest-sales-deck-ive-ever-seen-4f4ef3391ba0>.

Caso 4. Domina la ronda de preguntas

1. Véase el apéndice de mi libro *Speaking Up without Freaking Out: 50 Techniques for Confident and Compelling Presenting* (Dubuque, IA: Kendall Hunt, 2016). Parte de su contenido original aparece allí, así como en formaciones en vídeo y otros folletos que he hecho.

Caso 5. Comentarios que triunfan

1. Ruben Nieves (entrenador jefe de equipos masculinos de la Universidad Stanford, entrenador jefe de equipos femeninos de la Universidad Estatal de California en Fresno y director de entrenamiento de la Positive Coaching Alliance), entrevista con el autor, 31 de mayo de 2022.

2. Therese Huston, «Giving Critical Feedback Is Even Harder Remotely», *Harvard Business Review*, 26 de enero de 2021, <https://hbr.org/2021/01/giving-critical-feedback-is-even-harder-remotely>.

Caso 6. El arte de la disculpa

1. John Baldoni, «What John Wayne Got Wrong About Apologizing», *Forbes*, 3 de abril de 2019, <https://www.forbes.com/sites/johnbaldoni/2019/04/03/what-john-wayne-got-wrong-about-apologizing/>.

2. Para preparar este apartado he recurrido mucho a Lolly Daskol, «The Right and Wrong Way to Apologize and Why It Matters», *Inc.*, 27 de noviembre de 2017, <https://www.inc.com/lolly-daskal/the-right-wrong-way-to-apologize-why-it-matters.html>.

Epílogo

1. Annabelle Williams, «Reflecting on the past couple of weeks», LinkedIn, acceso el 6 de octubre de 2022, <https://www.linkedin.com/posts/annabellewilliams_community-mentorship-sponsorship-activity-6964726246865846272-acYp/>.